本书系教育部社科青年基金项目 15YJC860018 "融合媒体影响下的新闻生产研究"项目成果之一。

 "新时代的新闻传播研究"系列丛书

融合

转型中的"媒介体制"与新闻业

刘兆明 著

中国社会科学出版社

图书在版编目（CIP）数据

融合：转型中的"媒介体制"与新闻业 / 刘兆明著. —北京：中国社会科学出版社，2020.9

（"新时代的新闻传播研究"系列丛书）

ISBN 978 – 7 – 5203 – 6888 – 9

Ⅰ.①融⋯ Ⅱ.①刘⋯ Ⅲ.①新闻—传播媒介—研究 Ⅳ.①G210

中国版本图书馆 CIP 数据核字（2020）第 133242 号

出 版 人	赵剑英
责任编辑	彭莎莉
责任校对	邓晓春
责任印制	张雪娇

出　　版	中国社会科学出版社
社　　址	北京鼓楼西大街甲 158 号
邮　　编	100720
网　　址	http://www.csspw.cn
发 行 部	010 – 84083685
门 市 部	010 – 84029450
经　　销	新华书店及其他书店
印刷装订	北京市十月印刷有限公司
版　　次	2020 年 9 月第 1 版
印　　次	2020 年 9 月第 1 次印刷
开　　本	710×1000　1/16
印　　张	16
插　　页	2
字　　数	252 千字
定　　价	98.00 元

凡购买中国社会科学出版社图书，如有质量问题请与本社营销中心联系调换

电话：010 – 84083683

版权所有　侵权必究

摘　　要

新闻规范和新闻实践并非一成不变，而是被社会、经济、文化、政治和技术等因素交错影响，在不同的时间体现了不同的专业规范属性。与此同时，受众对新闻的理解也会周期性地发生变化。在此前提下，本书利用基于主导性媒介形态的"媒介体制"概念，认为继报业、广播电视业之后，基于互联网架构的新"媒介体制"浮出水面并趋于稳定，本书将其称为融合媒体体制，简称为"融合体制"。

本书回溯了近十年来趋向"融合"的新闻业转型历程。研究思路以技术驱动的新闻业发展与转型为主线，探讨新传播科技推动的新闻生产与新闻消费变化，以及技术自身与新闻业的联系。传统上，新闻业是以机构媒体与专业记者为枢纽形成的社会网络，并在长期的发展过程中形成了基于专业权威的权力闭环，完成了对传播渠道资源与内容资源的双重垄断。新传播科技打破了新闻业原有的动力系统，其他的机构行动者和非机构行动者闯入了原来专属新闻业的领地。移动智能终端和社交媒体的结合，塑造了自媒体相对于机构媒体的传播速度与传播到达率的双重优势，并以此为基础，在一定程度上分享了机构媒体对公共事务的报道与解释特权，重塑了公共话语。

自媒体的介入重构了新闻生产的流程，在新闻业之外，技术创新和社会变化的结合则在更大程度上改变了传媒行业。在这一波巨变中，电信巨头和科技公司的入局是外部因素，IP的崛起则是内部因素。在新传播科技日新月异的时代，电信运营商要摆脱仅仅作为信息基础设施提供者的被动地位，必须转型为TMT电信媒体产业的垂直整合者。在此过程中，IP提供了一种新型的媒体生产关系。作为一种大众传播方式，电影也直接或间接提供信息和意义的生产与流通，具有清晰的媒体功能。

因此，在考察新闻业所处的宏观媒体环境变化和"融合体制"时，也不能不注意到身处其中的电影产业。

就此而言，本书谈到的"融合体制"，并不仅仅是技术融合、组织融合或者产业融合，乃是对塑造公共话语的传播权力的竞争与共享。当然，不同于发展成熟的报业和广播电视业（体制），"融合体制"中的传播秩序尚在变动当中。新的媒体技术及其应用已经改变了权力关系。从一个主要由主流机构媒体和主流精英控制的单一轴线，转变为一个潜在参与者更多、联盟更广泛以及更具流动性的多重轴线。对社会现实的报道与阐释不再被机构媒体所垄断，而是通过行动者之间的话语竞争来构建的，形成了变动中的媒介环境：传统议程设置者的失控，报道者与阐释者的多元，以及所有单一行动者塑造公共话语能力的不稳定。

Summary

The news norm and the news practice are not invariable, but by the social, economic, cultural, political and technical factors and so on staggered influence, has manifested the different specialized standard attribute in the different time. At the same time, audiences' understanding of news also changes periodically. Based on this premise, this book USES the concept of "media regime" based on the dominant media form, and argues that after newspaper industry and radio and television industry, a new "media system" based on the Internet architecture emerges and tends to be stable. This book also calls it as "convergence regime".

The Book traces the transformation of journalism towards "convergence" over the past decade. The research ideas of this book are based on the development and transformation of technology-driven journalism, exploring the changes in news production and news consumption promoted by new communication technologies, and the relationship between technology itself and journalism. Traditionally, journalism is a social network formed by institutional media and professional journalists. In the long-term development process, it has formed a closed loop of power based on professional authority, and completed a dual monopoly on communication channel resources and content resources. The new communication technology has broken the original power dynamics of the journalism, and other institutional actors and non-institutional actors have broken into the territory of the original journalism. The combination of smart phone and social media has shaped the dual advantages of the speed of media and the circulating rate. Based on this, it shares the institutional media's reporting and interpretation privilege on public affairs, reshaping public discourse.

The intervention of we media reconstructs the process of news production. In addition to journalism, the combination of technological innovation and social change changes the media industry to a greater extent. In this upheaval, the entry of telecom giants and technology companies is an external factor, while the rise of IP is an internal one. In the era of rapid development of new communication technology, telecom operators must transform themselves into the vertical integrators of TMT telecom media industry if they want to get rid of their passive status as information infrastructure providers only. In the process, IP provides a new type of media production relationship. As a means of mass communication, film also directly or indirectly provides the production and circulation of information and meaning, with clear media functions. Therefore, when examining the changes and "convergence regime" of the media environment in which the news industry is located, it is supposed to notice the film industry.

In this regard, the "convergence regime" mentioned in this book is not only the integration of technology, organizational integration or industrial integration, but also the competition and sharing of the communication power that shapes public discourse. Of course, unlike the well-developed newspaper and the broadcasting regime, the communication order in the "convergence regime" is still changing. New media technologies and their applications have transformed power relations. From a single axis dominated by the mainstream institutional media and the mainstream elite, to a multiple axis with more potential players, wider alliances and greater mobility. The report and interpretation of social reality are no longer monopolized by institutional media, but constructed through discourse competition among actors, forming a changing media environment: the loss of control of traditional agenda setters, the diversification of reporters and interpreters, and the instability of the ability of all single actors to shape public discourse.

目 录

第一章 导论 ……………………………………………………（1）

第二章 "融合"的数字化转型历程：基本模式、国家战略
与地方经验 ………………………………………………（37）
  第一节 替代论到融合论 ………………………………………（38）
  第二节 基本模式："融合"早期的报业数字化转型 ………（41）
    一 "转网"模式 ……………………………………………（42）
    二 "纸质报+网络报"模式 ………………………………（43）
    三 "电子纸移动报"模式 …………………………………（46）
    四 数字化与理念转型 ………………………………………（47）
  第三节 国家战略：全面深化改革大局中的媒体融合 ………（49）
    一 媒体融合政策 ……………………………………………（50）
    二 重建样板：《人民日报》中央厨房 ……………………（51）
    三 连接VS控制：互联网思维与传统媒体思维 …………（54）
    四 效果与意涵 ………………………………………………（58）
  第四节 地方经验：以上海为个案的考察 ……………………（61）
    一 上海报业数字化转型的由来 ……………………………（61）
    二 上海报业数字化转型早期的经验 ………………………（63）
    三 上海报业数字化转型早期面临的问题与对策 …………（65）
    四 上海当下的媒体融合探索 ………………………………（67）
  小结 ……………………………………………………………（69）

第三章 "融合体制"下的新闻生产模式
——基于新民网的个案研究 ……………………………… (71)
- 第一节 新民晚报新民网融合历程 ………………………… (71)
  - 一 "数字报业实验室计划"与新民网 ………………… (71)
  - 二 基于新闻生产的融合基础 …………………………… (73)
  - 三 报网融合双方的组织体制 …………………………… (74)
- 第二节 专业模式和组织内协同模式 ………………………… (76)
  - 一 "融合新闻":普利策奖样本 ………………………… (77)
  - 二 专业模式:"融合"中的身份认同障碍 …………… (79)
  - 三 组织内协同模式:基于协作的工作机制 …………… (83)
- 第三节 社会化合作模式:新闻生产共同体 ………………… (86)
  - 一 作为"过程"的新闻与大众自传播 ………………… (87)
  - 二 议程热点:非常态融合项目 ………………………… (88)
  - 三 新民民调:常态融合项目 …………………………… (90)
  - 四 社交媒体平台与突发事件报道 ……………………… (91)
- 第四节 报网融合实践中的新闻生产网络 …………………… (94)
  - 一 融合下的新闻生产空间 ……………………………… (95)
  - 二 空间邻近性和新闻生产网络 ………………………… (96)
  - 三 组织化网络和社会化网络 …………………………… (97)
- 小 结 ……………………………………………………………… (98)

第四章 受众视角:"融合体制"下的新闻消费模式 ………… (100)
- 第一节 作为受众连接点的新闻 ……………………………… (101)
  - 一 碎片化的泛新闻 ……………………………………… (101)
  - 二 跟帖评论与信息过滤 ………………………………… (103)
  - 三 待完成的新闻对话 …………………………………… (105)
- 第二节 新闻消费:需求端的融合 …………………………… (107)
  - 一 受众新闻消费模式 …………………………………… (107)
  - 二 谁对消息负责? ……………………………………… (111)
  - 三 新型的记者—受众关系 ……………………………… (113)
- 第三节 新闻消费到消费型新闻生产 ………………………… (115)

         一　新闻消费或"新闻工作"? ………………………………… (116)
         二　"分享"和"深入挖掘" …………………………………… (118)
    第四节　案例：新闻生产中的受众参与 ……………………………… (119)
    小　结 …………………………………………………………………… (124)

第五章　技术驱动：走向社会化合作的新闻业 ……………………………… (126)
    第一节　互联网溯源 …………………………………………………… (127)
         一　从阿帕网到互联网 ……………………………………… (127)
         二　Web2.0及其特征 ………………………………………… (129)
    第二节　影响新闻业转型的技术形态 ………………………………… (133)
         一　社交媒体 ………………………………………………… (134)
         二　大数据 …………………………………………………… (135)
         三　移动智能终端 …………………………………………… (136)
    第三节　两种替代性的新闻实践 ……………………………………… (137)
         一　机器自动化新闻 ………………………………………… (138)
         二　公民新闻 ………………………………………………… (141)
    第四节　众包：新闻机构整合公民新闻的方式 ……………………… (143)
    第五节　案例：新闻生产的社会化合作模式 ………………………… (146)
         一　从舆情变化看事故始末 ………………………………… (147)
         二　社交媒体主导下的新闻生产 …………………………… (148)
         三　从组织内调控到社会化合作 …………………………… (151)
    小　结 …………………………………………………………………… (152)

第六章　电信传播与IP崛起
         ——融合体制下媒体产业的重塑 ……………………………… (154)
    第一节　"融合"下的广播电视业：时代华纳美国在线的
            合并为何终结? ……………………………………………… (155)
         一　解体的内因 ……………………………………………… (156)
         二　解体的外因 ……………………………………………… (157)
         三　解体后的走向 …………………………………………… (158)

第二节　融合媒体：AT&T时代华纳并购背后的媒体产业格局 (159)
　　一　业务资源：财务指标导向的移动端聚合 (160)
　　二　经营策略：固化的传播与流动的网络 (163)
　　三　企业文化的内在冲突与网络对接的外在矛盾 (165)
第三节　融合媒体语境下的IP开发模式 (169)
　　一　产品扩展（IP As Product）模式 (170)
　　二　项目协同（IP As Project）模式 (172)
　　三　众创（IP As Process）模式 (174)
　　余论 (176)
第四节　案例研究：IP价值链视角下的媒体产业 (177)
　　一　漫威世界的价值链路径 (178)
　　二　《星球大战》的价值链路径 (180)
　　三　IP牵动的媒体产业融合 (183)
小　结 (183)

第七章　超现实与多重轴线
——融合体制下的媒介事件考察 (185)
第一节　刘强东丑闻 (188)
　　一　超现实：作为媒体事件的刘强东丑闻 (194)
　　二　多重轴线中的丑闻 (195)
　　三　丑闻：一种"话语河流" (197)
第二节　问题疫苗事件：有争议的科学风险议题 (200)
　　一　长春长生问题疫苗事件 (200)
　　二　机构媒体责任与公民媒介素养 (205)
　　三　记者的专业价值 (207)
　　四　大众文化：新的公共话语渠道 (209)
小　结 (212)

第八章　结语 (213)

参考文献 ·· (223)

附录一　新民晚报新民网访谈名录 ················ (233)

附录二　受众访谈名录 ································ (234)

后记 ·· (236)

Table of Contents

Chapter 1 Introduction .... (1)

Chapter 2 **The Digital Transformation Process of "Convergence":**
Basic Modes, National Strategies and Local
Experiences .... (37)
2.1 Alternative Theory to Integration Theory .... (38)
2.2 Basic Mode: early digital transformation of the
newspaper industry .... (41)
    2.2.1 "Transfer mode" Mode .... (42)
    2.2.2 "Paper + Network" Mode .... (43)
    2.2.3 "Electronic Paper Mobile" Mode .... (46)
    2.2.4 Digitalization and Idea Transformation .... (47)
2.3 National Strategy .... (49)
    2.3.1 Media Convergence Policy .... (50)
    2.3.2 Reconstruction of the Mode: Central Kitchen of
People's Daily .... (51)
    2.3.3 Connection VS Control: Internet Thinking and
Traditional Media Thinking .... (54)
    2.3.4 Effects and Implications .... (58)
2.4 Local Experience: A Case Study of Shanghai .... (61)
    2.4.1 The Origin of the Digital Transformation of Shanghai
Newspaper Industry .... (61)
    2.4.2 Early Experience in the Digital Transformation of the
Newspaper Industry .... (63)

2.4.3 Problems and Countermeasures in the Early Stage of Digital Transformation of the Newspaper Industry ……… (65)
2.4.4 The Current Media Integration Exploration in Shanghai …………………………………………… (67)
Summary ……………………………………………………… (69)

Chapter 3 The News Production Mode under the "Convergence Regime"—A Case Study Based on Xinmin ………… (71)
3.1 The Convergence process of Xinmin Evening News & Xinmin.com ……………………………………………… (71)
3.1.1 "Digital Newspaper Lab Project" and Xinmin.com …… (71)
3.1.2 Based on the Convergence News Production …………… (73)
3.1.3 Reporting Network Convergence of the Two Parties' Organizational System …………………………… (74)
3.2 Professional Mode and Intra-organizational Collaboration Mode ………………………………………………… (76)
3.2.1 "Convergence News": Pulitzer Prize case ………… (77)
3.2.2 Professional Mode: Identity Disorders in "Convergence" ………………………………………… (79)
3.2.3 Intra-organizational Collaboration Mode: A Collaborative Work Mechanism ………………………… (83)
3.3 Social Cooperation Mode: News Production Community ………………………………………………… (86)
3.3.1 News as a "Process" and Mass Self-propagation ……… (87)
3.3.2 Agenda Hotspots: Unusual Integration Projects ……… (88)
3.3.3 Xinmin Tune: Normal Integration Project ………… (90)
3.3.4 Social Media Platform and Incident Reporting ……… (91)
3.4 News Production Network in the Practice of Newspaper Network Convergence …………………………………… (94)
3.4.1 News Production Space under Convergence ………… (95)
3.4.2 Spatial Proximity and News Production Networks ……… (96)

3.4.3　Organizing Networks and Social Networks ……………(97)
Summary ……………………………………………………(98)

Chapter 4　Audience Perspective: The News Consumption Mode under the "Convergence Regime" ……………(100)

4.1　News as an Audience Connection Point ………………(101)
　4.1.1　Fragmented News ……………………………………(101)
　4.1.2　Post Comments and Information Filtering ……………(103)
　4.1.3　Press Dialogue to be Completed ……………………(105)
4.2　News Consumption: The Convergence of Demanding Side ……………………………………………………(107)
　4.2.1　Audience News Consumption Mode …………………(107)
　4.2.2　Who is Responsible for the News? ……………………(111)
　4.2.3　New Type of Reporter-Audience Relationship …………(113)
4.3　From News Consumption to Consumer News Production ……………………………………………………(115)
　4.3.1　News Consumption or "News Work"? ………………(116)
　4.3.2　"Sharing" and "Deep Digging" ……………………(118)
4.4　Case: Audience Participation in News Production ……(119)
Summary ……………………………………………………(124)

Chapter 5　Technology Driven: Journalism towards Social Cooperation ……………………………………………(126)

5.1　Internet traceability ………………………………………(127)
　5.1.1　From APA to the Internet ……………………………(127)
　5.1.2　web2.0 and its features ………………………………(129)
5.2　Technical Forms Affecting the Transformation of the News Industry ……………………………………………(133)
　5.2.1　Social Media …………………………………………(134)
　5.2.2　Big Data ………………………………………………(135)
　5.2.3　Mobile Intelligent Terminal …………………………(136)

5.3 Two Alternative News Production Practices ……………（137）
　5.3.1 Machine Automation News ………………………（138）
　5.3.2 Citizen News ………………………………………（141）
5.4 Crowdsourcing: Ways for News Organizations to Integrate Citizen Journals ……………………………（143）
5.5 Case: Socialized Cooperation Mode of News Production ……………………………………………（146）
　5.5.1 Seeing the Beginning and End of the Accident from the Change of Public Opinion ……………………（147）
　5.5.2 News Production Led by Social Media …………（148）
　5.5.3 From Intra-organizational Regulation to Socialized Cooperation …………………………………………（151）
Summary ………………………………………………………（152）

Chapter 6　Telecommunications Communication and the Rise of IP—Reconstruction of the Media Industry under Convergence Regime ……………………………（154）

6.1 "Convergence" under the Broadcast Television Industry: Why did Time Warner AOL Merger End? …………………………………………………（155）
　6.1.1 Internal Causes of Disintegration ………………（156）
　6.1.2 External Factors of Disintegration ………………（157）
　6.1.3 Trend after Disintegration ………………………（158）
6.2 Converged Media: The Media Industry Pattern Behind AT&T Times Warner Mergers ……………（159）
　6.2.1 Business Resources: Financial Indicator-Oriented Mobile Aggregation …………………………………（160）
　6.2.2 Business Strategy: A Network of Solidified Communications and Flows ………………………（163）
　6.2.3 The Inherent Conflict between Corporate Culture and the External Contradiction of Network Docking ………（165）

6.3　IP Development Mode in the Context of Converged Media ……………………………………………………（169）
　　6.3.1　Product Extension (IP AS Product) Mode …………（170）
　　6.3.2　Project Collaboration (IP AS PROJECT) Mode ………（172）
　　6.3.3　IP AS Process Mode ……………………………………（174）
　　Discussion ……………………………………………………（176）
6.4　Case Study: The Media Industry from the Perspective of IP Value Chain ……………………………………………（177）
　　6.4.1　The Value Chain Path of the Marvel World ……………（178）
　　6.4.2　Value Chain Path of Star Wars ………………………（180）
　　6.4.3　IP-mediated Media Industry Integration ………………（183）
Summary ……………………………………………………………（183）

Chapter 7　Hyper-reality and Multiple Axis: A Survey of Media Events under the Integration System ……………（185）
7.1　Liu Qiangdong's Scandal ………………………………………（188）
　　7.1.1　Surreal: Liu Qiangdong Scandal as a Media Event ……（194）
　　7.1.2　Scandals in Multiple Axes ………………………………（195）
　　7.1.3　Scandal: A "Discourse River" …………………………（197）
7.2　Vaccine Events: Controversial Scientific Risk Issues ………………………………………………………………（200）
　　7.2.1　Changchun Changsheng Vaccine Event ………………（200）
　　7.2.2　Institutional Media Responsibility and Citizen Media Literacy ……………………………………………（205）
　　7.2.3　Professional Value of the Reporter ……………………（207）
　　7.2.4　Popular Culture: New Public Discourse Channels ……（209）
Summary ……………………………………………………………（212）

Chapter 8　Conclusion …………………………………………（213）

References ………………………………………………………（223）

Appendix 1　Xinmin Evening News Xinmin. com Interview List ……………………………………………… (233)

Appendix II　Directory of Audience Interviews ………… (234)

Afterword ……………………………………………… (236)

第一章

导 论

2002年,"9·11"事件一周年前,《波士顿环球报》发表文章称:"对于美国新闻在那个灾难性日子里的表现,谁也挑不出什么毛病。如果说9月11日电视台和电台出尽了风头,那么9月12日的情况说明,在这个世界上印刷媒体仍然是对影响我们的各种事件进行深度报道的一个最好办法。互联网则过于散漫,而且很不可靠。"

十年后,2013年4月16日凌晨,正在举行马拉松赛的美国波士顿发生3起爆炸,令现场的选手和民众猝不及防。警方报告,至少有3人死亡,170余人受伤,当局将此次事件定为恐怖袭击事件。而波士顿爆炸案是社交媒体时代第一次发生的对于美国本土的恐怖袭击,智能手机的普及和社交媒体的风行,使受众可以很方便地参与新闻生产和传播,使得这次事件传播呈现出和"9·11"时大不相同的新闻传播图景。

远在西部的俄勒冈州立大学的一群年轻人在4月21日出版的校报 *The Daily Barometer* 上回顾道:"我们当时在不断地看手机。而不是盯着CNN或是登陆《波士顿环球报》和《波士顿先驱报》的官网,而且也绝对不会等待第二天报纸上的美联社报道。我们都在推特上。这个夜晚会因为旧媒体的死亡而被铭记。"[1]

皮尤研究中心(Pew Research Center)的调查数据似乎也部分证实了类似的论断。该机构在4月18日到21日期间对1002名成年人进行

---

[1] Editorial Staff, "The Death of 'Old Journalism': We're All Journalists Now", http://www.dailybarometer.com/the-death-of-old-journalism-we-re-all-journalists-now-1.3032587#.UX-2qwrWG05p.

的媒介使用调查，数据显示①：在30岁以下的人群中，70%通过在线新闻关注波士顿爆炸案，56%通过自媒体关注。至于为什么使用自媒体，最多的回应大致是"无处不在，无法回避"（18%），其他几种原因诸如"这是另一种接触新闻的方式并且能得到更多信息"（13%），"简单方便"（12%），"消息更新快"（11%），以及"与在波士顿的亲友保持联络"（6%）。

当然，也应该看到就整个样本而言，至少在渠道上传统媒体的大众传播仍然维持着相对优势。同一研究显示：80%受访者通过电视收看波士顿爆炸案相关报道，49%受访者通过在线方式（包括互联网和移动互联网），38%受访者通过广播电台，29%受访者通过报纸，26%受访者通过社交媒体，比如推特和脸谱。即便是在内容方面中，研究者 Jean Burgess 和 Joshua Green 也注意到来自传统媒体的内容在社交媒体中（比如 YouTube）占据相当分量②。

然而，除了在年轻用户群体上的亮眼数据外，就影响力和实际功效而言，自媒体相比传统媒体非但毫不逊色，在某些方面还稍胜一筹。

波士顿爆炸案中，自媒体先声夺人。几乎是第一次爆炸发生的同时，Kristen Surman 就在推特（Twitter）上发布了这个消息："Holy shit! Explosion!"（见图1）。随后，大批现场目击者通过手机拍下现场的照片和视频后，通过各种社交媒体将这一事件传播开来。大约一个小时后，马拉松的组织者和警方也通过其推特账户证实了这一消息（见图2、图3）。

图1

---

① Pew Research Center, "Most Expect 'Occasional Acts of Terrorism' in the Future", U. S. Politic, at people-press. org, (April 23, 2013), http://www.people-press.org/2013/04/23/most-expect-occasional-acts-of-terrorism-in-the-future/.

② Jean Burgess, Joshua Green, "YouTube: Online Video and Participatory Culture", Hoboken, NJ: Wiley. 2009.

图 2

图 3

爆炸案发生后,以《波士顿环球报》为代表的当地媒体和以 CNN 为代表的主流电视媒体的后续反应和报道,还能够基本满足受众的信息需求。但是,当案情进入到追捕凶犯阶段时,由于警方在波士顿周边小镇 Watertown 布下天罗地网,既围堵了藏匿的嫌疑犯,同时也基于安全考量,阻止传统媒体进入核心区域报道,大批媒体记者只能在现场周边翘首以待。

在这种情况下,强势媒体如电视也只能求助其他媒介形式。全国广播公司(NBC)在"今天"栏目(Today Show)中,其主持人 Savannah Guthrie 通过 Skype 视频连线 Watertown 在家避难的一对夫妇,请他们讲述了现场情况并展示了家中墙上的弹孔。①

Watertown 的居民们以公民记者的姿态填补了报道空缺。尽管被政府要求关门闭户,当地居民还是在窗户旁拍摄了当时警方如临大敌的现场影像,并通过推特等社交媒体发布,影像在推特上被大量转发后,很

---

① Eun Kyung Kim, "Watertown, Mass. Couple Wake to Find Bullet inside Their Home", News, at today.com, (April 19, 2013), http://www.today.com/news/watertown-mass-couple-wake-find-bullet-inside-their-home-1B9518755.

多传统媒体也在报道中引用了这些素材。

传统媒体，特别是主流媒体对媒体环境的变化感到焦虑的一个主要因素是，公众尤其是青年人，正在远离传统的公共事务信息来源。

这些结果通常被视为"新闻"和更广泛的信息来源之间界限模糊的证据。通常，这种模糊被视为一种警告，有时被视为经济上的挑战，有时又被视为文化上的挑战，挑战新闻业作为公共利益把关者的卓越地位。根据这一观点，新闻专业人士是决定公民了解哪些公共事务相关信息的适当人选。

抵达真相：自媒体与机构媒体的对冲

在波士顿爆炸案的处置过程中，不只是传统媒体，美国政府和相关组织也都非常重视自媒体的使用，比如波士顿警察局第一时间通过推特发布已逮捕嫌犯的信息（见图4）。但是，纵观整个甄别和搜捕嫌犯的阶段，自媒体的弊端表现得和其优点一样明显。

图 4

社交媒体如推特凭借着即时性、亲密感和影响力，可以推动新闻故事的发展，这里可能会有事件当事人和目击者的账号，发布着第一手的证据，比如手机拍的照片、用音视频叙述事件经过等。这是一种清新而富有活力的新闻采集和发布方式，它没有经过过滤、剪辑和筛选。但这样鲜明的优点也伴随着不可避免的负面效应。

波士顿爆炸案中，推特固然大出风头，不过也因其信息鱼龙混杂、良莠不分，而为人所诟病。名为 Matt Roller 的推特用户感慨地写道：

"推特在灾难发生的头五分钟好到了顶点,在之后的12个小时又坏到了极致。"(见图5)这句话让众多推特网友产生了共鸣,被转推三千多次。

图5

波士顿爆炸案中,推特上一些虚假信息流传甚广,比如:肯尼迪总统图书馆紧接马拉松终点发生了爆炸;一名沙特人作为爆炸案嫌疑犯被逮捕;一名中枪伤的穆斯林嫌犯被控制在医院里;一些目睹爆炸案发生的马拉松参赛者冲过了终点,并且马不停蹄地跑到了医院参与献血……①

比假消息危害更大的是当警方在查案中寻求协助时,网民们的不负责任的指认。

联邦调查局(FBI)4月18日在发生马拉松爆炸案的波士顿举行新闻发布会,公布了截自监控录像的爆炸案两名嫌疑人照片,并在其网站上寻求公众帮助搜捕。② 这类似于寻求集体智慧的众包(crowd-sourcing)。

没有人可以无所不知;但是每个人都会有所知。个体的资源通过互联网为代表的新传播技术连接在一起,形成了 Pierre Lévy 所说的"集体

---

① Simon Ricketts, "How the Boston Marathon Explosions Reveal the Two Sides of Twitter", Comment is Free, at guardian.co.uk, (April 16, 2013), http://www.guardian.co.uk/commentisfree/2013/apr/16/boston-marathon-explosions-reveal-twitter.

② Special Agent Greg Comcowich, "Remarks of Special Agent in Charge Richard DesLauriers at Press Conference on Bombing Investigation", Boston Division, at FBI.GOV, (April 18, 2013), http://www.fbi.gov/boston/press-releases/2013/remarks-of-special-agent-in-charge-richard-deslauriers-at-press-conference-on-bombing-investigation-1.

智慧"。① 众包（crowd-sourcing）则是一种利用集体智慧的信息处理方式，将传统上由某个中心点完成的任务分发到各处完成。

在警方公布嫌犯在犯罪现场的监控录像并请求网民协助调查后，社交新闻网站 Reddit 将 19 岁的焦哈尔错认为 3 月份就被报告失踪的布朗大学的学生 Sunil Tripathi，这给无辜者及其家庭带来极大的干扰和伤害。Reddit 本质上是升级版的电子公告板（BBS），注册用户可以匿名或实名针对某个主题发表评论或链接。用户添加评论时，可以投票将帖子的位置抬高或降低。最受欢迎的帖子会出现在 Reddit 网站首页。

波士顿爆炸案涉及的帖子是"寻找波士顿爆炸者"，这个主题没有违反任何网站规则。创建者的想法很简单："欢迎各种推理。"有些用户辨认人群中的某些人，并将他们圈出，当作爆炸案嫌犯。其他网站转载了这些照片，其中一幅还出现在了《纽约邮报》头版上。②

仅仅指责社交媒体制造虚假消息显然有失公允。由于社交媒体时效性优势所带来的巨大竞争压力，CNN 和美联社（AP）这样的主流媒体为争夺"第一落点"也在此次报道中犯错。CNN 在 4 月 17 日就宣称嫌疑犯已经被逮捕的消息,③ 美联社不但引用来自执法部门的匿名消息源确认 CNN 报道，还进一步声称被捕者正在前往法庭。④ 当 FBI 否认这一消息后，这两家名声显赫的大牌媒体无比尴尬，原因就如位于华府的 WTOP 电台副总监 Jim Farley 所说的："公众不会记得谁率先报道，只会永远记住谁犯了错。"⑤

对于如《纽约邮报》之类的小报来说，更是一错再错。《纽约邮报》在事发后仅仅一刻钟，就在其网站上宣称："爆炸造成了 12 死，

---

① Levy, Pierre, *Collective Intelligence: Mankind's Emerging World in Cyberspace*, Perseus Books, 1991, p. 1.
② Leslie Kaufman, "Bombings Trip Up Reddit in Its Turn in Spotlight", Business, at nytimes.com, (April 28, 2013), http://www.nytimes.com/2013/04/29/business/media/bombings-trip-up-reddit-in-its-turn-in-spotlight.html? pagewanted = all&_ r = 0.
③ Michael Pearson and Tom Watkins, "Official: Two Men Sought as Possible Suspects in Boston Bombing", U. S. at cnn.com, (April 19, 2013), http://www.cnn.com/2013/04/17/us/boston-blasts/.
④ Denise Lavoie and Rodrique Ngowi, "Correction: Boston Marathon-explosions Story", The Big Story, at ap.org, http://bigstory.ap.org/article/fbi-appeals-help-solving-marathon-bombings.
⑤ "How to Cover a Story Like Boston", Article, at radioink.com, http://www.radioink.com/Article.asp? id = 2643569&spid = 24698.

150 伤。"其后又在其网站上发布"一名沙特籍嫌犯被控制在波士顿医院里"的消息。4 月 18 日更是直接引用社交媒体消息，率先披露所谓的嫌疑犯照片，① 然而实际上这只是一位无辜的 17 岁高中生 Salah Barhoun 的照片。② 推特上有网友批评说："亲爱的记者朋友们，振作起来，要么报道真实信息，要么干脆啥都别说。"③

对于这样一个极度活跃的事件，当其他媒体都或多或少报道推特上的最新流言时，全国广播公司（NBC）提供了一贯稳健的基于事实的报道。NBC 的《今天》栏目（Today Show）执行制片人 Don Nash 说："社交媒体时代，许多报道来自非常不同的消息源。对此，必须非常小心。与其冒着误报的风险争第一时间发稿，不如确保真实准确。"④《洛杉矶时报》的评论则称：这些谣言和虚假报道不禁让人开始怀念以前的"六点新闻"时代。那时候，信息的传播渠道不如现在丰富，人们每天都要等到晚上 6 点才能看到或者听到当天的新闻报道，可是至少上面的信息是相对可靠、语意完整的。⑤

通过众包搜集的信息，基本上是一种信息碎片的集合，需要进行事实查证和过滤。在一个枝蔓延展的故事中，来自众包的信息碎片被分类成不同的消息来源汇入新闻编辑室，最后由编辑将其编织成一个连贯而准确的故事整体。这正是《纽约时报》在波士顿爆炸案报道中所做到的，被其编辑 Margaret Sullivan 称赞为"远离未经证实的消息，

---

① Larry Celona, Brad Hamilton and Jamie Schram, "Authorities Circulate Photos of Two Men Spotted Carrying Bags near Site of Boston Bombings", Story, at nypost.com, http://www.nypost.com/Page/Uuid/36ef16f0-a7f1-11e2-8d9d-2f852c9749bf.

② Shahriar Rahmanzadeh, Jennifer Leong, Samantha Riley, Santina Leuci and Rhonda Schwartz, "Teen: I Am Not the Boston Marathon Bomber", Investigative Unit, at abcnews.go.com, (April 18, 2013) http://abcnews.go.com/Blotter/teen-boston-marathon-bomber/story?id=18990057#.UYjDfrVTA5p.

③ 廖梓达（编译）:《全民记者时代来临　信息准确意义显》，http://hk.crntt.com/doc/1025/0/7/4/102507431.html?coluid=123&kindid=0&docid=102507431，中评社，2013 年 4 月 19 日。

④ David Freedlander, "NBC, Today Show Get Boston Mara-thon Bombing Coverage Right", Articles, at thedailybeast.com, (July 11, 2017), http://www.thedailybeast.com/articles/2013/04/20/nbc-today-show-get-boston-marathon-bombing-coverage-right.html.

⑤ 廖梓达（编译）:《全民记者时代来临　信息准确意义显》，http://hk.crntt.com/doc/1025/0/7/4/102507431.html?coluid=123&kindid=0&docid=102507431，中评社，2013 年 4 月 19 日。

所有报道快速、深刻而准确"。① 事实上，在一个传播报道无止境的流动环境中，传统媒体和职业记者的价值就在于核实、组织、整合信息的能力，提供一个理解新闻的脉络，并且能够从收集到的信息中创造出意义来。

面对突发事件，自媒体展现了更迅捷的反应速度和更多的线索，同时也不可避免地带来了一些虚假的信息，在此情境下，机构媒体和专业记者所提供的经过查验的事实和认知脉络，借用金融术语来表达，就是一种对冲（hedge）②，后者一定程度上降低了前者带来的风险。

重构权力：积极受众与大众自传播

波士顿爆炸案中呈现出的新闻传播图景，在一定程度上也可以化约为传统媒体和新兴媒体的对比：传统媒体呈现为封闭体制和传者控制导向，新媒体则表现为开放体制和受众参与导向。正如 Joe Trippi 在回顾 2004 年美国大选的一本书中所写的："电视是一种宣传工具，使我们在沉默中彼此断绝联系；而互联网则帮助我们了解得更多，变得更精明，以及有更多参与机会。"在他看来，这是赋权时代的先声，普通民众开始有机会和资源来与权力机构博弈："如果说信息就是权力，那么均衡传播信息这一新技术实现后，会有真正的权力分散。其趋势是，权力在从基于上行下效原则的机制向民主分配权力的机制转移。以前是把持权力的机构汇集信息，居高临下地指导应该这样应该那样，现在则是我们所有人共享这些权力。"③

受众的角色随着"传—受"双方权力关系的变化而转变。以互联网为代表的新媒体信息传播模式颠覆了以传统媒体为中心的大众传播

---

① Margaret Sullivan, "A Model of Restraint in the Race for News", The Public Editor, At ny-times. com, (April 20, 2013), http：//www.nytimes.com/2013/04/21/public-editor/a-model-of-restraint-in-the-race-for-news.html?_r=0.

② 金融学上，对冲（hedge）指特意减低另一项投资的风险的投资。它是一种在减低商业风险的同时仍然能在投资中获利的手法。一般对冲是同时进行两笔行情相关、方向相反、数量相当、盈亏相抵的交易。

③ Trippi, Joe, *The Revolution Will Not Be Televised: Democracy, the Internet, and the Overthrow of Everything*, New York: Regan Books, 2005, p. 227.

模式，传者和受众之间不平衡的权力关系被打破。就报业而言，过去报社处于传播格局的中心点，将生产的内容单方面传递给散在四面八方的读者。除了"读者来信"等少数反馈很慢的渠道，受众几乎不能影响传者。而在新媒体信息传播中，由于技术可以拓展出一个趋向无限的传播空间将各种传播类型都容纳其中，提供了双向乃至多向的互动模式。在这种情形下，受众的概念不再适用，更贴近实际的概念应该是"用户"。

受此影响，当代受众/用户对来自官方的消息源信赖减少，与此同时，对来自社群的消息源信赖增加。传统媒体是点对面的大众传播，以社交媒体为代表的新媒体兼有点对点和点对面传播形式，是人际传播和大众传播的交融，曼纽尔·卡斯特将其定义为"大众自传播"。

大众自传播，"它首先是大众传播，因为它可能会触及全球观众，例如在 YouTube 上发布视频，使用 RSS 链接到许多网络资源的博客，或者发送到大量接收端的邮件。同时，它又是自主性的，因为信息的产生是自主生成的，潜在接收者的范围是自主定向的，从互联网和电子传播网络中检索的特定信息或内容是自主选择的"。大众自传播是相对于大众传播和人际传播而言的，卡斯特特别强调"这三种传播形式（人际传播、大众传播和大众自传播）是共存并相互作用，它们互补而不是相互替代"。①

作为一种受众自我选择、自我创造、自我传播的形式，具有变革意义的大众自传播形式源于那些年轻聪明的网络用户，他们逐渐从媒体的消费者变成了生产者、创造性的受众，可以利用各种社会化的网络媒体来传播自己创作的内容。曼纽尔·卡斯特认为，数字技术在一个重构信息权力等级的新网络社会建立了新的动力学。但是这种能力的其他含义是"融合"公共领域和私人空间，作者和读者、机构和受众，以及其他那些曾经很明显的两分领域。"所有形式的传播融合成一个复合、互动的数字超文本，并在通过人类互动进行的所有文化表达形成的多样性中进行重组，由此对社会组织和文化转型产生了极大影响。"鉴于这样的洞见，曼纽尔·卡斯特高度认同他同事的观点，即同为南加州大学安

---

① [美]曼纽尔·卡斯特：《传播力》，汤景泰、星辰译，社会科学文献出版社2018年版，第44—45页。

南伯格新闻与传播学院教授的亨利·詹金斯所指出的,"融合发生在每个消费者的头脑中,通过他们与其他人之间的社会互动来实现。我们每个人都是借助于零碎的、从媒体信息流中获取的信息来构建个人神话,并把它转换成我们赖之以理解日常生活的资源"。①

走向融合:消弭的界限

关于传播融合的论述,在曼纽尔·卡斯特和亨利·詹金斯之前,其实是另一种范式,一种从媒体逻辑和媒体机构立场出发的范式。

1979年,为了募资创建麻省理工学院(MIT)的媒体实验室,尼古拉·尼葛洛庞蒂(Nicholas Negroponte)展开了一系列演讲推广普及"融合"的概念。在此之前绝大部分听众对"融合"都一无所知,所以他们非常惊讶,特别是当尼葛洛庞蒂指出"所有的传播科技都在经历一个共同的变形,只有将其看作一个事物才能恰当的理解它"(all communication technologies are suffering a joint metamorphosis, which can only be understood properly if treated as a single subject)。在这里,尼葛洛庞蒂将各种各样传播科技的汇集理解为"融合"。为了解释这个概念,他画了三个相互交叠的圆圈,分别代表计算机工业、出版印刷工业和广播电影工业。自那时起,"上述这些产业正在汇聚融合到一起创造出传播新形式"的尼氏观点,便开始引导了对大众媒介和人类传播未来的思考。②

当时光流转至1983年时,麻省理工学院的另一位学者伊契尔·索勒·普尔(Ithiel de Sola Pool)在尼葛洛庞蒂基础上明确提出了媒介融合的观点。普尔在其名著《自由的科技》(*Technologies of Freedom*)中写道:"媒体之间,甚至是点对点传播与大众传播之间的界限,由于一种所谓形态融合过程的出现,已经逐渐变得模糊。点对点传播如邮政、电话和电报,大众传播如报纸、广播和电视。过去需要几种介质才能分别提供的服务内容,现在以一种单一的物理介质,比如电线、同轴电缆

---

① [美]亨利·詹金斯:《融合文化:新媒体和旧媒体的冲突地带》,杜永明译,商务印书馆2012年版,第31页。
② Mr. Roger F. Fidler, *Mediamorphosis: Understanding New Media (Journalism and Communication for a New Century Ser)*, Newbury Park: Pine Forge Press, 1997, p.25.

或广播电视无线电波,就可以承担。相反,过去由任意一种媒介,不论是报纸、广播电视或是电话——提供的服务,现在可以由几种不同的物理介质来呈现。过去存在于一种媒介及其用途之间的一对一关系正在消逝。"①

作为政治学学者,普尔把媒体间的差异视为政治选择的产物。他认为,每个媒体的所有者、管理制度和功能都各不相同:所有者分政府所有和私人所有,管理制度有集权管理和分权管理,功能有以新闻为主或娱乐为主。但普尔也看到传播技术的偏向性"普及、去中心化和方便获取的传播技术手段会促进自由;集中、垄断和稀缺的传播手段,更可能会增强中央控制",他认为前者的代表是印刷机和电脑,后者代表是广播电视。

对于"融合"的研究和论述中,普尔隐约有一种担忧:媒介走向融合意味着不管是印刷媒体还是广播电视媒体最终都走向整一,那么终点是淡化了中央控制还是消弭了自由呢?这背后势必是相互竞争的权力关系。

也正因为如此,普尔并不认为融合会必然到来。他清醒地认识到这将是一个长期的过程:"融合并不意味着最终的稳定和统一。它作为一种持续性的统一力量发挥作用,但却总是保持动态的变化张力……关于日益显著的融合并不存在永恒不变的法则;变化的过程远比这些复杂。"②

在走向融合的动荡历程中,"融合媒介"或许正如美国新闻学会媒介研究中心主任 Andrew Nachison 所指出的,是一个印刷的、音频的、视频的、互动数字媒体组织之间的"战略的、操作的、文化的联盟"③。在 Andrew Nachison 看来,与其说"融合媒介"是各个媒介汇聚集成的一个终极媒介,不如说它只是媒介之间的合作模式。

另一位美国人,西北大学教授 Rich Gordon 提出的五种"媒介融合"类型实际上具体回应了 Nachison 相对弹性的融合概念。这五种类型包

---

① Pool, Ithiel de Sola, *Technologies of Freedom*, Cambridge, Mass: Belknap Press, 1983, p. 23.

② Ibid., p. 53.

③ Nachison Andrew, *Good Business or Good Journalism? Lessons from the Bleeding Edge*, A Presentation to the World Editors Forum, Hong Kong, June 5, 2001.

括：所有权融合（Ownership convergence）；策略性融合（Tactical convergence）；结构性融合（Structural convergence）；信息采集融合（Information-gathering convergence）；新闻表达融合（Storytelling or presentation convergence）。① 前三种类型着眼于新闻机构的角度，后两种类型则聚集于新闻从业者的行动。

由此可见，这一路的观点延展下来形成了媒介融合的"机构范式"。"融合"所涉及的"联盟"或者"合作"都局限于媒介机构内部和机构之间：不只是媒介经营管理模式的变化，更是关于新闻生产的变革。融合新闻（convergence Journalism）就是这次变革的关键词。很大程度上，受众仍然在"融合"视野之外。

融合文化与集体智慧

然而，通过新传播科技的赋权，用户参与和媒介融合不可避免地缠绕在了一起。亨利·詹金斯发现"逐渐成长起来的参与文化，受众利用新传播技术更多地参与信息内容的生产"②。他把受众/用户的积极参与和媒介间隔阂的逐渐消弭看作是两大"融合"趋势。在他看来，媒介融合不会有一个结束状态，而是一个持续的过程，发生在各种媒体技术，产业，内容和受众的交点。③

融合文化有两个突出的特点：互动性和多媒体。詹金斯认为，融合文化超越了简单的媒体介质合并，比如广电和报纸。相反，融合文化代表的是一种哲学意义上的转变，吞并了旧有的媒介体系，包括其中的角色、关系和规则，取而代之的是一个新的、数字化的体系，媒体不再是一个单一的内容生产者、过滤者（把关人）、信息聚集者与阐释者，用户开始进入到之前封闭的新闻生产流程中来。④

---

① Gordon Rich, "The Meanings and Implications of Convergence", In Kevin Kawamoto（Eds.）*Digital Journalism*: *Emerging Media and the Changing Horizons of Journalism*, Lanham: Rowman & littlefield Publishers, Inc. 2003, pp. 57–73.

② Jenkins. H, Quentin Tarantino's Star Wars, Rethngking Media Change, MIT press, 2003.

③ Jenkins, H. Convergence？I diverge, From technologyreview.com.

④ [美] 亨利·詹金斯：《融合文化：新媒体和旧媒体的冲突地带》，杜永明译，商务印书馆2012年版。

融合不只是媒体业基于经济利益的主观推动，也是用户基于自身需求和公共利益自觉开展的过程。传播技术的日新月异以及市场化程度的加深，使得用户能更方便地拥有、学习和利用技术，从而更多地介入对媒体内容流动的掌控。

通过报道引发社会反响，在批评他人的行为和价值观念过程中，新闻为当代社会讨论自身提供了不可取代的共享参照框架。在融合的时代，更是如此，用户以新闻报道中的文本作为逻辑起点和原始素材来参与新闻生产，并把这些材料作为实现彼此之间沟通的共享资源。

新兴媒介上，合作关系贯穿了不同媒体平台，使媒体跨越各种边界进行传播，各种不同的受众也得以汇聚到一起更多地来交流互动。普通用户正在成长为影响新闻生产和传播的积极参与者，参与到社会网络中利用新传播技术再造媒体，并在此过程中逐渐形成自己的表达模式。

没有人可以无所不知；但是每个人都会有所知。个体的资源通过互联网为代表的新传播技术连接在一起，形成了 Pierre Lévy 所说的"集体智慧"。集体智慧可以被视为是一种非主流的媒体权力源泉，通过融合文化环境中的日常互动交流，用户正在学习如何把握这种权力。

集体智慧塑造了集体模式的反应。诚然，并非每一个人都在虚拟空间互动交流，仍有一部分人还是习惯和亲朋好友谈论见闻。但当下，人际间传播能力早已经突破了日常面对面的范围，人们利用新闻作为共享参照框架来相互讨论与其相关的事情。互联网，特别是社交媒体为参与者提供了分享知识和观点的机会与场所。

任何用户个人都不会了解故事的所有方面，而当他们在网上讨论时，他们会把所有知道的信息汇集起来，将彼此手中的资料进行对比，从而使对事件的了解达到任何一个只从单一媒体获取信息的人所无法企及的深度。"这正是融合文化，即意义与知识的合作生产，问题解决的共享，而这些全都是当人们参与网络社区时围绕共同的议题自然而然地发生的。"①

波士顿爆炸案和随后的追捕行动从许多方面看都是第一个大型的互动新闻故事，它虽然不是第一个被社交媒体所关注和追逐的大事件，但

---

① ［美］亨利·詹金斯：《融合文化：新媒体和旧媒体的冲突地带》，杜永明译，商务印书馆 2012 年版，第 52 页。

却第一次把成千上万的人卷入为新闻故事的一部分。

正如 Percolate 的联合创始人 Noah 对此的评论:"每一个人都想参与缉凶行动。无论是在推特和谷歌上寻找爆炸案嫌犯的相关信息,还是看电视上警察在郊区街道上与嫌犯枪战。内容的重要性其实不如涉入其中的感觉,就好像是亲身参与了这个惊险的追捕行动。就像 Wasik 所注意到的,我们正进入到这样一个时代,即事物怎样通过文化得以传播比其内容本身更有趣。"[1]

能带给受众"涉入其中的感觉",不只是机构媒体,而且包括了更广泛的信息渠道。受众在哪里以及如何获取公共事务资讯,这是一个对政治传播具有深远影响的重要问题。对此问题的回答必须将其置于更广阔的媒体体制变化视野中,因为在传统媒体体制背后,有一种隐含的假设,即在新闻界和更广泛的公共事务信息来源之间有明确的区分,并且假定,机构媒体是更可靠的信源并起到了更好的告知作用。

政治传播学者已经撰写了大量的文献,或隐或显地假定了这种信息层次结构的有效性,记录了新闻和其他明确标记的政治媒体(如竞选广告、政治脱口秀)对公民公共事务知识、信仰和行为的影响。然而,人们对其他形式的媒体的政治影响关注较少,这清楚地表明,人们认为这些类型不可能或不适合作为公共事务信息的载体。但是与之相比,新闻又会有什么不同呢?

一种可能的方法是确定区分与公共事务相关的媒体和与公共事务无关的媒体的关键特征。但这更多的是模糊了传统的"新闻"和"非新闻"类别。公共事务媒体处理的是现实世界中与相当大比例的公民相关或关心的问题,但传统上属于这一类型之外的许多问题也是如此:人们很难在新闻中找到任何实质性的主题,而这些主题又不是表面上非机构媒体的主题。1922 年沃尔特·李普曼(Walter Lippmann)把新闻简单地定义为"就某一事件向公众发出信号"[2]。然而,所谓的娱乐型媒体也经常扮演这一角色,将公众的注意力吸引到具有社会和政治意义的问

---

[1] Noah Brier, "Being Part of the Story", Archives, at noahbrier.com, (April 20, 2013), http://www.noahbrier.com/archives/2013/04/being-part-of-the-story/.

[2] [美]沃尔特·李普曼:《舆论》,常江、肖寒译,北京大学出版社 2018 年版,第 279 页。

题和事件上。①

还有一种回应简单地辩称，报纸或电视新闻中的内容就是新闻，而它们之外的内容则不是。这种方法被大多数记者和政治传播学者含蓄地采用，它并没有阻止关于新闻内容是否恰当的辩论（例如，对"软"新闻和信息娱乐的增长或某些来源合法性的担忧），但它将这些辩论限制在明确的公共事务媒体上。它也忽视了新闻的定义在多大程度上是由政治、经济、文化和技术决定的。

技术变迁范式下的新闻业转型

试图确定这些区别和层次结构是对新传播技术作用下媒体环境变化的更广泛反应的具体检验。公众所关注的公共信息来源的爆炸性增长，以往稳定的媒体类型之间的混淆，以及信息生产者和消费者之间的界限模糊，这些都对既定的结构、概念和规范构成了挑战。

从技术变迁的角度来观照新闻业转型，基本假定是"媒介并不只是一种传递特定符号内容，或是在某些交换中联系参与者的应用技术；它也包括一套与新技术特质互动的社会关系"。② 这样的理论预判暗示了内容层面的研究，或是对媒介技术偏向的考察，虽然是有价值的研究理路，却相对单一与固化。新媒介的出现不仅是说明技术本身的变化，也不只是带来符号内容传递方式的变化，而且应该看到隐藏在新技术特质背后并与之互动的社会关系。具体而言，在新技术视角下的新闻生产研究中，不能停留于移动智能终端等新报道工具、文本音视频合一等新信息形态，以及内容产品跨平台发行等新传播方式等相对表层的现象。需要进一步深入考察的是，在数字化转型的技术条件下以及融合文化的社会图景中，基于"新闻是一种产品"的"传者—受众"的静态新闻生产关系如何转变为牵涉到每一个社会关系的共享行为和传播行动？

荷兰传播学者曾经设想了新媒介条件下的四种传播模式，分别是：

---

① Delli Carpini, Michael X, Bruce A. Williams, "Let Us Infotain You: The Politics of Popular Media", *Mediated Politics: The Future of Political Communication*, New York: Cambridge University Press, 2001, pp. 160-181.

② [英] 丹尼斯·麦奎尔：《麦奎尔大众传播理论》，崔保国、李琨译，清华大学出版社2006年版，第99页。

"训示""对话""协商"与"登录"。① 其中,"对话"是指个人(位于潜在的传播网络中)能够直接和其他人互动,而这是跨过某个"中心"或者媒介物进行的,并且能够自由选择传播的伙伴、时间、地点以及主题。正如 Havas 传媒集团首席媒体投资官 Juan Bascones 在世界报纸广告会议上所说:"今天,对消费者的新营销模式是基于对话。报业生存的唯一途径是,它专注于领导并推动这些对话。"②

Juan Bascones 的灵感或许来自《线索列车宣言》(*The Cluetrain Manifesto*),一本互联网时代的开创性著作,同时这也是一个关于公司和社区应该如何在网络空间运作的在线宣言。作为网站,线索列车(www.cluetrain.com)出现在 1994 年 4 月,几个著名的科技博客人写下了最初的 95 篇文章,大胆预言互联网不可估量的潜力,有文章写道:"透过网际网络,展开了全球对话。众人不断发现和发明分享相关知识的新方式,速度快到令人无法消化。因此,最直接的结果就是,市场比多数公司愈来愈精明。"最后得出了一个顺理成章的结论"市场就是对话",并至今仍列为 95 篇之首呈现在线索列车主页的醒目位置。这意味着,"任何组织在当今社会的关键技能不再是市场营销,而是对话交流"。③ 有学者基于线索列车的结论,声称"新闻业也是一种对话"。④

因此,毫不奇怪有研究者基于对"对话"模式的理解,提出"新闻作为一个过程"的假设。⑤ 简而言之,今天的新闻报道不只是记者的工作和稿件呈现,而且还包括所有的受众评论,博客(微博)和引发的其他后续内容。从"过程"或者说从社会关系出发来探讨新闻生产,研究焦点将不再仅仅停留在新闻编辑室,而需要思考新闻生产的周边关系,其中包括用户生产内容(UGC)以及用户自身的角色。

---

① Bordewijk J. L., van Kaam, *Towards a New Classification of Tele-Information Services*, Intermedia, 1986, 34(1): pp. 16–21.

② Grant, Robin, Newspapers Must Look Beyond SEO, June 1, 2009, http://wearesocial.net/tag/juan-bascones/.

③ [美]杰夫·贾维斯:《Google 将带来什么?重启思维革命与商业创新》,陈庆新等译,中华工商联合出版社 2009 年版,第 1 页。

④ Dan Gillmor, *We the Media: Grass Roots Journalism by the People, for the People*, New York: O'Reilly Media, 2004, p. 12.

⑤ Jeff Jarvis, "Product v. Process Journalism: The Myth of Perfection v. Beta Culture", August 17, 2009, https://buzzmachine.com/2009/06/07/processjournalism/.

就报业而言，过去的"新闻"呈现为报刊刊载的静态文章，而现在围绕新闻的各方对话成了新闻的一部分，或者说新闻从一个静态的产品概念变化为动态的过程概念，那么这就意味着新闻从业者单靠自身力量无法完成新闻生产，他们需要受众的帮助。在考察新闻生产时，为了揭开主体变化的影响，必须从新闻从业者和受众/用户的双重视角来探索新闻生产。在一个越来越多报纸走向数字化的新闻世界里，符合期望的新闻产品应该是怎样的？今天的新闻生产可否分解成不同类型的工作？什么类型的工作由谁在履行，如何理解这种劳动及其价值？

今天的新闻生产是"对话"，是"过程"，是牵涉到周边社会关系"共享行为和传播行动"。这也意味着传者和受众的角色变得模糊、专业和业余之间的界限变得模糊、文本和媒介的对应形式变得模糊、新闻和娱乐的形式变得模糊、人际传播和大众传播的界限变得模糊，新闻生产曾经严格的组织边界和时空框架也变得模糊。如果用"融合"来定义和描述这种"模糊"的趋势，那么本书旨在通过一个相对开放的概念——"融合体制"，探讨"融合"与新闻业转型之间的互动关系，并试图解决以下具体问题：融合体制中呈现出怎样的传播与社会图景？在这样变化的图景中，新闻业，特别是新闻生产模式发生了怎样的变化？这种变化有何意义？

当新闻记者真正做到了他们职业的最佳实践时，他们通过向公众提供重要信息和让精英们负起责任，在社会发展中发挥了核心作用。此外，拥有专业记者作为看门人的一大优势是，他们应该使用的规则和价值观是明确的，因此既提供了评估业绩的标准，也为批评规则和价值观本身的充分性提供了明确的基础。传统的"媒介体制"并非没有优势。

关键概念

本书的关键概念，同时也是最重要的研究背景——"融合体制"，是受到来自美国学者 Williams 和 Carpini 所定义的"媒介体制"（Media Regimes）的启发。本书正是尝试用"融合体制"（Convergence Regime）来描绘正在成形中的"新媒介体制"。

中国学者黄旦也借用了"regime"作为一个隐喻来分析新闻客观性

理念产生的原因，他指出"作为一种'regime'，首先表明新闻业有某种程度的自主性。同时，'regime'这个词不仅可以用于政治或文化的分析，而且还可以显示新闻业和社会、政治权力不可避免的关系"。①

对 Media Regime 的翻译颇费思量。Regime 一词有政体、政权、政治制度之义，将 Media（媒介）一词与此意连接起来似乎并不通顺。旅美学者潘忠党在一篇讨论"后真相与新闻业"的文章中援引福柯的一个概念"Regime of Truth"时，将其翻译为"真相体制"。② 在题为《真相和权力》（Truth and Power）的访谈中，福柯指出，"一些经验形态的知识领域，比如生物、政治经济、精神病理学、医药等，并不沿着通常所认为的顺滑、连续的模式而发展；知识的更新并非仅是有了新的发现，而是由于出现了"话语和知识形态的崭新'体制'（regime）"。这个表述类似美国物理学家、科学哲学家托马斯·库恩（Thomas S. Kuhn）所说的"范式"（paradigm）。③

结合以上中外学者的相关界定和理解，将 Media Regime 译为媒介体制或许能比较好地还原其学术含义，既肯定其与政治权力之联系，亦能跨越不同社会语境勾连相关研究成果，同时有可能贯通新闻生产研究的宏观与中观层面。

在美国语境下，Media Regimes（媒介体制）指"一个特定历史下，相对稳定的系列制度、规范、程序和行动者，塑造了媒介生产者和消费者的期待与实践"。媒介体制有四个特点：其一，体制被用来指媒介系统对国家行动（法律、补贴、权利和公众接触）的依赖程度；其二，媒介体制通常会被政府权力行动形塑；其三，媒介体制会受到传播科技发展的影响，但不会被科技所决定；其四，媒介体制扮演了一个把关人的角色，同时塑造了舆论环境。④

---

① 黄旦：《传者图像：新闻专业主义的建构与消解》，复旦大学出版社 2005 年版，第 96 页。

② 潘忠党：《在"后真相"喧嚣下新闻业的坚持——一个以"副文本"为修辞的视角》，《新闻记者》2018 年第 5 期。

③ 於红梅、潘忠党：《近眺异邦：批判地审视西方关于"后真相"的学术话语》，《新闻与传播研究》2018 年第 8 期。

④ B. A. Williams, M. X. DelliCarpini, *After Broadcast News: Media Regimes, Democracy, and the New Information*, New York: Cambridge University Press, 2011, p.16.

在当下的本土语境下，对于 Media Regime 的概念，现有研究中的相关概念是传媒体制或者新闻媒介体制。传媒体制是"涉及政党、政府、社会与媒体关系的根本性制度安排"，① 而新闻媒介体制是"在一定宏观制度环境下的，遵照一定新闻观念的新闻媒介组织及其工作者、新闻媒介管理机构与新闻媒介制度规范的统一体"②。

综合而言，丹尼尔·哈林（Daniel C. Hallin）所提出的"媒介体制实际是不同媒介机构、不同媒介实践之间相互作用，以及他们同社会其他因素，机构之间的相互作用而融入其中的一个整体"，③ 更是一种相对能超越政治语境的界定。但值得注意的是，丹尼尔·哈林所谈到的"媒介体制"在其学术著作中的英文表述为"Media System"，而本书更多的还是借用"Media Regimes"的概念而拓展为"Convergence Regime"，即"融合体制"。这里所谓的"体制"（Regime）不完全等同于建制（Establishment）和规制（Regulation），也不完全等同于中国传统政治语境中相对于"市场"而言的"体制"，既有规范和约束的实质性，也保持了作为理论话语的适度弹性。

媒介体制从根本上受到通信技术新发展的影响，但从未被决定。威廉斯（Raymond Williams）运用了社会形态的概念来说明任何新媒介的发展绝不能简单地以其技术特征来解释，而总是以其在所处的特定文化中所展开的功能来解释。④ 基于这一观点，我们认为任何媒介体制的具体轮廓都是随着更大的经济、文化和政治趋势而发展的。

然而，特定的媒介体制与它所处的经济、文化、政治和技术环境之间的关系并不纯粹是单向的互动。媒介体制一旦成型，就成了关于文化、政治和经济的信息流动的把关者，从而形成讨论、理解和采取行动的话语环境。在大多数时间点上，这个把关过程的结构基本上是无形的，大家都至少默认信息传播的规则是自然且合理的。

---

① 葛玮：《中国特色传媒体制：历史沿革与发展完善》，《中国行政管理》2011 年第 6 期。
② 秦汉：《新闻媒介体制：要素、内涵与特征》，《国际新闻界》2018 年第 7 期。
③ 秦汉：《媒介体制：一个亟待梳理的研究领域——专访加利福尼亚大学圣地亚哥分校传播学院教授丹尼尔·哈林》，《国际新闻界》2016 年第 2 期。
④ Raymond. Williams, *Television: Technological and Cultural Form*, 3rd ed., London: Routledge, 2003（Originally Published in 1974）.

然而，媒介体制并非一成不变的。随着经济、文化、政治和技术的变迁，现有媒介体制和媒介实践之间存在脱节的可能，比如新技术带来的传播赋权正在挑战特定媒体精英在原有体制中的主导地位。当这种"脱节"明显到不容忽视时，某些特定媒介体制下通常未经检验的假设更有可能受到挑战，从而开启"体制变革"的可能性。这个变化被 Paul Starr 称为"构造时刻"，被 Robert McChesney 称为"关键节点"。这样的时刻导致了"由社会和政治危机、技术创新或其他触发事件引发的突发事件所引发的选择，在这些关键时刻，这些选择可能被编码到法律中、蚀刻到技术中，或以其他方式嵌入制度结构中"。① 当然，在注意到新传播技术的变革潜力和历史作用时，也需要避免对新技术的运作方式及其社会变革潜力做出乌托邦式的和不准确的预测。

在美国，20世纪早期发生的经济、政治和文化变化，现代报业的兴起，形成了第一个媒介体制，挑战了当时的政治体制对话语环境的控制。及至20世纪50年代，广播和电视的普及又对当时报刊/印刷媒介体制发起了挑战。之后，一个新的稳定的媒介体制开始在美国形成，它包括了主要的电子媒介、固定播出和有限的公共服务责任。② 正是由于这种新体制的出现，以及它特有的媒体机构、规范、流程和行动者的结合，新闻和娱乐等常见的区别才呈现出不容置疑的权威含义。反过来，这一制度决定了公众讨论和舆论形成的话语环境的轮廓。"机构媒体"成为公共议程的把关人，成为当今公共事务议题的信息来源，以及讨论这些议题的公共空间。③

进入21世纪后，经济、文化、政治和技术的变革已经挑战了现有媒介体制的稳定性，媒介体制正在经历新一轮的动荡，个别新闻媒介作为信息源的合法性受到质疑，新闻和娱乐之间的界限正在变得模糊。Paul Starr 和 Robert McChesney 对此得出三个结论：其一，区别新闻、戏剧性事件、喜剧的不是它们的民主效用，而是它们的形式、类型以及它

---

① Paul. Starr, *The Creation of the Media: Political Origins of Modern Communications*, New York: Basic Books, 2005, p. 4.
② McChesney, Robert and John Nichols, *The Death and Life of American Journalism*, Philadelphia: Nation Books, 2009.
③ Robert. McChesney, *The Real Communication Revolution: Critical Junctures and the Future of Media*, New York: New Press, 2007.

们怎样被社会建构和理解。其二，新闻价值不被出自内容、形式或信源的事实所决定，反而实际上是被媒介体制所质疑、抑制和决定。其三，对于舆论场的合适轮廓是怎么样的以及谁控制这轮廓，并没有一个正确的答案。所谓"轮廓"也是有赖于语境与争辩的。①

在 Williams 和 DelliCarpini 看来，在媒介体制变动的时期，需要对媒体与民主的关系以及公民权的问题有一个持续的关注。这会产生三个问题：问题一，新媒介体制出自一场社会辩论，针对哪类公民应当是民主商议的一部分，是全体公民？是一部分公民？或者仅仅是精英阶层？问题二，在进入民主商议的这一部分人中，怎样将他们划分为信息的生产者和消费者？问题三，新媒介体制如何定义有用的、充分的和有价值的信息？

当然，我们应当看到上述观点和问题都植根于美国的社会文化语境。不过，也有几点深具启发性：首先，媒介体制的概念建立在正视国家政府权力影响的基础上。其次，媒介体制与舆论场呈现出一种共生的姿态，舆论环境被镶嵌在媒介体制中，媒介体制的变化决定了舆论场的变化。换而言之，媒介体制可以作为技术性解析舆论场的研究工具。最后，也是最重要的一点是，相关的政治经济文化因素持续发酵后，技术变革直接引发了媒介体制的变动。在媒介体制变动中，根本的新闻规范，假设，价值观、关系、信息流的影响，权力的变化以及有关新闻生产的等级都可能被重构。

本书避免使用数字化，或者具体说数字化时代、数字化媒体的概念，作为一个普泛化的标签来界定当下新闻生产的背景。从新闻生产的技术和内容两方面看，数字化的概念都已经不那么新鲜了。数字化首先是从新闻生产的终端即印刷阶段开始的，1993 年，国外推出计算机制版系统样机，由此宣告了报纸印刷技术数字革命的开始。90 年代后期，中国报业开始大量引进无轴印刷机，进入了一个应用计算机直接制版系统的时代。数字化媒体内容现时更是如此普及与成熟，以致于可以说几乎所有的媒体至少在制作、发行和接受的一个阶段会涉及对数字技术的应用。已经有学者看到，"当代媒体最显著的特点并非是数字化，而是

---

① B. A. Williams, M. X. DelliCarpini, *After Broadcast News: Media Regimes, Democracy, and the New Information*, New York: Cambridge University Press, 2011, p. 19.

能发起并承载双向乃至多向传播的网络化"。①

本书也避免过多使用"新媒体"的概念。Graham Meikleh 和 Sherman Young 对此亦有简要述评与回顾：所有的媒体都曾经是"新媒体"，强调一个"新"字可能会引起不必要的误导。进一步说，界定什么是"新媒体"也相当困难。从 Tim Berners-Lee 1990 年 12 月发起第一个网站至今，万维网已经超过了 20 年。从 1969 年 10 月在阿帕网（ARPANET）上发出第一条讯息开始算起的话，作为万维网基础的因特网则有超过 40 年的历史。而移动电话的历史则应追溯到 Marconi 甚至是 Morse，而第一代的商用手提电话出现在 1970 年代末。在书中，不得已而为之时，试着将其称为"新兴媒体"，强调媒体发展的动态趋势。

本书甚至避免单一使用当下最流行的"全媒体"，以及在建立在全媒体基础上意义上单一的"媒介融合"概念。在当下不论是学界业界，都纷纷热炒媒介融合和全媒体的概念，几乎成了应对传统媒体危机的唯一方略。媒介融合的热度也引发了质疑，有研究者认为：传媒发展的趋势不是融合，而是分化；现阶段媒介融合容易产生负效应。② 另外了也有学者指出"融合只是手段而不是目的，通过融合达到更高层次的多样化，这才是媒介融合的终极目标"③。单单就本书而言，避免使用媒介融合或者全媒体的原因则在于其模糊了传统媒体和非传统媒体的界限，而由于中国特殊的国情和宣管体制，这个界限还是非常明晰的，两个舆论场的现象也被普遍认同。尽管媒介技术日新月异，本土新闻生产仍然绕不过国家和政府权力宰制。

综上看来，在研究当下的新闻生产与消费模式时，"融合体制"（Convergence Regime）或许是一个比较合适的概念。融合结构正是詹金斯（Jehkins）所看到的那个新的、数字化的体系：媒体不再是一个单一的内容生产者、过滤者（把关人）、信息聚集者与阐释者，用户开始进入到之前封闭的新闻生产流程中来。

在本书中，使用"融合体制"来概括融合时代新闻业危机与转型背

---

① Graham Meikle, Sherman Young, *Media Convergence: Networked Digital Media in Everyday Life*, London: Red Globe Press, 2012, p. 2.
② 陈国权：《分化是传媒发展的趋势——"融合论"质疑》，《新闻记者》2010 年第 3 期。
③ 彭兰：《媒介融合时代的"合"与"分"》，《新闻与写作》2006 年第 9 期。

景，是想强调现时的媒介产业、技术、内容和实践既是数字化（Digital）的，又是网络化（Networked）的。说是数字化的，比较好理解。而网络化近似于卡斯特（Castells）所提出的概念。卡斯特认为当代社会应该被理解为各种网络的集合，其中各行动单元之间的互动，基于利益分享和协商而不是机构。① 应当注意到数字化成为传播的新标准后，往往会让一则消息扩散到令人难以控制的程度。在这种情况下，由数字网络执行的网络权力呈现出新的形式：消除了对传播的控制。相比之下，大众传媒的传统网络权力则会依据企业战略需要将原信息格式化以确保其对受众是适宜的。② 但是，卡斯特也指出，把关人的力量依然存在，尤其是在政府和媒体公司中，它们把持网络中与外界其他传播者联络的节点。

文献综述

一 关于传播科技与传统媒体的研究

在传播学的发展历程中，媒介传播技术研究的兴起明显晚于传播内容和效果研究。从英尼斯和麦克卢汉开始，才突破传播学初期研究的视角局限，将研究拓展到媒介技术及其特征上，试图探寻各种媒介技术本身的价值、意义和社会影响。

"传播媒介的偏向性"是英尼斯媒介理论的一个核心论点。他认为任何传播媒介都具有时间偏向或空间偏向。前者指易于长时间保存，但难以远距离运输的倾向性；后者指易于远距离运输，但难以长时间保存的倾向性。这两类性质的媒介又同知识垄断有关，进而同权力结构紧密联系。

在英尼斯的媒介史观中，新兴媒介引发的竞争被描述为社会竞争中的主轴：新兴媒介改变了社会控制的形态，提供了新的交流方式，发展了新的知识结构，转移并再造了权力中心。在英尼斯看来，新兴媒介或者说新传播技术形式与社会权力的竞争之间的关系密切。

---

① M. Castells, *The Rise of the Network Society*, Oxford: Blackwell, 1996, p. 187.
② ［美］曼纽尔·卡斯特：《传播力》，汤景泰、星辰译，社会科学文献出版社 2018 年版，第 328—329 页。

如果说英尼斯是媒介研究领域的奠基人的话，那么麦克卢汉则是媒体研究领域的开拓者。在英尼斯探索媒介技术与人类文明之间关系的基础上，麦克卢汉继续开拓这一领域并使其成为媒介研究的一个重要内容。他提出石破天惊的"媒介即信息"论点，突出强调媒介技术及其发展和人类社会变迁之间的内在联系。

媒体系统自身的逻辑是麦克卢汉研究中所看重的。这种逻辑直接影响到媒体被使用的方式以及媒体影响社会的效能。然而，麦克卢汉的局限在于，他通常把大部分权力都归结到作为技术的媒介上，认为消费者的权力几近于无，然而现在消费者在他们的日常生活中实践着媒体融合。

有学者注意到了新媒介技术变革造成的负面效应。一方面，媒介技术提供了人际交流方式的多种选择；另一方面，媒介技术的介入也可能会减少面对面的人际交流。在法兰克福学派的学者们看来，现代媒介技术是造成孤立的原子型受众的外界力量。由于媒介使用者之间彼此缺乏联系和对话交流，他们不知不觉中沦为受权力控制的千人一面的"群众"。

丹尼斯·麦奎尔指出，"传统的大众传播基本上是属于单向的，而新形态的传播则基本上是'交互式的'。大众传播在若干方面已经变得没有那么的大众和中心化了，我们必须认识到数字化及整合所可能带来的许多革命性后果"。①

近些年互联网发展对媒体业产生的影响也引起了学界关注。格雷姆·伯顿阐述了网络技术对媒体机构所带来的影响，他认为"新技术都是以'互动'的形式发展起来的，一件新的设备带来了一种新的动态生产模式，从而导致更多的变革"。② 而 James Beniger 则叙述了以电脑技术为代表的信息传播技术在当代社会中的重要地位。③

关于传播技术的变革对新闻业的影响，约翰·V. 帕夫利克认为"一种新的新闻事业正在出现，它的显著特征包括：新闻无处不在，在

---

① ［英］丹尼斯·麦奎尔：《麦奎尔大众传播理论》，崔保国、李琨译，清华大学出版社 2006 年版，第 100 页。
② ［英］格雷姆·伯顿：《媒体与社会》，史安斌译，清华大学出版社 2007 年 3 月版，第 31 页。
③ Beniger, James, *The Control Revolution*: *Technological and Economic Origins of the Information Society*, Cambridge: Harvard University Press, 1986.

全球各地都可以得到信息，报道迅捷，互动性，多媒体形式的内容和完全按照受众个性化需求提供内容服务。从很多方面来看，这可能是一种更好的新闻事业，因为它可以重新吸引那些越来越怀疑和疏远媒介的受众。同时，它又是对新闻业最珍视的价值和原则的挑战"。①

近年来，随着中国互联网媒体的快速发展，人们对它的认知程度越来越深，相关研究也日益增多。这些研究主要分为三类：第一类是从个案出发，介绍网络媒体对传统媒体的冲击及传统媒体的生存之道；第二类是从较为宏观方面讨论网络媒体与传统媒体的融合等；第三类就是对国外网络传播技术与传统新闻业关系的介绍。

应当说这些研究都紧贴媒介现实和热点，但是显得较为宽泛，讨论偏重于概括性和综合性，在理论问题探讨上不是很深入，针对网络技术的使用对传统新闻业到底产生了哪些影响缺乏分析和研究。

由于在传播技术上互联网已经变得"平台化"了，无论是传统媒体还是普通网民，都可以利用这个平台进行信息传播，出现了"渠道共享"的局面。在这种情况下，可以说，在当下的传播语境中，互联网与传统媒体的关系已变得越来越复杂，而我们的研究尚远远落后于实践。

二 关于新闻生产社会学的研究

新闻生产社会学（the sociology of news production）是媒介社会学（media sociology）的一个重要的组成部分。

媒介社会学的研究对象与大众传播社会学是不同的。传统的大众传播社会学（the sociology of mass communication）紧紧围绕大众传播过程这一中心以传播效果为研究的终极关怀，主要考察大众传播对社会的影响与效果。与大众传播社会学相比，媒介社会学则跳出了传播中心论，将媒介纳入社会体系环境中，凸显了对媒介这一特定社会组织的社会学考察，而这恰恰是传统大众传播学研究中所缺乏的。②

---

① ［美］约翰·V. 帕夫利克：《新闻业与新媒介》，张军芳译，新华出版社2005年版，第3页。
② 黄成炬：《媒介社会学》，载鲁曙明、洪浚浩主编《传播学》，中国人民大学出版社2007年版，第36页。

美国传播学者赖利夫妇较早地提出了媒介社会学的研究模式，强调要从社会学的角度去认识传播，"把传播系统置于一个包罗一切的社会系统的框架之中，传播参与者与他们周围的群体以及更大的结构都处于其中"。①

而在狭义上，媒介社会学是主要运用社会学的原理和方法，来研究大众传媒这一特定社会组织的性质与功能的传播学分支学科，其重点是研究媒介内部的组织关系及其与其他社会组织之间的相互关系及其运动规律。

作为媒介社会学的一个分支，新闻生产社会学的相关著作于20世纪70年代末开始出现，学者们从各种路径对新闻生产的过程及其社会勾连进行了从宏观到微观的研究。总体来看，媒介社会学的研究框架为新闻生产的考察和分析提供了从宏观到微观的不同取向。具体来看，媒介社会学提供了三种研究新闻生产的视角，即政治经济学、新闻生产社会学、文化研究，"每一种研究视角的价值因各自就'新闻'的不同方面进行解释而不同"。②

1. 政治经济学取向

传播的政治经济学研究取向感兴趣的是社会关系的各个层面上的结构的不对称性是如何形塑意义的生成和获取的。在这样一个宏观的层面上，试图展现传播的社会权力关系，具体到新闻生产方面，研究者侧重将媒介组织新闻生产的过程与国家政治、经济结构联系起来，分析文化产品的生产及其与流通及国家的政治、经济与文化体系的关系。

2. 社会学取向

首先，这种取向源于新闻具有社会性的前提，认为新闻是一种社会产物（social product），新闻的内容反映了孕育新闻的社会现实。其次，新闻也是一项组织性的产物（organizational product），它是专司搜集、传播新闻的专业组织制造出来的成果。在这些互为影响的状况交互运作下，新闻的社会性由此产生。③

---

① ［英］丹尼斯·麦奎尔、斯文·温德尔：《大众传播模式论》，祝建华译，上海译文出版社1997年版，第47—49页。
② ［美］迈克尔·舒德森：《新闻生产社会学》，载詹姆斯·库兰、米切尔·古尔维奇主编《大众媒介与社会》，杨击译，华夏出版社2006年版，第167页。
③ ［美］伯纳德·罗胥克：《制作新闻》，姜雪影译，远流出版事业公司1994年版。

潘忠党认为，新闻生产社会学是从狭义的传播社会学中单列出来的，侧重于对传媒内容的制作过程的社会学分析，其研究都是以"个人和组织的实践活动作为理解新闻体制及其结构的构成因素，由小至大、以微观构成宏观的分析过程"①。这种研究取向相对中观，侧重将媒介作为社会组织进行分析，深入研究机构媒体基本的运作过程，旨在"通过深入细致地描述媒体的新闻生产实践过程，来考察其中种种权力关系的非正式和动态的特征"② 有利于我们理解从业者的生产实践是如何受行业、职业要求的影响，以及各种规范和社会关系的制约。③

因此，在这种路径中，可以在新闻生产这个节点上观察到的种种特定的社会现实——要回答选择什么作为新闻、如何报道这些新闻这样的问题，不同的新闻源、新闻记者、新闻机构的编辑，还有专业主义、市场和文化传统各自不同的诉求之间的角力与协商，都会在这个关键节点上展开。④

3. 文化研究取向

这种取向的研究对象更加具体，强调更广阔的文化传统和象征表达系统对于新闻从业者的牵制和影响，侧重考察文化传统和象征表达系统"在专业规范与新闻价值观中的渗透，注重新闻作为叙述形式所包含的价值观念"⑤。

在新闻生产社会学的研究者看来，研究新闻的社会性时，新闻产生过程的解析远比研究新闻所带来的社会结果重要。新闻的来历、始源才是研究的重心，而非其影响。他们关系的问题并非"新闻的读者是哪些人？"或"新闻读者如何反应？"而是"谁在提供新闻？这些人如何接近媒体、制作新闻？"因此，研究新闻生产具体落实在了两个基本的层面上：一是"记者—新闻源"研究，二是"记者—编辑"研究。⑥

---

① 潘忠党：《新闻改革与新闻体制的改造》，《新闻与传播研究》1997年第3期。
② 陆晔：《新闻生产过程中的权力实践形态研究》，载张国良、黄芝晓主编《信息化进程中的传媒教育与研究》，复旦大学出版社2003年版。
③ 李金铨、黄煜：《中国传媒研究、学术风格及其他》，《媒介研究》2004年第3期。
④ [美]迈克尔·舒德森：《新闻生产社会学》，载詹姆斯·库兰、米切尔·古尔维奇主编《大众媒介与社会》，杨击译，华夏出版社2006年版，第175页。
⑤ 张志安：《编辑部场域中的新闻生产》，博士学位论文，复旦大学，2006年。
⑥ [美]迈克尔·舒德森：《新闻生产社会学》，载詹姆斯·库兰、米切尔·古尔维奇主编《大众媒介与社会》，杨击译，华夏出版社2006年版，第170页。

在"记者—新闻源"研究层面，研究者发现记者与新闻源不仅保持着密切的联系，而且形成了一个结构化的互动机制。比如，研究者马克·费什曼（Mark Fishman）在一家报社开展的参与性观察研究中发现，新闻记者们与政府的各种官僚机构保持着高度的一致，官僚们为新闻生产提供了可靠而稳定的新闻素材。研究认为，新闻生产的核心就是记者和"记者—新闻源"研究的意义，不仅在于细化了新闻生产的各种动力，而且还在于对各种媒介机构的权力进行了评估。[①]

"记者—编辑"层面，是考察在 News room 这个空间里，不同的新闻生产环节中都践行着社会阶层与社会组织的意识与规范、体现着媒介组织内部的各种关系。正如舒德森所提到的："问题是，信息出现在哪里，它们又是怎样变调的？"近年来，从编辑的角度出发来考察新闻工作的各种社会关系逐渐引起了学者的注意并呈现出了多样化的旨趣，且对媒介组织内部的编辑机制、组织文化以及组织内的价值取向等进行了研究。

社会学家盖伊·塔奇曼（Gaye Tuchman）基于在新闻编辑部的一系列亲身参与观察和对新闻从业人员的调查，提出了"新闻是对真实的社会建构（the social construction of reality）"的重要观点。她认为，制造新闻的行为，就是建构事实本身的行为，而不仅仅是建构事实图景的行为。她还认为："通过新闻的常规运作，通过认定新闻专业工作者具有裁定知识、表述新闻事实的权利，新闻使社会现状合法化了。"[②]

另一项从"记者—编辑"层面针对媒介的社会化的研究是沃伦·布里德以及他的《新闻编辑部的社会控制》（Social Control in the News Room）。布里德在这项研究中解释了新闻和编辑政策如何在生产过程中保持、何时被绕过、如何被隐蔽。他在文章中列出了新闻从业者必须遵守报纸政策的诸多原因，与此同时，也提出了偏离新闻编辑政策的可能性。[③]

从 20 世纪 80 年代中后期起，新闻生产社会学的研究又出现一些新

---

① Mark Fishman, *Manufacturing the News*, University of Texas Press, 1980.
② Gaye Comp Tuchman, *Making News: A Study in the Construction of Reality*, New York: The Free Press, 1978, p. 12.
③ ［美］沃纳·赛弗林、小詹姆斯·坦卡德：《传播理论——起源、方法与应用》，郭镇之等译，华夏出版社 2000 年版，第 361 页。

取向和新观点，有学者对此做了补充。如班尼特的《新闻：范式的修补》，延续了结构主义的社会学传统，由于其本人是政治学家，新闻社会学由此进入了政治学家的研究视野；另外，Barbie Zclizer 1993 年的论文"Journalists as Interpretive Community, Critical Studies in Media Communication"（《新闻从业者作为阐释的社区》）被潘忠党概括为"以话语分析的方式来研究新闻生产，从历史话语的角度来看新闻从业人员如何建构自己的专业/职业"[1]。

从上述西方学者对新闻生产社会学的研究成果看，其重点和方法变化趋势正如张志安所总结的。（1）研究重点：早期比较侧重从业者个体新闻选择过程的研究，然后，逐步延伸至对编辑部组织内的从业者群体和群体间相互影响，以及编辑部内外各种因素影响新闻生产过程的研究，研究视野越来越注重媒介组织内、外部的"语境"。（2）研究方法：从早期单纯的访谈法，扩展到直接观察和参与观察等。[2]

人类学方法的引入和运用也越来越流行，不只是在新闻社会学的研究，甚至在媒介历史研究中也扎根下来。"越来越重要的不再是研究特定机构及其制约环境的正统历史，而是将新闻工作实践置身于政治、经济和文化的背景之中加以研究，同时考察新闻人是如何与更广泛的新闻来源和受众环境互动的。"[3]

与西方相比，我国学界对新闻生产的研究还非常有限。根据芮必峰的划分，这方面研究可分为三个阶段：一是理论思考阶段，二是翻译介绍阶段，三是独立研究阶段。[4] 对新闻生产的理论思考较早体现在 20 世纪 80 年代国内两部影响较大的教材上，一部是成美、童兵的《新闻理论教程》，其中有一节专门讨论了"事实—报道者—新闻"三者间的关系，另一部是李良荣的《新闻学概论》，其中专章讨论了"新闻选择"的基本过程。此后陆续发表过一些论文，如黄顺铭的《"镜子"与"探照灯"辨析——对新闻传播学中认识论与建构论的认识思考》、李岩的

---

[1] 潘忠党：《解读凯利·新闻教育与传播之别》，《中国传播学评论》2005 年第 1 期。
[2] 张志安：《编辑部场域中的新闻生产》，博士学位论文，复旦大学，2006 年。
[3] ［英］奥利费·博伊德－巴雷特：《媒介研究的进路：经典文献读本》，新华出版社 2004 年版，第 339 页。
[4] 芮必峰：《政府、市场、媒体及其他：试论新闻生产中的社会权力》，博士学位论文，复旦大学，2009 年。

《意识形态下的大众传播话语秩序》、蔡敏的《传媒话语生产与控制》等。翻译介绍西方新闻生产研究的论文有陈健强的《新闻生产的社会学思考》、张毓雄的《新闻生产与消费关系浅论》、杨击的《穷人、富人和传媒正义——解读新闻生产中的平民主义策略》等。

国内近年也有研究者开始深入关注新闻生产的问题。

陆晔从宣传管理、媒介组织、对当代中国新闻生产过程中的权力实践展开细致分析,发现在新闻生产过程中,作为中国媒介特殊的生态要素,宣传管理因素在其中的作用。但是,在新闻生产的权力纠葛中,制度化的因素只是其中的非常规、非正式的影响因素,作用是不可小觑的。"我们在这里所说的宣传管理、商业需要和专业诉求的简单的相互矛盾,也看到其中支配的资源是可以相互转化的。这是一个流动的、现在每天每时变化的过程,在这个过程当中,我们考察的各种权力关系,是在不断消解、不断建构和彼此消长的。"[1]

洪兵以媒介生产的社会学的方法取向,运用文本分析和深度访谈的质化研究法,描述和分析从1983年试刊至2001年期间《南方周末》新闻生产的过程及其特点。研究发现,具有社会责任感和职业意识的新闻从业者,通过对于事实和"真相"的深入发掘和呈现,通过接纳公众对于中国现实的意见的表达,使得《南方周末》新闻生产过程体现出鲜明的服务于公共利益的、"参与式新闻业"(Participatory Journalism)的特征。[2]

张志安以《南方都市报》为研究个案,考察其创办十年来的发展路径以及新闻生产的复杂过程。论文聚焦媒介组织层面,运用实地观察和深度访谈等人类学研究方法,从编辑部场域的视角出发研究其新闻生产和社会控制因素之间的互动关系。在探究南都深度的操作策略及其新闻生产和社会控制的互动关系时,研究者提出了"策略突围""协同默契"等概念,试图揭示复杂的新闻生产实践和力量规制特征。[3]

谢静、徐小鸽比较了上海和新加坡两地的6家报纸组织的内部传播情况,认为新闻生产性质与流程对组织传播的媒介、方向、内容、机制

---

[1] 陆晔:《权力与新闻生产过程》,《二十一世纪》2003年第6期。
[2] 洪兵:《转型社会中的新闻生产》,博士学位论文,复旦大学,2004年。
[3] 张志安:《编辑部场域中的新闻生产》,博士学位论文,复旦大学,2006年。

等方面都将产生深刻影响；同时，媒介组织传播又从组织氛围、专业共识、具体操作等方面影响了新闻生产。因此，对于媒介组织传播的调整与改革，将改变新闻生产状况，从而影响新闻产品。①

芮必峰博士论文运用知识社会学的方法来考察新闻生产及其产品。集中考察和分析那些影响和制约新闻生产的几项重要"社会权力"因素。论文吸收了福柯、布尔迪厄、吉登斯等学者关于"权力"的一些基本思想，特别是权力的分散性、生产性、可转换性以及"控制的辩证法"等，分别将政府（执政党）、市场、媒介视为不同的"社会权力"主体，考察它们在我国新闻生产中的实际作用和影响及其相互关系，并试图通过另外引入以学界和各种非政府组织为代表的"公共权力"，来建构一种更为"理想"的新闻生产的"制度空间"。②

王辰瑶运用吉登斯的"结构化"理论和深度访谈的方式，考察了网络时代的日常新闻生产实践。研究发现，无论是在获取新闻源、确立新闻生产规则，还是在期待社会的认可方面，当前的新闻实践都顽强地与新闻传统保持着一脉相承的关系。传统新闻实践的"结构性特征"依然在当下的新闻生产中稳定地发挥着制约作用。③

三 关于受众的研究

"受众"过去、现在、将来都是来自不同的研究传统，并以不同的方式呈现的一个概念。对"受众"之所以会有这么多理解，或者说误解，其中一个原因是无论是传媒业界还是学界，都为了各自需要而创造了受众这个概念。正如雷蒙·威廉斯（Raymond Williams）所指出的，当我们谈论"大众媒体"或者是"大众传播"的时候，实际上语境里是没有"大众"的，有的仅仅只是把人们视为大众的方式。④

---

① 谢静、徐小鸽：《媒介的组织传播模式及其与新闻生产的关系》，《新闻大学》2008年第4期。

② 芮必峰：《政府、市场、媒体及其他：试论新闻生产中的社会权力》，博士学位论文，复旦大学，2009年。

③ 王辰瑶：《结构性制约：对网络时代日常新闻生产的考察》，《国际新闻界》2010年第7期。

④ Raymond Williams, *Culture and Society 1780 – 1950*, London: Fontana, 1961, p. 300.

受众构成"现代社会成员一个起码标记,甚至可能是一种需求"。①因此,为了研究受众,我们可以依据地理概念(比如大都会地区的报纸读者或是本地的广播听众,又或者是构成电影全球票房的观众);或者是依据媒介(比如智能手机使用者、CD购买者或是电视新闻观众);或者是依据内容(比如恐怖片观众或者是财经新闻读者);或者是依据时间(比如晚上黄金时间电视观众或是清晨广播听众);又或者是依据人口统计学,比如性别、收入、族群、年龄等来划分和研究受众。在一些研究者看来,以上不管哪一类,我们强调的不仅仅是不同的群体,更是一种权力关系,其含义是在不同的术语协商中呈现的。②之所以受众研究会成为传播研究中竞争最激烈的一个领域,是因为如何想象和理解受众实在是一个权力问题。

媒介效果概念再清晰不过地展示了受众研究中所包含的权力维度。1983年,美国哥伦比亚大学新闻学与社会学教授戴维森在《舆论学季刊》发表题为《传播中的第三人效果》(The Third-person Effect in Communication)的论文。他认为,人们在判断大众传媒的影响力之际存在着一种普遍的感知定势,即倾向于认为大众媒介的信息对"我"或"你"未必产生多大影响,然而对"他"人产生不可估量的影响。换而言之,人们认为传播媒介对他人的影响要大过对自身的影响。媒介史研究也指出,16世纪时对于教导妇女读书习字曾经有过一番争论,其原因就在于有观点认为如果妇女们拥有了这种能力她们就可能被传递情书。③

16世纪的这种争论其寓意不仅仅是关乎媒介的正面或者负面效果,其本质更是直指"审查"和"标准"的合法性问题。20世纪广播电视系统的出现,使此类争论呈现出新的面貌。以广电为代表的大众传播模式形塑并巩固了单向传递模式,即 Lasswell(拉斯韦尔)所提出的著名的5W模式。这种传播情境更是被 James Carey(詹姆斯·凯瑞)生动地描绘成:"一部分人在说,一部分人在听;一部分人在写,一部分人在

---

① D. McQuail, *Audience Analysis*, Thousand Oaks, CA: Sage, 1997, p. 3.
② Ross, Karen, Nightingale, Virginia, *Media and Audiences: New Perspectives*, Maidenhead: Open University Press, 2003.
③ Asa Briggs, Peter Burke, *Social History of the Media: From Gutenberg to the Internet*, Cambridge: Polity, 2005, p. 51.

读；一部分人在拍摄；一部分人在观赏"。① 这种把受众仅仅视为接受者的单向度传播理念，时至今日，仍然是许多相关研究的逻辑起点。所以，"在受众研究的历史中，遍布着这样的案例：试图展示媒介讯息和接受者行为之间的因果关系，却无功而返"。②

受众研究范式的转折出现在 Stuart Hall（斯图亚特·霍尔）的编码/解码模式中。斯图亚特·霍尔认为，媒介生产者将其意图"编码"在故事的建构和表达中，但是受众个体却能以不同的方式来"解码"，其主要方式有三种：偏好解读、协商解读和对抗解读。霍尔提出，这三种模式绝对不是分离的，它们之间是互相联结的，就像标尺上可滑动的游标刻度。

斯图亚特·霍尔将受众研究从"消极受众"传统引入到"积极受众"模式。随着 1970 年代以来身份政治的兴起，③ 后续研究开始关注特定文化群体中受众是如何使用和阐释媒体的，其中最引人注目的当属粉丝群体研究。粉丝研究揭示了媒体用户如何在其接受的内容中制造意义，④ 如何创造和传播他们自己的媒体内容。⑤

值得注意的是，粉丝研究特别是詹金斯对粉丝文化的案例研究聚焦的是发烧友群体而非一般粉丝，而这些粉丝的行为并不能代表大多数用户的日常媒介使用行为，⑥ 所以在受众研究中应当非常谨慎地对待粉丝研究成果。

研究方法

随着新技术持续的重塑世界，过去的三十年对于机构媒体而言是一个革命性的时期。数字化生产导致了新闻业组织和实践的变化。技术融

---

① James W. Carey, *Communication As Culture*, New York: Routlege, 1989, p. 87.
② Ibid., pp. 91 – 92.
③ Manuel Castells, *The Power of Identiy (second edition)*, Oxford: Blackwell, 2004.
④ Ien Ang, *Watching Dallas: Soap Opera and the Melodramatic Imagination*, London: Methuen, 1985.
⑤ Henry Jenkins, *Convergence Culture: Where Old and New Media Collide*, New York: New York University, 2006.
⑥ Andy Ruddock, *Understanding Audiences: Theory and Method*, Oxford: Blackwell, 2001, pp. 153 – 156.

合、媒体融合与组织融合极大地改变了新闻生产的方式。

自1970年代以来，在媒介制度和新闻领域不乏行动和变革。然而，极少有民族志研究去深入新闻组织内部来描述与阐释它们是如何发生变化的。

在1970年代涌现出不少杰出的新闻生产社会学研究，比如Gaye Tuchman（1978）、Gans（1979）以及Fishman（1980）。除此之外，社会学家基本再很少涉足编辑室研究，他们忽视了在过去三十年中新闻生产的条件。尽管已经有一些研究开始关注新兴数字技术条件下的编辑室，但是实际上新闻生产社会学研究几乎销声匿迹。

已经完成的许多研究是针对一般意义上的新闻生产。然而，极少有研究聚焦于媒体数字化转型情境下的新闻生产以及其与发生在制度语境、生产过程以及最终文本等方面的变化之间的关系。

比如，传播学学者通常依靠量化的数据来评估媒介产业变化如何影响了新闻生产的条件。而在社会学领域，社会问题研究者通常会以细致的工作来展示新闻工作者如何选择性地建构了公众议题，然而研究者很少会深入到编辑室内部去访问记者和编辑来了解他们是如何建构故事的，更多的时候是以思辨的研究方式来回答这样的问题。

从研究方法来看，本书选取的是质的研究方法。质的研究是"以研究者本人作为研究工具，在自然情境下采用多种资料收集方法对社会现象进行整体性探究，使用归纳法分析资料和形成理论，通过与研究对象互动对其行为和意义建构获得解释性理解的一种活动"。[①]

与"质的研究"相对应的是"量的研究"。"量的研究"是一种对事物可以量化部分进行测量和分析，以检验研究者自己关于该事物的某些理论假设的研究方法。一般来说，量的方法比较适合在宏观层面对事物进行大规模的调查和预测。而质的研究比较适合在微观层面对个别事物进行细致、动态的描述和分析。

本书研究的对象是个案，研究的目的在于通过对个案的描述和分析来探讨具有普遍性意义的理论问题，并力图发展本领域原有的理论。显然，选择质的研究路径更为合适。

[①] 陈向明：《质的研究方法与社会科学研究》，教育科学出版社2000年版，第12页。

本次研究选取新民网作为新媒体新闻组织的主要个案来考察新闻机构内的新闻生产的变革，通过参与式观察以及访谈的研究方法来观察记者和编辑如何应对和处理时间、空间和市场压力的限制，探讨基于互联网平台的新闻生产模式。实施参与式观察的时间是 2011 年 4 月下旬到 7 月下旬，访谈时间集中在 2011 年 6 月初到 7 月中旬，访谈对象主要是新民晚报社会新闻部记者以及新民网的采编人员。访谈地点主要是位于文新大厦 41 楼的新民网，每次受访时间为 30—40 分钟。访谈资料部分为录音转录，部分为快速笔录。

目前，研究者对于新闻生产状况的探索主要着眼于从业者，是一种传者取向；由于新闻生产技术环境和受众角色的变化，用户逐渐成为新兴媒介中的新闻生产主体，本书也通过受众取向的路径，通过滚雪球取样和便利取样相结合的方式选取受众进行访谈，调查受众的新闻消费和网络参与状况。访谈主要分为两个时间段，分别是 2011 年 3 月初至 6 月中旬以及 2012 年 1 月初至 4 月初。主要采取面访和电话访谈两种方式，每次受访时间为 20—30 分钟。访谈资料部分为录音转录，部分为快速笔录。

由于部分受访者有匿名要求，为了格式的统一，对于新闻从业者以英文字母为代号进行匿名处理，对于普通受众以阿拉伯数字为代号进行匿名处理，相关信息见附录。

结　构

本书第一章是导论，通过引介亨利·詹金斯的"融合文化"和曼纽尔·卡斯特的"大众自传播"作为理论工具，梳理"融合"的历史和理论进度；并试图承接 Williams（威廉斯）和 DelliCarpini（德利卡皮尼）在 *After Broadcast News: Media Regimes, Democracy, and the New Information Environment*（《后广电新闻业：媒介体制、民主和新信息环境》）一书中所定义的"媒介体制"，而建构一个相对开放的概念"融合体制"作为本书的研究视角。

第二章分析媒体融合上升为国家战略层面前后的背景、动机与变化，并回顾和分析新闻业在以"融合"为核心意象的数字化转型中所探索的经营管理模式。既试图在一个比较宽泛的范围扫描新闻业的盈利模式转型，同时也为本书中的核心部分基于新民网个案的组织研究做了一定铺垫。

第三章是本书的一个重点部分，即融合体制下的新闻生产模式。研究选取新民网作为个案，通过为期三个月的参与式观察和访谈，特别关注了新民晚报新民网第一期报网融合实践。研究发现，报网融合实践中，存在着专业模式、组织内协作模式和社会化合作模式，但依附传统媒体的新闻网站始终难以摆脱新闻生产组织化和新闻生产主体专业化的媒体烙印。

第四章通过受众访谈，从受众视角了解新闻消费模式变化。从受访者反馈看，受众正从传统单一的新闻消费模式转向了新闻生产/消费混杂型模式。新闻消费也逐渐演变为一种新的工作类型。每一种新的新闻特性，比如互动、定制，不仅赋予了从业者更多机会，也为提升受众权力和参与度增加了可能。

第五章聚焦于以社交媒体平台为代表的新技术形态及其发展历程，重点考察基于Web 2.0框架的新技术形态对新闻业转型的影响，归纳自动化机器新闻和公民新闻两种对现有建制新闻业形成替代性的新闻实践以及国际主流媒体的应对策略。并以温州动车事故为例，描述了在一元的官方叙事被多元的公民叙事所取代时，传统新闻生产模式走向社会化合作模式的尝试。

第六章讲述在新闻业之外，技术创新和社会变化的"融合"如何在更大程度上改变了传媒行业。在这一波巨变中，电信巨头和科技公司的入局是外部因素，IP的崛起则是内部因素。

第七章借用超现实和多轴性的概念，通过分析刘强东丑闻和长春长生问题疫苗两个媒体事件案例，提出了如何进一步完善融合媒介体制的相关思考。

第八章为结语部分。

第二章

"融合"的数字化转型历程：
基本模式、国家战略与地方经验

阙斯金市场咨询公司在2002年度报告中阐述道："关于融合的传统观念认为，所有的设备将汇集在一个核心装置上，它会为你做一切事情（比如利用一个通用遥控器来实现）。而我们现在所看到的是内容融合的同时硬件却在分离……你在家、公司、学校、上下班途中以及机场等场所对电子邮件的需求和期望是不一样的，不同的设备是根据你所处的位置或者说你所处的境地来设计的，以满足你获取内容的需求。"这可能导致两种趋势，一是趋向更为专门化的媒体设备，二是趋向更为通用化装置。

媒体融合并不止技术方面的变迁这么简单。融合改变了现有的技术、产业、市场、内容风格以及受众这些因素之间的关系；改变了媒体运营以及媒体消费者对待新闻的逻辑。融合既涉及媒体生产方式的变化，又涉及媒体的消费方式变化。应该说，融合是一个过程，而不是终点。

在可以预知的未来，融合仍将是一种拼凑产物——体现出各种不同的媒体技术之间的草率的组合关系，而不是一个完全整合在一起的系统。媒体公司在经历这一变迁的时候，难免有点患得患失。在詹金斯看来，一方面，对于媒体来说，融合代表了一种扩张的机会，因为在某一领域获得成功或者说得心应手的内容产品现在能够传播到其他媒体平台上。另一方面，融合又代表了一种风险，因为大多数这类媒体害怕其市场碎片化或被侵蚀①。

---

① [美]亨利·詹金斯：《融合文化：新媒体和旧媒体的冲突地带》，杜永明译，商务印书馆2012年版。

新传播科技的迅猛发展，重塑了媒体格局和舆论生态。在新兴媒体不断冲击和挤压下，以渠道垄断为核心，广告收入为财政支柱的传统媒体其市场空间和舆论主导权逐步下降。

支持传统媒体自我供给和发展的经济能力呈下行趋势。媒体经济是注意力经济，注意力经济取决于受众规模。获取信息和享受娱乐的受众需求，整体上逐步被新兴媒体替代式满足，而青少年人群作为互联网的"原住民"更是将其作为唯一的渠道，在此趋势下，传统媒体已经基本失去了内生式的经济增量，当其存量受众资源随着时间自然耗散后，其结局也就不言自明了。

传统媒体的话语权也被逐渐消解。由于新兴媒体在使用率、覆盖率、到达率和市场份额等传播关键指标上占绝对优势，社会关注的焦点议题在互联网迅速生成、发酵、扩散，新兴媒体上的声音多元、喧嚣、嘈杂，占据了舆论场不止半壁江山，传统媒体的议程设置功能，舆论引导功能和宣传教化功能渐趋弱化。

传统媒体的失势直接影响了政权的意识形态安全。互联网兴起后，传统媒体一体化态势被打破，"两个舆论场"取代了一个"舆论场"。进入移动互联网的时代后，一个舆论场极度扩张大有吞并另一个之势，政权的意识形态建构、存续、扩展都受到了极大的威胁，建立意识形态的安全网势必要求推动传统媒体和新兴媒体融合发展。

第一节　替代论到融合论

如果把新闻看作一个产品，那么从最近十年的趋势看，这个产品不大好卖了，或者说传统的营销渠道不那么通畅了。

21世纪第一个十年，欧美接连传来报纸停刊的消息，2009年，美国的百年大报《西雅图邮报》和《基督教科学箴言报》先后停刊，从纸质出版转向网络版。2012年，这股报业的寒流又吹到了德国。9月，经营了93年的《纽伦堡晚报》倒闭。10月，成立才两年的德意志国外新闻通讯社申请破产。11月，二战后德国南部第一份报纸《法兰克福评论报》申报清盘。12月7日，德国主要经济日报之一的《德国金融时报》发行最后一期。

理解报业的衰退有必要先考察传播技术和现代传播业的变化。日本学者北原安定提出，人类至今为止经历了四次信息技术革命，第一次是形成了语言；第二次是出现了文字；第三次是发明了印刷；第四次是普及了电话；现在正在经历第五次信息技术革命。① 人类历史上的每一次技术创新都把媒介推进到一个新的发展阶段，媒介变革与技术创新有着密切的联系。

现代传媒业可以追溯至15世纪古登堡的活字印刷术。到了19世纪初，《泰晤士报》首先于1814年开始以蒸汽为动力的机器印报。而接着在美国出现了便士报，现代传播业逐步成为一种社会体制。20世纪新增的广电业逐渐成为其中的主流，从20世纪90年代中到现在，更是完成了从互联网拓展到移动互联网，从Web 1.0升级到Web 2.0，从流行博客到微博……一系列深刻而广泛的传播变革。可以清楚地看到，这几百年传播和信息业的发展速度，在20世纪前是算术级，20世纪以后，则呈几何级数发展，因此"我们迅速从传统意义的大众传播的生活环境，位移到由最新的传播科技造就的传播生态中"②。

基于互联网的成长，媒体业正在经历另一个范式转换。它正时断时续地演化着。20世纪90年代，有关数字革命即将来临的浮夸语言包含着一种含蓄、时而又很明确的假设，即新媒体很快就会淘汰旧媒体，互联网很快就会取代广播电视，所有这一切都会使用户更容易地获取只对他们个人有意义的媒体内容。

尼葛洛庞帝在其所著的畅销书《数字化生存》中把"被动的旧媒体"和"互动性的新媒体"进行了鲜明的对比，预言"下一个五年广播模式的电视将会发生的变化是如此非凡，以至于让人难以理解……今天的媒体巨头明天拼死也难以固守他们的中央集权帝国……技术和人性两方面力量的结合最终会在取得多数支持方面占据比国会出台的任何法律更强的优势地位"③。

然而，网络业泡沫的破灭给这种关于数字革命的论调当头泼了一盆冷水。

---

① 崔保国：《技术创新与媒介变革》，《当代传播》1999年第6期。
② 陈力丹：《新闻传播学面临传播科技的急速变化》，《新闻记者》2012年第4期。
③ Nicholas Negroponte, *Being Digital*, Knopf, 1995, p. 54.

如果说数字革命范式是假定新媒体会取代旧媒体，那么正在凸显的融合范式则假定旧媒体和新媒体将以比先前更为复杂的方式展开互动。数字革命范式称，新媒体将会改变一切。网络公司泡沫破灭之后，有些人又倾向于臆断新媒体什么都没有改变。当然，现实并没有如此极端，而是居于两者之间。只不过，旧范式瓦解的速度快于新范式的成型速度。

自从1994年中国实现与Internet的全功能连接起，二十五年间，中国的互联网取得了巨大发展。2019年2月28日，中国互联网络信息中心（CNNIC）发布了第43次《中国互联网络发展状况统计报告》（以下简称《报告》）。《报告》显示，截至2018年12月，我国网民规模达8.29亿，普及率达59.6%，较2017年底提升3.8个百分点，全年新增网民5653万；我国手机网民规模达8.17亿，网民通过手机接入互联网比例高达98.6%。

几乎就在1994年中国实现与Internet的全功能连接起，被国际承认为开始有网际网络的同一时间，传播学学者朱光烈撰文大胆预测新闻业将受到互联网（文中称为"信息高速公路"）影响产生两大变化：其一，现存媒体将化为乌有；其二，专业的新闻工作者将化为"泡沫"（朱光烈，1994：1—8）。① 显然，朱光烈彼时是将传统媒体与互联网视为零和游戏中的两方。在严格竞争下，一方的收益必然意味着另一方的损失，博弈各方的收益和损失相加总和永远为"零"。双方不存在合作的可能。

2001年的"9·11"事件后，一系列受众调查影响到人们对传统机构媒体与互联网关系的判断。2002年，"9·11"事件一周年前，《波士顿环球报》发表相关文章称"对于美国新闻在那个灾难性日子里的表现，谁也挑不出什么毛病。如果说9月11日电视台和电台出尽了风头，那么9月12日的情况说明，在这个世界上印刷媒体仍然是对影响我们的各种事件进行深度报道的一个最好办法。因特网过于散漫，而且很不可靠"（新华网，20020717）。业界和学界都开始意识到，即便互联网有差异化的传播方式，传统媒体依然牢牢掌握着最重要的新闻资源，并

---

① 朱光烈：《我们将化为"泡沫"——信息高速公路将给传播业带来什么?》，《北京广播学院学报》1994年第2期。

用客观准确的信息凸显其专业优势。

第二节　基本模式："融合"早期的报业数字化转型

1833 年 9 月 3 日早晨，在纽约大街上出现了一份叫《太阳报》的新报纸。仅售 1 便士的《太阳报》很便宜，当时大多数报纸是 6 便士。根据 Mitchell Stephens 的《新闻史》记述，那时最流行的报纸一天卖 4500 份。而首印后两年内，《太阳报》每天销售 15000 份。

这是报业商业模式的转折点。便士报以低价吸引读者，读者积聚而成的巨大发行量又吸引广告投放，广告收入成了主要财源后能够使报纸继续保持低价，增加采编投入，继续吸引读者。这就意味着，报纸从依靠卖内容，到开始依靠卖广告。

这个模式在很长一段时间内都非常有效。但进入互联网时代后，这种模式已经开始失效了。因为读者的注意力已经被分散，紧随读者脚步的广告商也跟着逐步撤离。报业不得不尝试新的模式，比如对网站和移动设备上的内容收费，或者对相关数据服务收费。报业的此种转变前景尚不明朗，唯一确定的是，从整个报业的情况看，仅仅靠广告收入已是入不敷出了。

解决方案之一是建立收费机制。长久以来网上看新闻都是免费的，现在新闻机构开始对内容设置付费阅读权限。许多老牌报纸都开始对其内容的在线阅读进行部分收费，包括最著名的《纽约时报》。

即使现在，收费模式仍受到广泛的质疑。大多数的读者（特别是中国读者）不愿意付费浏览在线新闻。许多新闻网站经过收费实验后，最后决定取消付费阅览的权限设置，目的是增加点击率吸引广告商，与此同时也扩大网站的影响力。

收费模式也分很多种。有的是全面收费，像英国《泰晤士报》那样，除了导读部分几乎每篇文章都是收费的。而《华尔街日报》虽然大部分文章是收费阅读，但也会有一些免费阅读的文章。而英国金融时报网站则给读者每月十篇文章的免费配额，之后再想阅读更多必须交费。

向智能手机和平板电脑等移动设备收费也许会成为新的数字化收费

渠道。CNNIC 数据显示，2012 年中国手机网民数量为 4.2 亿，年增长率达 18.1%，远超网民整体增幅，其第一大上网终端的地位更加稳固。但是市场前景并不明朗，看上去不可能快速产生足够的收入来弥补报纸收入的下降。

传统报业在数字化方面的种种探索，基本上是以"融合"为核心意象、以"报"为基础形态来展开的。从这个意义出发，可以将传统报业的数字化转型分为三种模式：其一是纸质报彻底转为网络报，本书简称为"转网"模式；其二是在保留纸质报并增加网络报，本书简称为"纸质报+网络报"模式；其三是在报网互动的基础上重点探索电子纸移动报，本书简称为"电子纸移动报"模式。

一 "转网"模式

商业报纸有两个主要收入来源：一是广告，二是发行。在广告减收的大趋势下，发行势必成为报纸的主要财源。2009 年 3 月 16 日，赫斯特公司宣布旗下的《西雅图邮报》脱离纸媒，完全转变成电子报纸。具有 146 年历史的美国《西雅图邮报》转变成完全的电子报纸，这将是首个彻底脱离纸媒的大型美国报纸。[①]

《西雅图邮报》转向网络报的同时，赫斯特公司要求旗下所有报纸对数字内容收费，即使网站免费浏览，也要对手机浏览收费。这实际上是意图通过数字发行增收。当传统报业大部分营收仍来自纸媒的时候，此举也意味着，赫斯特公司的报业运作体系也将因此发生根本性变化。

无独有偶，美国拥有百年历史的《基督教科学箴言报》也宣布于 2009 年 4 月起停止出版纸质日报，专注于自己的网络版报纸。该报网站的声明说："本报将成为美国首家以网络版替代纸质版日报的全国发行报纸。"[②]

对《基督教科学箴言报》而言，以网络版替代纸质版实质也是用数字发行替代传统发行。其与《西雅图邮报》的区别在于，不是通过数

[①] 新华网：《〈西雅图邮报〉脱离纸媒只保留电子版》，http://news.xinhuanet.com/newmedia/2009-03/17/content_11025515.htm.

[②] 中华人民共和国文化部网站：《〈基督教科学箴言报〉停印纸报 降成本专攻网络》，http://www.ccnt.gov.cn/sjzz/whcys/cygcfx/200811/t20081126_59706.html.

字发行拓展财源，而是旨在降低成本。这和该报纸特殊的背景有关。《基督教科学箴言报》由基督教科学派教会创始人玛丽·贝克·埃迪夫人所创，与商业报纸最大的不同是，该报运作资金主要来源并不是通常的渠道销售收入、订阅费和广告，而来自基督教科学派教会的支持。目前每年报社从教会中得到的捐赠在 900 万美元左右，占全部报社收入的 90%；而广告等经营性收入只有不到 100 万美元。纸质版的放弃意味着可以节省不少开销。由于纸质版每年每份定价 219 美元，但教会要为每位订户补贴一半，因此，停发纸质版，可以节约成本 600 多万美元。数字发行和传统发行的数据对比也支持《基督教科学箴言报》"弃纸转网"。该报历史上的发行量最高点是 223000 份，而 2008 年跌到了 5 万多份。与报纸发行量下行趋势形成鲜明对比的是，该报网站点击率大幅上升，2008 年，每月浏览量为 500 万人次，比上年增加 100 万人次，比 10 年前增加 400 万人次。① 总的来说，《基督教科学箴言报》希望通过"转网"模式最终降低对教会的依赖，找到一个基本收支平衡的独立发展模式。

二 "纸质报 + 网络报"模式

报与网的关系，先后出现过三种状态：一是只有报纸没有网络；二是报纸的网络版时代，网是报的影子，报上有什么网上就有什么，且称之为"报网合一"；三是报网差异较大、网络既相对独立又依存，可称为"报网互动"。

北美发行公信会（Audit Bureau of Circulations）的数据显示，截至 2012 年 9 月，短短一年时间内，《纽约时报》的发行量逆势飙升，从 2011 年 9 月的 1150589 份上升至 2012 年 9 月的 1613865 份，升幅高达 40.3%。此发行数据是印刷版和数字版相加而成，在 2011 年 9 月，《纽约时报》数字产品的发行量是 380003 份，到 2012 年 9 月，这个数据攀升到 896352 份。简单对比即不难看出，《纽约时报》印刷版的发行量在下跌，而数字版产品的大幅攀升推动了整个发行量的上扬。

作为世界主流大报，目前《纽约时报》还不可能放弃纸质版。但上

---

① 王润泽、郭磊：《〈基督教科学箴言报〉停出纸质版是否有普遍意义》，《中国记者》2009 年第 4 期。

述数据对比也足以说明《纽约时报》不可能在报业数字化转型的浪潮中置身事外。《纽约时报》的数字化转型开始得很早，从报网合一到报网互动，从收费到免费再到收费，在摸索数字报业的运作和经营模式过程中历经曲折。

1996年1月，纽约时报公司建立了自己的报纸网站，提供《纽约时报》的在线阅读。但在最初发展的几年间，纽约时报公司是运用报网合一的方式，即沿用报纸的方式和团队来运营网站，仅仅是将内容从纸张迁移到连接互联网的电脑屏幕上。但这一渠道的拓展，就已经带来了更多的读者。然而，光依靠互联网的便利性和免费吸引来更多消费者，却并不意味着能带来更多盈利。

《纽约时报》意识到读者的阅读习惯正在变化，新闻呈现渠道的偏好也正在形成，只有提供独特的网络服务才能吸引网民，并满足广告主越来越强烈的精准投放需求。随后，《纽约时报》从报网合一逐步走向了报网互动。

1999年，纽约时报公司成立了独立核算的数字部门（New York Times Digital），负责旗下纽约时报网站（www.nytimes.com）和波士顿环球网（www.Boston.com）在内的40余个网站的业务，并设有各种类型的数据库以供读者查阅。也就是说，《纽约时报》和《波士顿环球报》网络版不再对其母体负责，而拥有独立的管理层和采编队伍，可以按照网络新闻自身的规律运营。数字版的《纽约时报》在创办的第一年就已开始盈利。①

从报网合一到报网互动，通过满足广告精准投放，纽约时报公司初步解决了报业数字化的盈利问题。但是，来自广告的单一财源不可避免地容易受到波动。因此，不难理解传统报业更期待对网络形式发布的内容产品直接收费。

《纽约时报》1996年刚上线时采取对国内用户免费、对国外用户收费的策略。由于此举极大削弱了《纽约时报》的国际影响力，后来不得不改为对全球用户统统免费的网站阅读模式。2005年又转为对高价值产品收费，《纽约时报》将评论和专栏作家文章作为"时报精选"

---

① 《网络时代纽约时报如何转型》，《中华新闻报》2008年9月8日。

(Time Select)，要求没有订阅纸质版的读者支付每年49.95美金的订阅费在线阅读。这项服务实现了每年1000万美元的收入，但同样面临着流量减少和遭受知识界批评的压力，最后又以重新免费开放收场。[①]

在两次碰壁后，纽约时报公司仍然没有放弃数字内容收费的冲动，2010年1月20日宣布，《纽约时报》将从2011年开始对在线读者征费。该报在线读者每月可免费阅读一定数量的文章，超过定量就需付费。不过《纽约时报》订户将可继续免费在线阅读。

和《纽约时报》相似，《人民日报》也是在互联网萌芽之时就开始了"触网"的尝试。人民日报社1997年创办了人民日报网络版，设有《人民日报》PDF版和报系20多份报刊的电子版。到了2000年，人民日报网络版更名为人民网，已经名实相符，成为独立网站。到今天，人民网已经成了中国最有影响力的新闻网站之一。这也类似于《纽约时报》从"报网合一"到"报网互动"发展过程。

然而，基于中美两国的国情差异，《人民日报》和《纽约时报》在纸质报发行量的走向上大相径庭。人民日报广告网数据显示，作为中国第一大报，2009年度《人民日报》发行量为235万多份，连续五年实现稳定增长。

实际上，要支撑《人民日报》如此庞大的发行量，成本必定不是一个小数目。从这个角度看，以数字发行补充传统发行的不足是一条值得尝试的路径。《人民日报》在2010年1月1日起对人民日报网络版服务进行收费，收费模式有三种：每月24元；半年128元；全年198元。这基本等同于纸质报的订阅价格。对网络版收费同时，人民网仍然免费提供《人民日报》全部文稿内容。

人民日报网络版，即《人民日报》的电子图像版，是只针对那些希望能阅读到完整意义上的《人民日报》版面原貌的读者，而对其他的不在意其版面的读者，则没有意义。有报业观察人士指出，《人民日报》是世界上唯一一家经常靠版面语言传达影响全国的倾向或意思乃至政策、精神的报纸。换句话说，《人民日报》发表的稿件不仅是信息内容值得研究，其版位、顺序以及标题、上下文都有文章可做。[②] 所以，

[①] 杨菲：《媒体数字化：从形态到价值》，《21世纪商业评论》2009年第8期。
[②] 曹鹏：《从人民日报电子版收费看报网的出路与策略》，《新闻实践》2010年第2期。

人民日报网络版的收费,并不是没有一点儿卖点支撑。

然而不到三个月,人民网发布启事宣布从2010年3月5日起,阅读当天电子版将免费。并就此次调整带来的不便向读者道歉。人民日报社的这次尝试在一定程度上说明了中国目前对网络版进行直接收费的盈利模式行不通,但从目前趋势来看,报网互动与数字内容收费将会是"纸质报+网络报"模式未来重点探索的方向。

三 "电子纸移动报"模式

纸质报和网络版并存其实是报界普遍的模式与状况。但除了《纽约时报》与《人民日报》这样举足轻重的权威大报,大部分报纸在纸质报和网络版上都很难拥有大的舞台。2006年以来,新媒体对传统报业带来的冲击越演越烈,传统报业纷纷进行了新媒体的再探索,其中部分报社开始基于电子纸阅读器的数字报刊的探索和研究,由此发展出电子纸移动报的概念。

根据维基百科的解释,电子纸是一种新型的显示器,最大特色在于能自由弯曲,与纸十分相似,其色彩对比高、解析度高、耗电量小、制造成本低。电子纸的发展是为了仿效墨水在真实纸张上的显现。不同于一般的平板显示器,需要使用到背光灯照亮像素,电子纸如同普通纸一样可以反射环境光。而且电子纸可以不再加电的情况下保留住原先显示的图片和文字状态。

对读者而言,电子纸的优点不言而喻,虽然所有大报都已发行网络版,但很少有人会仅仅为了阅读报纸而带着手提电脑;PDA和手机屏幕太小,阅读整张报纸很不方便;电子书籍则因太重而尚未被读者接受。并且所有这些设备都装有背光液晶显示屏,不宜长期阅读。与此相反,电子纸具有轻薄如纸、海量存储、自然光阅读、不耗电和可移动的五大特点,读起来也与印刷体非常相似。

在电子纸移动报方面,中国媒体走在了西方媒体前面。2006年4月14日,解放日报报业集团携手荷兰iRex科技公司在全球范围内率先实验推出人类历史上第一张电子纸移动报。[①] 2008年4月,该集团又推

---

① 搜狐网:《解放日报报业集团 首次实验推出电子报纸》,http://news.sohu.com/20060417/n242840777.shtml。

出可无线下载、整点滚动出版的移动电子报《新新闻》。《解放日报》之后,《宁波日报》和《烟台日报》等也先后开发了在部分"高端读者"中试用的电子纸移动报。

电子纸移动报来势汹汹,但纸质报也未必那么不堪一击。纸质报拥有权威性、易携带、可保存、阅读感等与生俱来的优势,而且人们可以想买就买,想扔就扔。相形之下,电子纸相当于把报纸版面放到一个售价几千元的电子阅读器里,这个阅读器可以随身携带但也必须随身携带。

目前,传统报业的商业模式经过多年的发展,已经基本成熟;而基于阅读终端的电子报还没有成熟的商业模式。报业作为电子纸的内容提供商,必须根据电子纸独有的特征,开发出适合其个性投递、深度阅读等特点的内容产品并创新其表现形式。在此方面,英文报纸《上海日报》做了一些有益的尝试,开发了适合多种电子终端,实现个性化的内容订阅和自动排版的"个性化报纸",在未来还能与数字印刷技术结合,在世界各地实现按需出版。

就报业而言,电子纸只是一种终端的内容显示介质,除去电子纸阅读器的价格问题不说,电子纸移动报还受到了两大技术制约:一方面是传输环节制约。目前我国 Wi-Fi 无线下载整体环境并不理想,电子纸的无线下载功能受到很大制约。即使支持 GPRS 和 CDMA 等移动接收模块也同样受到下载资费和下载速度的影响而难以被接收。另一方面在于电子纸本身产品功能单一。就目前如此昂贵的价格和多媒体化的传播环境来说,要想吸引读者购买并随身携带一种电子阅读器,必须实现视音频功能、彩色显示和部分办公辅助功能。

不得不提的是,随着信息技术的发展,互联网阅读和手机阅读分流了大量读者,目前电子纸作为一种介于电脑和手机之间的产品,定位尚模糊。与互联网相比,电子纸移动报胜在便携性;与手机相比,电子纸移动报胜在保留了报纸的版面语言。但这种差异化的产品特质能构成其核心竞争力吗?

四 数字化与理念转型

报业的数字化转型,无论是上述的那一种模式,其目的都在于降低传统报业高企的成本、转换商业模式并重塑产业链。简单地说,就是高唱省钱—找卖点—赚钱的三部曲。

这是一个新模式不断超越旧模式的时代。"免费",在20世纪是一种强有力的推销手段,而在21世纪它已经成为一种全新的经济模式。根据克里斯·安德森的说法,这种新型的"免费"商业模式是一种建立在以电脑字节为基础上的经济学,而非过去建立在物理原子基础上的经济学。在这个意义上,报业数字化的收费意图与互联网的主流方向是悖逆的。

然而,在传统报业成本高企,广告收入增长乏力甚至减退时,报业数字化转型似乎没有资本随着互联网的"免费"模式而翩翩起舞。就目前发展来看,基于网络版数字化发行是报业数字化过程中主要的收费方向。从本质上而言,网路版是印刷和网络呈现的复合技术。这种简单的报业数字化市场反应并不好,纽约日报公司在收费问题上的几经反复,人民日报网络版收费尝试的失败也部分说明了这点。

传统报业面临的是互联网对其经营模式的消解,以及传者中心价值正在贬值的双重困境。正如观察人士指出,这是一个战略性的错误:即在一个开放的互联网平台上,试图推出一个封闭的阅读环境,并奢望能以此俘获已经被多姿多彩的互联网撩拨得心猿意马的网民读者的心。

互联网完全颠覆了报业的三大传统,即按周期出版、传者中心与权威面孔。在这个意义上,报业数字化转型重点不只在于"数字化",还在于"数字化"催生的理念转型。

以数字化的技术手段为依托,反周期出版、受众中心与个性化定制是传统报业应对新媒体挑战的可行之策。在这方面,中国报业已经有了先行者。解放日报集团成立了即时播报记者小组,这是一个为解放网提供即时新闻的虚拟组织,利用新媒体介质实现报刊社优势采访资源的反周期出版。而《上海日报》则开发了"个性化报纸",实现个性化的内容订阅与技术终端上的兼容。

从纸质报到网络报再到电子纸移动报,从空间形态上看,它们可以并且事实上也是共存的,从时间序列上看则是以"报"为核心、为基础形态的技术终端发展的历史。技术终端的突破是报业未来发展的关键,与个性化定制、受众中心与反周期出版的策略相对应,数字化、互动化和移动化应是技术终端的三个基本质素。

第三节　国家战略：全面深化改革大局中的媒体融合

"媒体融合"开始进入国家战略层面，严格地说始于2013年，这一年举行的中共十八届三中全会通过《中共中央关于全面深化改革若干重大问题的决定》，首次提出"整合机构媒体资源，推动传统媒体和新兴媒体融合发展"，同时要求"重视新型媒介运用和管理，规范传播秩序"。

2014年，中共中央印发《关于推动传统媒体和新兴媒体融合发展的指导意见》，提出"要着力打造一批形态多样、手段先进、具有竞争力的新型主流媒体，建成几家拥有强大实力和传播力、公信力、影响力的新型媒体集团，形成立体多样、融合发展的现代传播体系"，对新形势下如何推动媒体融合发展提出明确要求，并做出具体部署。2014年也因此被称为"媒体融合元年"。

推动传统媒体和新兴媒体融合发展，是执政党在意识形态安全的高度上做出的战略决策。习近平多次针对媒体融合发表谈话，提出"经济建设是党的中心工作，意识形态工作是党的一项极端重要的工作""充分运用新技术新应用创新媒体传播方式，占领信息传播制高点""读者在哪里，受众在哪里，宣传报导的触角就要伸向哪里，宣传思想工作的着力点和落脚点就要放在哪里""网络和信息安全牵涉到国家安全和社会稳定"等指示，① 显示中央高层重视的程度。

作为媒体融合工作的直接业务指导部门，国家新闻出版广电总局2016年7月发布《关于进一步加快广播电视媒体与新兴媒体融合发展的意见》（以下简称《意见》），提出："要在坚持正确导向、坚持社会效益优先的前提下，大力推动传统广电媒体与新兴媒体深度融合、一体共生，尽快实现广播电视媒体与网络从简单相'加'迈向深度相'融'的根本性转变。"② 在这个标准下，此前产业化导向的"三网融合"还

---

① 中国电信网：《关于媒体融合，总书记这样说》，http://news.xinhuanet.com/politics/2016-02/20/c_128736695.htm。
② 国家新闻出版广电总局：《关于进一步加快广播电视媒体与新兴媒体融合发展的意见》，http://www.sarft.gov.cn/art/2016/7/18/art_113_31297.html。

只能称为"简单相加",而当下推动"深度相融"的媒体融合,系指将广播、电视、报刊等传统媒体的权威性和网络新兴媒体传播速度快、受众广的特点结合起来,在监管下强化讯息的传播能力。

一 媒体融合政策

"媒体融合"政策体系的形成与实践,是当前历史时期政治和意识形态语境的传播镜像。"与中国的政治体制和新闻体制、当前政治生态及新闻政策的历史惯性密切相关,本质上是中国共产党新闻政策在新时期的延续和发展,是作为政策主体的执政党在新的执政环境下对技术驱动的媒体融合发展趋势作出的政策回应,核心目标是使官方意识形态在新的媒体格局中拥有主流地位,发挥引领作用。"①

融合发展的决策和部署的背后是三重逻辑:政治逻辑,技术逻辑和市场逻辑。"从政治逻辑来看,推动传统媒体和新兴媒体融合发展,既是做好意识形态工作的战略要求,也是壮大主流舆论的紧迫任务;从新媒体发展的技术逻辑来看,新闻产品需要从相加走向相融,最终创造真正体现互联网特质的融合型新闻产品,并且传媒管理与新闻生产的体制机制也需要随之变革;从市场逻辑来看,融合发展需要把市场作为重要的资源配置手段,并且发展成果要能够经得起市场的考验。"②

严格地说,新兴媒体和传统媒体完全基于不同的基因,形成不同的生长路径,当然最后也形成了不同的发展态势。正因为如此,新兴媒体也成为了传统媒体背后的"他者"。用传统媒体的眼光考量,"传统媒体和新兴媒体的关系,大体经历了三个阶段:一是传统媒体建设新兴媒体,二是传统媒体和新兴媒体互动发展,三是传统媒体和新兴媒体融合发展,现在正进入第三个阶段"③。这当然也可以理解成基于传统媒体立场的"他者叙事"。

透过传统媒体视角的"他者叙事",新兴媒体的母体就是传统媒体,也遵循着传统媒体的发展逻辑,即便"独立门户"也必须纳入媒

---

① 陈昌凤、杨依军:《意识形态安全与党管媒体原则——中国媒体融合政策之形成与体系建构》,《现代传播(中国传媒大学学报)》2015年第11期。
② 林如鹏、汤景泰:《政治逻辑、技术逻辑与市场逻辑:论习近平的媒体融合发展思想》,《新闻与传播研究》2016年第11期。
③ 刘奇葆:《加快推动传统媒体和新兴媒体融合发展》,《人民日报》2014年4月23日。

体"大家族"中来考察和管理。

但仔细考察决策层关于媒体融合的所有表述,并没有明确指出"融合发展"应该由传统媒体主导,却非常清晰地提出要强化互联网思维。继2014年的《关于推动传统媒体和新兴媒体融合发展的指导意见》后,习近平在2018年全国网络安全和信息化工作会议上继续强调"各级领导干部特别是高级干部要主动适应信息化要求、强化互联网思维"。

在最高层定调之后,如何具体落实"互联网思维",从而推动媒体融合发展?至少在2014年,相关部门的工作思路即"要充分运用网络技术手段去改造传统媒体",标志性成果之一即在各大媒体标配"中央厨房"。

二 重建样板:《人民日报》中央厨房

《人民日报》是中共中央机关报,其新媒体大厦中央厨房可以说是推动传统媒体与新兴媒体融合发展的先锋与标杆,中央领导的先后到来更是强化了这样一种印象与定位。从政治局委员到常委再到总书记与全体政治局成员,梳理历次的视察与讲话,不仅层级不断提升,而且也彰显了最高层对媒体融合认识的不断深化。

2019年1月25日,中共中央政治局来到人民日报社新媒体大厦"中央厨房",就全媒体时代和媒体融合发展举行第十二次集体学习。习近平在集体学习中说了"四全",全程媒体、全息媒体、全员媒体、全效媒体,对全媒体时代做了四个层次的阐释。习近平还提到要处理好"四个关系":传统媒体和新兴媒体、中央媒体和地方媒体、主流媒体和商业平台、大众化媒体和专业性媒体的关系,形成资源集约、结构合理、差异发展、协同高效的全媒体传播体系。"也就是说,融合发展不是谁吃掉谁,也不是一哄而上都搞大工程,而是各自找到自己的定位、特色,大而全可以,小而精也不错。"

2017年3月23日,"中央厨房"技术研讨会在《人民日报》新媒体大厦顺利举办。研讨会举办前夕,时任政治局常委的刘云山在《人民日报》调研并视察了"中央厨房"。刘云山的讲话强调了两个方面:一方面,媒体融合发展形成融合传播优势是为了拓展新闻舆论工作的广阔空间;另一方面,强调尽快从相"加"阶段迈向相"融"阶段。

2017年1月5日，时任政治局委员兼任中宣部部长刘奇葆，在推进媒体深度融合工作座谈会期间，带队考察了《人民日报》中央厨房，并在同年1月11日的《人民日报》发表署名文章《推进媒体深度融合 打造新型主流媒体》。文章强调推进媒体深度融合，要遵循以下五点：一要坚定不移推进媒体深度融合；二要确立移动媒体优先这个发展策略；三要突破采编流程再造这个关键环节；四要抓好中央厨房建设这个龙头工程；五要强化全媒人才培养这个重支撑。

从最开始确定"深度融合"的目标，到认识到需要"从相加阶段到相融阶段"即分阶段完成目标，再到强调"融合发展不是谁吃掉谁"而是建立各自发挥优势的全媒体传播体系。《人民日报》中央厨房的建设发展某个意义上也正好体现了这一认识变化过程。

《人民日报》不是第一家建设中央厨房的，但《人民日报》中央厨房却是关注度最高的，为什么呢？最主要的原因是《人民日报》编委会重新定义了中央厨房。作为中共中央机关报，担负中共中央舆论宣传主要喉舌的任务，《人民日报》的组织管理体制一直都是实行编委会领导下的总编辑负责制，目的在于管控日常编采作业。中央厨房的设立意味着《人民日报》重构了新闻生产和采编流程。

在人民日报社，中央厨房并非只是采编发一体化的稿库，而是一个完整的、体现整体融合的全方面的融合体系。这一融合体系的建设是为了解决媒体融合面临的两个问题，"一是内部如何打通的问题；二是内容形态如何转型，从传统的报纸、电视、广播，怎样变成互联网形态的内容，而不是简单的内容搬运"。① 如图1所示，中央厨房首要的是总编调度中心、采编联动平台这样的协作、指挥机制，涉及内部机制、流程的改革；然后，才是一套全新的技术支撑体系；最后是一个空间平台。

换而言之，在《人民日报》的媒体融合实践中，承担"龙头"重任的是两个核心机制：中央厨房的总编调度中心和采编联动平台。这两个机制需要一定的技术和空间支持。而技术支持和空间构造的最终目的是发挥总编调度中心和采编联动平台的作用。中央厨房，即在全新设计的组织体制下的空间平台和技术平台。

---

① 张晓燕：《探路媒体融合深水区——访叶蓁蓁》，http://zgbx.people.com.cn/n1/2017/0621/c347566-29354368.html。

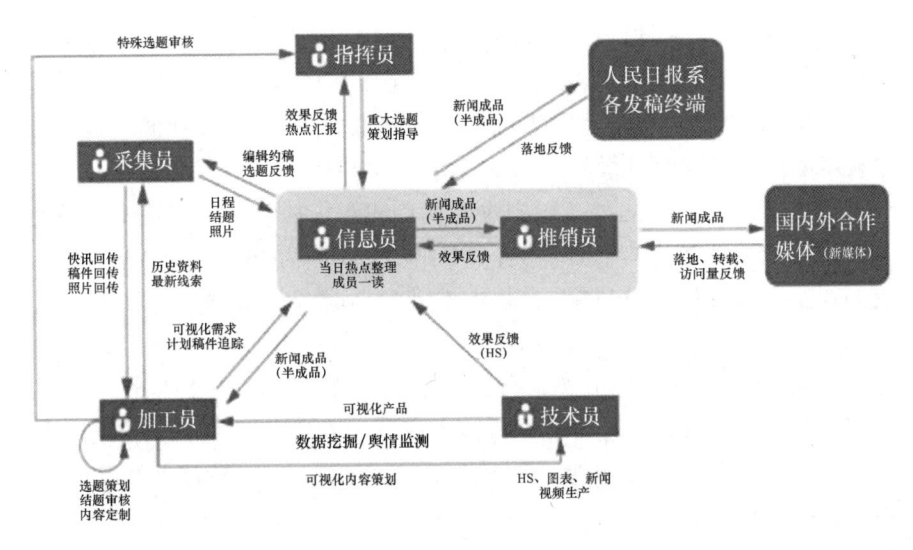

图 1

中央厨房的设立打破了条块分割的旧有模式,通过总编调度中心和采编联动平台,发挥着集中指挥、高效协调、采编调度、信息沟通等基本功能,整合新闻采访、编辑和后台技术支持力量,实现"一次采集、多元生成、多渠道传播"的工作格局①。采编调度中心和采编联动平台组成的"融合中心"使得中央厨房成为新闻生产的中枢。

值得注意的是,《人民日报》中央厨房不是一个"控制"系统,而是协调和合作系统。即在确保"红线"的前提下,鼓励内容产品的多元呈现和个性表达,具体表现为融媒体新闻工作室的工作机制。对于融媒体工作室,《人民日报》的态度是"四跨五支持",即人民日报社鼓励报网端微的优秀编辑记者根据自己的兴趣,跨部门、跨媒体、跨地域、跨专业地来小规模集聚创作,同时给予资金支持、技术支持、传播推广支持、运营支持和线下活动支持②。

近年来,《人民日报》生产的单条破百万、千万乃至数亿级点击量的爆款产品呈井喷态势,"燃爆"了网络空间,放大了主流声音;"学习小

---

① 李贞:《探秘人民日报"中央厨房"》,http://paper.people.com.cn/rmrbhwb/html/2017-01/23/content_1745755.htm.
② 《定了!中央厨房就这么建!》,http://media.people.com.cn/n1/2017/0113/c404465-29022020.html.

组""侠客岛"等一批植入党报基因、独具风格特色的新媒体品牌拓展了党报版图，实现了和年轻一代受众的连接；从短视频、H5 到视频直播、虚拟现实技术、人工智能技术等最新热点领域，《人民日报》敏锐洞察技术前沿、密切跟进最新业态，刷新了用户对于"党报"的理解。①

除《人民日报》之外，以中央电视台和新华社为代表的其他央媒也开始投注大量资源进行媒体融合。以中央电视台为例，"以建设国际一流的新型主流媒体为总目标"，积极推动台网融合，探索"电视+"与"互联网+"的结合点，以视频为重点，以新闻为龙头，以用户为中心，以媒体融合工程为依托，打造"智慧融媒体"。初步形成一云多屏、一体发展的技术战略布局，实现移动化、互动化、视频化传播手段和全球网络覆盖。2016 年底，中国国际电视台（中国环球电视网）开播，这是中央电视台整合全台新闻资源、适应融合发展趋势成立的一个新的国际传播机构和平台②。

此外，新华网自 2016 年 5 月 1 日起启用了新型新闻服务平台《新华全媒》（http：//home.xinhua-news.com/），除整合既有的多媒体数据库、新华社供稿网站功能外，增加 RSS、API 等对接功能、多媒体关联呈现、全媒体检索（可按照语言、地区、字数、图片、影片进行分类查询）、在线互动等功能。

《人民网》研究院在 2016 年 12 月首次发布《中国媒体融合传播指数报告》，透过对报纸、杂志、电视、广播等媒体在多种管道的传播力进行评估，推出四类媒体的融合传播榜单，并对媒体融合传播的发展现状、特点进行分析。2019 年 3 月发布的《2018 媒体融合传播指数报告》主要指出三点：主流媒体通过建立传播矩阵扩大了主流价值影响力版图，中央级媒体继续领跑，利用自有渠道和第三方平台增强传播力各有特色优势。相关内容对了解媒体融合现况极有参考价值。

三 连接 VS 控制：互联网思维与传统媒体思维

媒体融合中的"中央厨房"是否为强化和落实"互联网思维"的

---

① 裘新：《潮来潮往　皆为光辉岁月》（上海报业集团 2018 年工作报告），2018 年 2 月 28 日。
② 央视网：《掌握舆论战场主动权　习近平要求三维度打造媒体新旗舰》，http：//news.cctv.com/2017/02/18/ARTIrsoCDdYTIbTLWNRWp2ii170218.shtml。

成果呢？作为判断和评估这个问题的前提，必须先厘清什么是"互联网思维"。

关于"互联网思维"的说法可以追溯到2011年。当年的百度联盟峰会上，李彦宏表示："在中国，传统产业对于互联网的认识程度、接受程度和使用程度都是很有限的。在传统领域中都存在一个现象，就是他们'没有互联网的思维'。"2013年，基于同样的逻辑，马云强调"没有传统的企业，只有传统的思想"。

此后"互联网的思维"被简化为"互联网思维"。在2014年首届世界互联网大会上，马化腾说"互联网已经改变了音乐、游戏、媒体、零售和金融等行业，未来互联网精神将改变每一个行业，传统企业一定要具备互联网思维"。周鸿祎将其总结为"用户至上、体验为王、免费式模式和颠覆式创新"。

及至2014年，从庙堂之高到江湖之远，"互联网思维"风靡中国政商圈。在政治和宣传管理层面，习近平强调指出，要"不断提高对互联网规律的把握能力、对网络舆论的引导能力、对信息化发展的驾驭能力、对网络安全的保障能力"，这既是强化"互联网思维"的体现，也是推动传统媒体和新兴媒体融合发展的目的重申。

"互联网思维"是基于互联网的，而互联网这个概念本身充满了不确定性。在互联网早期，由于技术与思维的双重局限，从传统媒体的立场和视角观照，更多看到的是互联网与传统媒体的相似性，正是在这个时间节点和意义上，互联网和"新媒体"几乎成了同义词。从这个意义上说，理解"互联网思维"的前提，是理解"传统媒体思维"。

在旧有的传媒体系中，衡量传播水平的标准是产量，或者说生产能力，从某个角度完全可以说，这是工业化时代价值标准的镜像。相对于生产能力，互联网更明显的优势是传播能力，互联网可以聚合比工业化时代的市场规模更庞大的人群，并且为人际传播提供几乎零成本、高效又个性化的传播渠道，有效缓解了工业社会信息相对有限、传受端不对称的问题。

在工业化时代，传统媒体总体而言是一种稀缺性资源，再加之依附于行政和权力体制而形成的垄断地位，使得其在内容和传播两个层面形成控制力。互联网颠覆了这样的结构关系，一方面，每一个互联网用户都可以是内容生产者,互联网的海量信息破解了信息和内容的稀缺性,进而影响到传统媒体的价值;另一方面,每一个互联网用户都可以是传播的节点,因此,传统媒体再难以依靠媒体资源垄断来影响公众的议程设置,形成持续稳定的社会影响力。

由此可见,"传统媒体思维"的形成,基于机构的规模化内容生产能力和对传播渠道的近乎垄断,其本质就是控制:对传播内容的控制,对传播流程的控制,以及对传播目标的控制。为了实现这样的"控制",必须按照标准化、规模化和流程化等要求建立媒体的组织体制,二者恰恰也是工业化社会的镜像。

如果说基于工业化社会的"传统媒体思维"的本质是控制,那么当信息化社会到来,互联网成为社会基础设施的语境下,"互联网思维"的本质则是连接。从媒体的立场和视角出发,传播的两元就是传者和受众,媒体传播是以传者为中心,点对多,中心扩展到边缘为特征。然而,对互联网而言,并没有明显的传者和受众的区分,没有中心和边缘的区别,每时每刻都有传播角色的转换,无论是机构还是个人都只是传播过程的节点而已,一切都透过互联网连接起来。移动互联网"去传统媒体"化更为彻底,作为其最重要的支柱,4G通信网承担了基础信息体制,社交网络重塑了信息流通环路,随时随地与任一传播节点的连接成为可能。

相对单向传播,连接的方式、目的、诉求都在改变。对于传统媒体而言,强化互联网思维,首先是要适应从做"控制"到做"连接"的变化,去把握和诠释连接的方式,并且重塑评估标准。"控制思维"中,衡量媒体的首要标准是生产能力,或者说内容供给能力,偏重供给侧;而在"连接思维"中,更多是看重的是传播效率,门槛之一就是自媒体上的"10万+",偏重需求侧。"10万+"作为一个中介,所连接的传播单元远超10万。

对于内容的理解也在发生变化。内容是信息、数据或是中介,在不同语境下存在着不同理解。内容通常被认为是信息,在传统媒体的"控制思维"当中,尤其如此。但在互联网的"连接思维"中,内容更是数据和中介。传统媒体对内容的单一维度理解,以及在此基础上形成的组织和管理体制决定了其内容生产方式无法完全适应互联网的要求。

传统媒体建设发展新媒体,在国内基本经历了三个实践阶段,一是建设数字报和网络版阶段；二是在自媒体兴起后的两微一端阶段；三是通过顶层设计展开的传统媒体与新兴媒体的融合发展阶段。最开始在传统媒体的认知中，多半将互联网当作"无纸化办公"平台，之后传统媒体透过数字采编分发技术，将互联网当作另一个传播平台，认为当自身的内容分发逐渐转移到新平台是实现媒体融合的途径和指标。

严格地说，如此的媒体融合路径只是基于传统媒体思维的数字技术应用，而非真正意义上的互联网思维。有研究者认为，这其实也符合媒体技术演进的逻辑，"在一种新媒体技术发展初期，人们总是习惯于运用传统媒体养成的观念与方式来加以利用，但随着对新媒体技术特性与本质认识的加深，最终会在融合传统信息内容的基础上创造出全新的信息内容载体与平台，并进而形成新的新闻生产模式与机制"。

传统媒体思维中的"融合"更容易发生在新闻业内部而非外部。曾经作为媒体融合标杆的坦帕新闻中心其本质上是内容的跨平台分发，将单一平台的传播目标整合为多元平台，在此过程中内容报道方式被重构，报道内容被稀释。移动化互联网兴起后，用户获取新闻的主渠道被自媒体和聚合类的客户端所占据，以传统媒体为主导的新闻生产和传播方式必然被颠覆，坦帕模式也寿终正寝。

从实然的层面以及从可行性的角度出发的现实逻辑，是媒体融合更容易在新闻业内部生发的原因。而在新闻业之外进行"媒体融合"，会涉及不同组织的理念、目标、文化和协同机制等方面的问题，而且超越了一元化的中心"控制"，取决于多方之间的"连接"，因而传统媒体不太乐意主动选择这样的路径。

相对于供给侧仍在探索的"融合"，移动智能终端整合信息、社交、娱乐、支付等多元领域的背景下，在"需求侧"已经基本实现了"融合"。在传统媒体一统天下的环境中，传播的对象是易于被"控制"相对被动的大众；而在以互联网为基础设施的新传播环境中，被动的大众已经演化为基于自媒体的社群和用户，大众传播模式被稀释，新兴人际传播模式再崛起，重构成"大众自传播"模式和体系。从这个意义上说，新兴媒体通过平台和社群在传统媒体和用户（受众）之间进行了再中介化。

"在媒体和用户中间，平台和社群成为新的中介物。门户网站、搜索引擎、大型应用等软硬件及其支撑、运营体制，成为内容生产、分发与消费的重要载体，即平台。传统媒体生产的内容，如果不经过各种平台的二次传播，往往很难到达用户。社群指的是分享信息、评论、音视频和各种情感、生活、文化场景的用户群体，如粉与被粉、聊天室、论坛、贴吧、QQ群、朋友圈、交友网站等。社群也是信息二次传播或三次传播的重要集散地。在当前的移动互联网环境下，单就'从媒体到用户'这一过程来看，至少有4条路径：（1）媒体—用户；（2）媒体—平台—用户；（3）媒体—社群—用户；（4）媒体—平台—社群—用户。平台和社群，在媒体和用户之间平添了中间环节。"①。

从"传统媒体思维"转向"互联网思维"，就要适应媒体的本质已从"控制"走向"连接"。

前互联网时代是典型的传者中心。媒体作为近乎唯一的信息入口，到达受众的通道经由媒体的控制，而对传播内容的控制决定了内容供给状况。近乎垄断的行业特性，制造了相当长时期传媒业的繁荣局面。

新传播技术革命作用下，传播主体间消长关系的变化，意味着旧的传播模式不断被消解、新的传播模式不断地涌现。相应的，建立在渠道垄断之上的传统媒体曾经拥有的"连接"价值遭受了严重的冲击，并危及利润和生存。

既有传播格局在互联网的冲击下发生极大变化。在多元传播主体当中，互联网从最开始被认识到的媒体属性，继而发展出无穷的生活和商业应用，直至成为这个时代的信息基础设施；数字化整合了丰富却零落了的过往数据，和当下的各种类型的信息，打破了从过往数据和当下信息之间的界限。在此基础上互联网进行聚合、定制和推送，从某种程度上重构了知识地图；受众的自主性和生产力也被互联网极大地释放，从"受众"的被动角色演化为"用户"的主动角色，从而在很大程度上促进了一个各方主体力量更均衡的新传播格局形成。

四 效果与意涵

近年来，各主要新闻单位都致力于发展相关媒体融合的路径，包

---

① 嵇美云、支庭荣：《互联网环境下媒体融合的瓶颈及策略选择》，《现代传播（中国传媒大学学报）》2017年第3期。

括：新闻用户端、微博账号、微信公众号、手机报、移动电视、网络电台等，希望利用传统媒体与新兴媒体优势互补、建立多媒体传播矩阵，集中发布信息，全视角全方位传播，从而达到覆盖式的传播效果和最大限度到达用户的推广效果①。

以往一些新闻单位的媒体融合发展重技术创新和资金投入、轻体制机制创新；对使用者需求、新旧媒体融合的认知和掌握无法深入，尚未实现分众化、差异化传播。因此宣管部门近来十分关切如何创新体制机制，如何更好地吸纳资本、吸引人才，构建管理扁平化、功能集中化、产品全媒化的融合发展体制机制。在媒体融合发展的策略中，需要一批新型主流媒体担负起新闻舆论工作的主导和筛选职能，因此将官方媒体转型扩充，成为达成此目标的重点工作。新型主流媒体一方面是以传播中共中央声音、凝聚社会共识为目标的事业型媒体，另一方面也是以市场方式配置资源的产业型媒体。②而在对外宣传上，包括《人民日报》、新华社等官媒均已开设脸书（Facebook）账号，显示推动媒体融合的策略，并非仅局限于对内，而是开始针对不同的使用者，利用国际上惯用的媒介进行宣传。短期希望塑造对党和政府有利的气氛，长期则希望改善国家形象，强化人民对执政党的认同感与向心力。

媒体融合另一个容易被忽略的功能就是监测传播效果并进行反馈。人民网设立舆情监测室，员工达三百多名，其中舆情分析师近百人，主要业务为确定新闻选题、评估传播效果、舆情监测。对于政策的制定落实、重点新闻宣传主题，提供第一手的舆情素材和民意反馈，特别是为主流媒体的舆论引导效果提供科学翔实的评估③。

中央推动媒体融合工作，搭配《网络安全法》，以及《网络产品和服务安全审查办法》《个人信息和重要数据出境安全评估办法》，一方面可以管控舆论讯息，另一方面则可以透过法律手段强化对个人、相关公司和团体的网络行为的管理。

媒体融合定义众多，从官方的文件、领导人讲话，以及《中国媒体

---

① 郭之文：《媒体融合的政策导向与现实路径》，《媒体观察》2016 年第 9 期。
② 张传香：《媒体融合发展要加强体制机制创新》，http：//theory.people.com.cn/n1/2017/0418/c40531-29217647.html。
③ 卢新宁：《这个时代，传统媒体是什么？能做什么？》，http：//yuqing.people.com.cn/n1/2017/0203/c209043-29056240.html。

融合传播指数报告》显示，推动媒体融合，某个意义上说是从"媒体拓展"（例如传统媒体透过开通新媒体而拓展新的媒体平台，为此普遍开设网站，开通微博、微信、用户端）和"媒介互通"（例如新媒体和传统媒体相互引用、转载信息、互动）起步的。传统媒体仍保持一定的权威性，无法随意被取代。传统媒体与新兴媒体各有不同的受众、传播形式、传播内容，各有优劣势。推动媒体融合，目的在于利用新媒体的传播优势，透过建立有"信息航母"之称的中央厨房①，层层把关、控制在新媒体上流通的讯息内容及数量。

目前的媒体融合状态，并没有达到预期。

从目前广播电视台与网络媒体融合的现状来看，融合出来的 IPTV、CUTV、网络电台、网络电视台数量庞大，但在规模、影响力、点击数上都很微弱，电台营收也无法自给自足，网络台的组成人员大部分属于外聘人员或临时人员②。其他的传统媒体，虽然也都号称在推动媒体融合，但对于如何真正将网际网络思维运用到自己的营运和节目中，如何真正和最大限度地实现电台与听众、电视与观众、网络与用户的全面互动，如何在保障社会效益的同时不断强化经济效益（首先是减缓经济效益下降的速度，遏制广告经营下滑的态势，然后在此基础上实现经济效益的有所提升），以及挽留住现有人才、新引进懂技术、懂网络的专业人才并没有形成成功的经验，这些都是当前地方传统媒体面临的巨大问题。

习近平 2016 年视察人民日报、中央电视台和新华社后，《人民日报》旗下的公众号"侠客岛"解读最高层为何如此重视媒体融合，即官方舆论场和民间舆论场产生对立，可能动摇政治基础。并以"集团军"形容传统媒体，以"游击队"比喻网络民间舆论，由于网络民间媒体不断冲击传统媒体机构，信息多元化，传播碎片化，"集团军反倒干不过游击队，这是传统媒体的一个危机"。文中认为，两个舆论场问题，"原因就在于我们传播机构的话语世界与老百姓的个体经验世界产

---

① 张天培：《走出"中央厨房"三大认识误区》，http://media.people.com.cn/n1/2017/0427/c14677-29238807.html.
② 郭之文：《媒体融合的政策导向与现实路径》，http://cmgc.jschina.com.cn/system/2016/10/25/029892982.shtml.

生了偏差，甚至非常严重的对立"，"两个舆论场的对立，如果长此下去，消解的是执政合法性，动摇的是党本、国本"①。然而，媒体融合需长期、完善的规划，亦必须客观环境的配合，是否真能成功推动媒体融合，仍待观察。

第四节　地方经验：以上海为个案的考察

上海作为中国的经济中心，新闻业的发展有得天独厚的广告市场做基础，也正因为如此，上海的机构媒体对于传播技术革命所带来的冲击和影响也格外关注。现阶段，商业网站早已迅速占据市场一方，凭借技术和资本的先发优势进行内容整合，商业模式相对成熟。相比较之下，传统报业数字化转型起步比较晚，纸质媒体的发行目前仍是其社会影响力主要来源，而广告则仍是其主要财源。在发行与广告两个指标都连年下滑的背景下，数字化转型也是势在必行。

传播科技的飞速发展促成了媒体传播形态的革命性变化，受众既可以通过第一代互联网的成熟体制，现在也更多地通过移动互联网来接受和寻找相关信息。作为新闻内容产品来源的传统报业，虽位居产业链的上游，却面临新媒介渠道的失控，腾讯等公司携庞大的用户群以令诸侯，何况还有相比于传统媒体在技术和资本上的优势，在新闻内容产品的交易方面基本上是买方市场。

一　上海报业数字化转型的由来

上海报业的数字化转型始于 21 世纪初，其时的标志就是办网站。最开始基本是报网合一的，即在网站上以数字报纸的形式呈现纸质报的内容。之后是选编的精华版，即只呈现报纸内容的一部分在网上，若要一睹全貌也得找来纸质版。这实际上也可以算是最早自发的一种版权保护意识。同样是在这样朴素的自保意识下，为了保证报纸发行，报纸内容在线发布的时间被有意推迟，比如清早报纸就陆续发出，而网络版则有意推迟到中午。后来，部分报刊的决策层发现，如果完全靠复制原有

---

① 《习近平调研媒体有深意，侠客岛：两个舆论场分裂动摇党本国本》，https://www.thepaper.cn/newsDetail_forward_1433802_1.

的内容来支撑网站，实际上收效甚微。便又强调增加原创内容，一天几次滚动更新。

相比新媒体崛起和迅速的代际更替，传统媒体与新媒体在竞争中融合的步伐却稍显疲态，上海报业发展显露瓶颈。

一是各种新兴信息传播载体的对位竞争。这些新兴的信息传播载体既包括iPad等互联网移动阅读终端，又包括在市场机制中发育出的社会资本投入的免费报、户外大屏幕、信息网站等。上海一些户外屏幕、信息网站也开始做内容。这些新兴的信息平台体制机制相对灵活，传统报纸与之竞争，处于不利的位置。

二是内容版权的价值得不到体现。内容是报纸核心产品，是报业核心资源，但是面对强势的新媒体，尤其是内容型商业门户网站，报纸内容却完全不能体现其价值。现在新媒体几乎是在无偿占有传统媒体提供的资源，传统媒体的新闻内容的版权保护问题亟待解决。

三是广告经营的天花板。传统媒体的市场增长趋缓，这种增长一方面面临新媒体对其内容市场的瓜分，另一方面顶着广告投放的天花板，内生动力不足的问题逐渐显现。

在合并成立上海报业集团前，解放日报报业集团和文汇新民联合报业集团是上海传统报业市场两大支柱。《新民晚报》在事业发展高峰时，发行量一度达170多万份、营业收入七亿多元，但近年来发行量却一直回落到百万份左右，营业额在五六亿之间。而根据2011年上市公司半年报来看，解放日报报业集团控股的上市公司新华传媒广告收入同比下降12.2%。以广告为主要收入来源的上海报业市场，似乎已经触到天花板。

如果说Web 1.0时代是以网络海量数据为核心的，Web 2.0时代则是以人为核心的网络结构。上海两大报业集团下的新闻网站新民网与解放牛网也经历了传统报业网站一步步蜕变的阶段，从初级阶段最简单的报纸内容复制，到现在的Web 2.0导向的报网融合发展，迈上了报媒办网的特色创新之路。

如今，尽管"内容为王"依然是主流，但光靠内容早已不能稳操胜券，必须找到在新媒体竞争环境下的优势所在。而传统报业网站市场在今天仍然占一席之位，总结下来主要依靠如下三个方面：

1. 媒体公信力。和商业网站相比，传统报业网站可以借助其母报的品牌和影响力在网民中构建公信力。母报如果是作为一张历史悠久的报纸，通常都会是关心时政的网民寻求信息的第一选择，从而旗下网站也成为网民心目中权威与公信力的诉求地。

2. 服务信息本地化。与大型新闻门户网站相比，地方报媒的网站可以打出的一张好牌就是"本地化"的定位。比如解放报业集团旗下的解放牛网将自身定位在"了解上海的第一选择"，构建本地社区圈子，提供向记者爆料的平台，培养出一批具有较高忠实度的本地网友，也提高了网站的用户黏性，扮演了社区守望者角色。《新民晚报》旗下的新民网更是秉承了《新民晚报》"飞入寻常百姓家"的办报宗旨，以"为民分忧、与民同乐"为其办网宗旨，承担着面向上海地区的重大新闻事件的图文和视频直播报道任务。

3. 政府资源权威性。网络时代由于资讯泛滥，如何在海量数据中取得权威而准确发布的信息，成为网民上网的一大关注点，而党报网站作为把关人发布的新闻更易得到网民的信任认可，其长期对党报新闻资源的集中整合，也使得传统报业网站立于权威政府资源的制高点。

二　上海报业数字化转型早期的经验

早期数字化转型发展关键很大一部分聚焦在数字报产品上，《解放日报》和《文汇报》也在探索中逐步形成了一套自有的数字报业流程模式。2014年前新民网和解放牛网上正是试水 Web 2.0 的集中体现。具体可以从以下几个方面解读：

1. 互动

Web 2.0 时代的网络更日益成为一种众人创作的媒介，以往很难在传统媒体发出声音的群体也能进入公共领域发表意见。对于解放牛网来说，这点至关重要。由于网站的资质受限，解放牛网在严格意义上而言，只能算报网互动阶段的成果——电子报。

解放牛网作为电子报，其先天优点有三：其一，内容优势。网站聚合解放报业集团旗下几乎所有的媒体内容资源。其二，技术优势。网站具有强大的搜索检索功能以及便利人性化的操作界面。其三，存量读者优势。解放报业集团平面媒体品牌的影响力和公信力衍生了一批忠实度较高的网络用户。

然而，在 Web 2.0 时代，以上的优势逐步被消解。解放牛网也意识到这一点，更多地在互动性上下功夫。以前传统的电子报仅仅是为看而看，而解放牛网在改版后通过配对新闻相关链接、提供搜索服务、增加评论互动动作、纵向整合内容等方式大大增高了用户的关注度和黏性，也在无形中建立了一个用户畅所欲言的互动新领域。

在报网互动方面，新民网提出"用户制造内容的网站"口号，这是网络媒体不同于传统媒体的特点。每一位网友，都可以在注册登录后，在网上提供新闻线索、写博客、参与论坛讨论等，体现出新媒体信息开放型的优势，也凸显了新民网不同于传统媒体和其他商业网站的特殊价值。

2. 记者编辑资源的深度开发

报业集团旗下各报都拥有大量优秀的记者编辑，他们是至少在一个领域话语权的拥有者，可以说他们是传播环节中的意见和舆论领袖。纸质媒体上能接触到的，只是某篇文章以及署名，尽管可能耳熟能详，但由于单向度的传播，即使附上照片也让受众感到有难以接近的遥远距离，而记者编辑资源的深度开发只能由网络媒体来完成。

解放牛网上有一群特殊的用户，被称为"签约牛仔"，他们是供职于《解放日报》《新闻晨报》《新闻晚报》《申江服务导报》《I 时代报》《房地产时报》等媒体的记者编辑。由于平面媒体上长期以来建立的公信力与知名度，这些记者和编辑一经在网络上实名亮相，很快得到受众的积极反馈和互动。

记者可以即时处理网友的爆料，也可以回答网友点名提问、发表话题、请网友投票，同时，解放牛网还专门开辟了记者博客专页，也是对记者报网互动的一种补充联动。在记者博客中，记者可以将有限的报纸版面空间扩展到无限，可以补充采访的花絮、抒发个人的感想、上传独家未发表过的图片视频，也可以寻找新闻选题，获得第一手独家线索。

网友也可以直接与记者交流。许多网民在浏览了新闻后，总喜欢发表自己的意见。如果网友有疑问，解放牛网上"牛人知道"这个通道用直接向记者提问的方式，收集网友问题并及时进行解答。

为了超越解放牛网不能直接采集新闻信息的限制，同时也为了发挥网络媒体优势与传统媒体形成互动关系。解放牛网推出服务类的视频栏目"记者叽喳",依托集团平面媒体资源,定期组织《解放日报》《新闻晨报》《新闻晚报》的记者录制视频访谈节目,选题从上海世博会的参观攻略到市民理财支招等,生动实用、贴近民生,形式上集声音、图像、文字、图形于一体,对平面媒体有限版面和记者编辑资源构成有效的延伸和开发。

3. 个性定制新闻与原创新闻

传统报业网站大量的内容提供来自传统媒体,而机械的内容搬运方式早已经过时,今天报业新媒体更多地开始在传统媒体的基础上开辟新的渠道。网络媒体可以在整合重组合作平台内容及有关报道的基础上进行二次加工售卖,打造数字细分订阅平台。

解放牛网上的电子报栏目基本囊括旗下所有纸质报刊,而电子报另一种发行渠道则是在电子邮箱中寻求突破。解放牛网随改版推出的"牛油"系列电子邮件报,正是对电子报内容的一种再加工与二次创造,是对《解放日报》《新闻晨报》《申江服务导报》等报刊热门栏目进行拆解整合,重新组装,推出可自选 14 种特色主题电邮的订阅服务。受众可以根据个人喜好与阅读兴趣,选择订阅"牛油"产品,既可免去在信息汪洋中的搜索之苦,又可准时获得权威信息。

取得新闻采访资质的新民网目前有采编人员三十多人,分为评论和报道两个部门,其中一线记者有十多人。每日独家稿件量 50 篇以上,各类独家文字、图片、视频稿件被海内外众多平面及网络媒体竞相转载。

新民网全面推行 LVPP(直播、视频、图片、播客)报道战略。2010 年改版后重点打造的"新闻直播"栏目每天制作七档整点视频直播节目,而"滚动快报"栏目还对当日热点新闻进行即时图文直播。新民网业已成为中国首个工作日同时实现整点新闻视频直播和全天图文直播的新闻网站。

三 上海报业数字化转型早期面临的问题与对策

1. 以"融合"为方向的数字化转型,必当打破传统媒体与新媒体之间的新旧壁垒,统一机制,同工同酬。改变以往新旧媒体平台上,由于经营管理机制、人事体制以及考核方式之间的分裂所衍生出的貌合神离的状况，极大地调动采编人员向全媒体新闻生产转型的积极性。

以"融合"为方向的数字化转型，必须推动早期报业网站的编辑记者角色产生较大改变。如果说以往网站编辑的角色只是报纸内容的搬运工，现在博客、视频、播客等已经向网络编辑提出挑战，全面掌握多媒体技术又兼具新闻专业素养的网站编辑记者，才能制作出准确把握受众需求的融合新闻，成为赢得受众的关键。

以"融合"为方向的数字化转型，必将推动一部分报业网站率先进行技术改革，打破各报界限，构建适合全媒体的新闻生产平台，彼时网站新闻工作者的采编工作更加灵活，集团新闻资源将得到更充分利用，记者编辑的新闻生产力也将得以释放出巨大的能量。

以"融合"为方向的数字化转型，必须发挥报业内容资源上的独特优势，打造新的经济增长点和核心竞争力。传统报业如何面向全媒体内容产业的战略转型，仍然需要长期摸索与实践。

2. 新的媒介形态对新的传媒体制、机制有天然亲和力，两者结合产生新的媒介表达方式、媒介运营模式、媒体传播通道，开始触动原有的市场格局。iPad 带来的不仅是体验，更是思考，上海报业不仅开始尝试让自己的内容登上这个终端，更需要思考：如果传媒业态再一次更新，传统报业市场又将转向哪里？

终端移动化已成为互联网发展的最新趋势和主流趋势。这是正在向网络转型的传统纸媒必须高度关注的一个趋势。截至 2010 年 6 月底，中国网民规模达到了 4.2 亿，较 2009 年底增加 3600 万人，而手机网民规模为 2.77 亿，半年新增手机网民 4334 万。也就是说，用手机上网的用户增长速度及增长数量已经超过了用传统方式上网。

iPad 进入中国的第一周，解放报业即率先推出报纸阅读客户端应用程序。《解放日报》《新闻晨报》《新闻晚报》《申江服务导报》先后登陆苹果公司 iPad 应用程序商店。解放日报报业集团已有四份报纸以及解放牛网精华内容、"新新闻"即时报道等内容装载在"解放报业"iPad 应用程序内。

随着以 iPad 为代表的移动终端阅读的盛行，全球新媒体的发展已经进入一个全新的阶段。上海报业有必要发挥已经积累的新媒体经验，对接"终端模式"。不久以后，苹果手机、Android 系统手机，以及其他各类有市场前途的电子终端上，都应该出现上海报业的身影。

3. 探索将报业网站由报纸衍生出来的媒体定位改变为社区化的定位，从提供新闻信息直接影响大众转变为提供素材供网友转发从而间接影响大众。报业网站受体制所限，发展的政策、技术、资金都无法与商业网站相比。只能很被动地去适应新媒体发展潮流，无法引领潮流。

为了应对现在社交媒体崛起的挑战，解放牛网提出"以闻会友"的口号。从过去以新闻影响受众的思路转变为提供素材供网友转发。另一方面，"媒体热版"提供了一个公众发表意见，充分沟通的交流互动平台。根据电子报热门版面，解放牛网将其分为"晨报互动""晨报社区""晨报健康""晚报升学""晚报114"等栏目，这些内容来源是解放日报报业集团下都市报报道，较为贴近民生、话题容易引起讨论。

四　上海当下的媒体融合探索

在以融合为方向的数字化转型早期经验基础上，从 2013 年开始，上海进入了新一轮的媒体融合发展周期。当年 10 月，上海报业集团以原有的解放报业集团和文新报业集团为基础合并组建。从更宏观的层面，这正是"传统媒体和新兴媒体融合发展"上升为国家战略后的地方回应与探索，是上海继续当好全国改革排头兵重大战略的一部分。

上海报业集团的成立，并非简单的报团合并，而是"有合有分"。"合"是指过去的解放与文新两大集团合并为一。"分"，从某个意义上说可以理解为"恢复"，即恢复《解放日报》《文汇报》和《新民晚报》三大报社的独立事业法人建制。构建起集团与报社"1 + 3"的双层法人体制。按照顶层设计，重点明确了集团与报社的职责："集团以统筹经营为主要职责，负责制定整体发展战略和国有资产经营运作，负责新技术运用、新媒体发展、新领域拓展，高水平地为媒体提供保障服务，形成规模优势和整体竞争力。三大报社在恢复独立法人建制后，以做好媒体内容业务和把握舆论导向为主要责任，做强品牌，发展新媒体，扩大影响力。"[①]

---

① 裘新：《潮来潮往　皆为光辉岁月》（上海报业集团2018年工作报告），2018年2月28日。

体制机制的改革有效地促进了上海的媒体融合发展进程。正因为明确了三大报社和集团各自的职责，使得各自的积极性得到了有效地激发，不但在经营上基本扭转了原先各个报社单打独斗、业务趋同、资产分隔的局限性，而且为新媒体项目的快速发展创造了有利条件。

《关于推动传统媒体和新兴媒体融合发展的指导意见》推出后，上报集团在新媒体领域主动出击，持续发力，完成了"三二四"战略布局。

"三"是实施以三大报为代表的传统主流媒体战略转型，有效推进"上观新闻""文汇"和"新民"三大融媒体平台建设。

"二"是打造"澎湃"和"界面"两大现象级新媒体。"澎湃"作为上海乃至全国最具改革活力的新媒体，已进入中国互联网原创新闻第一阵营。"界面"以内容为优势，正在成为中国反应最迅速、影响范围最广的财经新媒体之一。

"四"是聚焦四大细分领域，打造特色新媒体产品。在国际传媒体领域，推出了"第六声"（Sixth Tone）、SHINE；在财经服务领域，推出了摩尔金融；在提供个性化、对象化、定制化信息产品领域，推出了"唔哩"；在综合信息服务领域，推出了"周到"等市民生活服务平台。这些产品围绕新技术运用、新语言空间、新商业模式，以特色为支撑，探索市场化发展之路，已进入到快速发展期。[①]

"三二四"战略布局这几年取得了丰硕成果。从传播端看，截至2018年年初，上海报业集团拥有网站、客户端、微博、微信公众号、手机报、搜索引擎中间页、移动端内置聚合分发平台等近10种新媒体形态，端口267个，新媒体稳定覆盖用户超过3.2亿。集团媒体共有移动客户端12个，下载总量超过1.8亿；共开设微信公众号193个，粉丝总数900万；共开设微博账号43个，粉丝总数8828万；共有PC端网站17个，覆盖用户总数4252万。

在国家网信办发布的月度"中国新闻网站移动端传播力总榜"上，上海报业集团旗下的上观新闻、澎湃新闻、界面2017年1—12月全部上榜，且均位列前30。其中，澎湃新闻在2017年取得6次第一、4次

---

① 裘新：《潮来潮往 皆为光辉岁月》（上海报业集团2018年工作报告），2018年2月28日。

第二的成绩，位居国内新媒体第一阵营。

从经营数据看，更是意义非凡，一定程度上实现了"传统媒体与新兴媒体融合发展"的财务目标，即新兴媒体业务收入的增长对冲传统媒体经济效益下降的风险。由于新媒体业务增长强劲，目前占据上海报业集团媒体收入的半壁江山。从占比看：2014—2017 年，新媒体业务收入占集团媒体业务总收入比重分别为 0.88%、9.44%、18.55%、34.5%，实现连年翻番。2018 年，新媒体业务收入预算目标占集团媒体业务总收入比重将达到53.3%，首次实现过半。从增幅看：2017 年，上观、澎湃、界面等新媒体业务收入实现同比增幅93.4%，增幅首次超过报刊业务的跌幅。2018 年，新媒体业务增幅预算目标比上年增长114%，继续保持翻番增长的势头。新媒体业务的"涨势"有效对冲了报刊业务的"跌势"，集团媒体业务总收入开始触底反弹。2017 年，集团媒体业务总收入扭转了连年下降的态势，2014 年以来首次实现反弹增长，同比增长4.89%。2018 年，集团媒体业务总收入预算目标比上年实际完成数同比增长38%。①

小　结

传统媒体的数字化转型最初是被两种力量推动：来自数字化技术变革的示范效应与来自市场竞争的挤压效应。本章从报业数字化转型的基本模式开始，继而探讨了上海的地方经验和国家的政策部署。梳理最近十年来的传媒数字化转型过程，无论是商业模式还是政治考量，无论是在地化经验还是海外案例，大体都能看到这两种力量最终都指向一个方向——媒体融合。

为什么会形成以"融合"为核心意象的媒体转型？一方面当然和技术发展的趋势有关。当然，技术发展路径的背后也存在着科技价值判断和选择，但这不在本书探讨范围内。另一方面，在于传媒机构的主体愿望，即减支增收。增收相对好理解，当受众终端已经技术升级，传播端必须通过技术改造来适应和满足受众需求，这在十年前报刊等传统媒介

---

① 裘新：《潮来潮往　皆为光辉岁月》（上海报业集团2018年工作报告），2018年2月28日。

渠道还能稳住阵脚的时候就是如此，融合意味着在保证存量资源的基础上拓展增量资源。减支，更应该理解为成本控制，尤其在今天单纯用数据判断媒介市场时更是如此。聚焦于单个传媒机构，"融合"更意味着维持存量资源。维持和放弃是一道非常难以抉择的选择题。维持意味着成本难以降低，而放弃低产量的"存量资源"或许能优化财务报表数据，但是长期以来大量投入得以积聚的存量资源就变成了沉没成本。于是，对于部分传媒机构而言，"融合"成为左右为难形势下的骑墙之选。

把融合视为某种"媒介体制"，传统媒体代表着其中的存量资源，而新兴媒体则代表着增量资源。当"传统媒体与新兴媒体融合发展"上升到政策甚至是国家战略的高度时，很容易被解读为融合媒介体制中新兴媒体的权重增加，以至于进入到了决策层的视野。但从前述逻辑出发，或许还有另种可能，即对作为国家治理工具的传统媒体有某种程度的"路径依赖"，不可能将经营多年的资产弃之不顾。

所以本书将国内机构媒体的数字化转型视为融合语境下的技术改造，而原有的结构、规范和功能并不发生根本性的调整。接下来的章节，将从新闻社会学的视角，透过一些基本却远不完美的田野调查，来回顾和反思刚步入转型期那个时间段的新闻生产与消费。

第三章

"融合体制"下的新闻生产模式
——基于新民网的个案研究

以"融合"为核心意象的数字化转型，是互联网兴起后中国报业发展的基本路径。近年来，新传播技术变革更是从新闻业的背景逐渐凸显为前景。在此历程中，在报业数字化转型的落脚点——互联网平台上，其核心业务新闻生产呈现为何种面目？本书选取新民网为研究个案，通过为期三个月的参与式观察和访谈，特别考察了新民晚报新民网第一期报网融合实践。研究发现，以互联网平台为基准的报网融合新闻生产中，存在着专业模式、组织内协作模式和社会化合作模式，但依附传统媒体的新闻网站始终难以摆脱新闻生产组织化和新闻生产主体专业化的媒体烙印。

第一节 新民晚报新民网融合历程

随着新媒体的发展，报业所受挑战呈现出明显的阶段性：

第一阶段是门户网站的挑战。报纸在信息容量和传播速度方面的劣势充分暴露，报纸的反应是试图通过深度报道、背景报道挽回失地。

第二阶段是搜索网站的挑战。搜索应用强调用户主动性的特点，受众从"要我看"变成"我要看"，又对报业传播模式构成威胁。

现在发展到第三阶段，随着社会性媒体，如脸谱、推特等崛起，让基于人际传播的媒体内容传播释放巨大能量，即时传播、即时评论、即时参与得以实现，这回报纸受到的冲击可以说是前所未有的。

一 "数字报业实验室计划"与新民网

为迎接数字化的挑战，探讨实践报业数字化的未来，国家新闻出版总署于2006年8月启动了"中国数字报业实验室计划"。中国数字报业实验室是联合权威报业机构、数字研发机构、网络传输机构对报业数字化发展进行探索和实践的计划，旨在探索适应数字报业发展需要的数字化、网络化的内容显示介质技术、信息传播技术和运营模式，实现传统纸介质出版向数字网络出版的转型，推动报纸出版业的重大变革。

数字报业实验室计划的主要实验内容有，第一是探索先进适用的数字化网络化的内容显示介质，统一按开放的技术标准，高速畅通的内容传播渠道。第二是在实验环境中研究电子报纸的多种阅读体验和消费偏好。第三是实验无线宽带多媒体的内容制作、传播、销售平台和增值服务平台，探索数字报业的运营环境、价值和商业模式。第四是探索数字报业的监督管理方式和制度安排。我们报业要真正转变观念，要在一个新的经营环境中使报业获得重生

新民晚报就是"中国数字报业实验室计划"首批18家单位成员之一。作为中国现存的历史最悠久的报纸，在近几年虽然发行量总数仍然居于高位，但是下滑趋势明显，而且核心受众群日益老化也是不争的事实。数字化转型似乎迫在眉睫，新民晚报的高层对此也有认识："报业的价值链在延长、在变化，能直接掌握受众的优势通路将成为价值链的核心环节。所以，新媒体必须要上，尤其是主流大报，丢弃数字通路，将来可能被迫沦为网络媒体和移动媒体的前端供应商。也就是说，未来报业竞争中立足的基础是竞争主体必须价值链完整。而在目前的体制下，主流大报的大多数资源都消耗在内部，探索新的运作体制，向互联网平台迁移是难以回避的任务。"[①]

以中国数字报业实验室计划为契机，2006年9月，新民网在《新民晚报》77周年庆时正式上线。基于以《新民晚报》为核心的新民报系打造战略，新民网被定位于文新报业集团新民报系（《新民晚报》《新民周刊》《新民晚报》社区版、《新民晚报》海外版、《上海星期三》）的全媒体业务平台。从权力体制上讲，新民网是《新民晚报》晚报下属的一个部门。自上线以来，新民网秉承《新民晚报》"飞入寻常

---

① 陈保平：《立足全媒体竞争重构报业价值链：〈新民晚报〉数字报业战略推进实践》，《传媒》2007年第6期。

百姓家"的办报传统,从权威渠道取得独家信源,通过网友报料和新民报系的互动报料系统搜罗新闻线索,更增加了用户制造内容的功能。新民网从创立伊始就确立了对重大事件快速反应、利用全新的技术手段和多终端及时传播的平台特色。力图呈现快速、全面、准确、及时的图文和视频新闻报道,以资讯辅以社区,图文辅以视频的多元化内容呈现方式,为用户提供全面、直观的内容服务。

二 基于新闻生产的融合基础

根据国务院新闻办公室、信息产业部 2005 年联合发布《互联网新闻信息服务管理规定》第五条,互联网新闻信息服务单位分为以下三类:

(一)新闻单位设立的登载超出本单位已刊登播发的新闻信息、提供时政类电子公告服务、向公众发送时政类通讯信息的互联网新闻信息服务单位;

(二)非新闻单位设立的转载新闻信息、提供时政类电子公告服务、向公众发送时政类通讯信息的互联网新闻信息服务单位;

(三)新闻单位设立的登载本单位已刊登播发的新闻信息的互联网新闻信息服务单位。

在上海,新民网属于第一类,2009 年取得新闻采访资质后,原创新闻供给显著增加。其登载的新闻信息内容超过其报媒母体《新民晚报》已刊发的内容。新民网全面推行 LVPP(直播、视频、图片、播客)报道战略。2010 年改版后重点打造的"新闻直播"栏目每天制作七档整点视频直播节目,而"滚动快报"栏目还将对当日热点新闻进行即时图文直播。新民网业已成为中国首个工作日同时实现整点新闻视频直播和全天图文直播的新闻网站。

值得一提的是,2010 年新民网启用了中国报业媒体第一辆卫星直播车。直播车利用最先进的宽带卫星技术和数字微波技术,确保新民报系媒体在重大新闻发生时能第一时间赶赴现场、部署全媒体作业环境、快速采集发布新闻。

数字报业既依托于传播技术,也需要对传统报业人力资源的再开发。通过简单的接收终端的升级和迁移,受众即可从传统媒体的受众转变为在线获取新闻甚至参与新闻的受众。而传统报业并不能够自然地顺着技术变迁就将其记者编辑转变为数字报业所需的核心技术和人才。在短时间内实现人才转换更是不现实的。所以，新民网创建之初就确定了市场运作的原则，在跟踪核心技术的同时，既按数字报业的要求招募相关的成熟人才，也从新民报系内部挖潜，用新技术手段下的报道要求来整合优质的采编资源。新民网目前有采编人员三十多人，分为评论和报道两个部门，其中一线记者有十多人。

传统报业培养一名成熟记者一般至少需要五年以上时间。而这样一个成熟记者掌握的传播技能不一定能适应数字报业的需求。新民报系目前采取的策略是一边改造存量资源，即训练已有的采编队伍；一边建设增量资源，即以市场化方式组建行新媒体队伍，同时演练交叉作业。从2007年全国两会开始，新民报系新民网推出的整合报道方案融合了新民网音视频连线报道、《新民晚报》传统的文图消息报道，以及新民周刊深度报道等多种形式，发挥了两支队伍的各自优势。

这种两套体制并行的数字化转型模式似乎和媒介"融合"的趋势相去甚远。在传统媒体危机日甚、国外大报小报纷纷倒闭、国内报业的发行和广告市场下跌的趋势难以逆转的背景下，报网融合再造新闻生产流程、探寻未来可能的盈利增长点似乎变得紧迫起来。

按照新民晚报领导的设想，把报网融合分成三期来实施，逐步推进。"第一步叫初步磨合期，以了解沟通、尝试试点为主，初步建立起报网互动的机制；第二步叫深入融合期，理顺及优化流程，实现全面互动与执行；第三步叫一体融合期，主要解决前两期发生的问题，同时进行考核，保证报网互动一体化的推进与执行。"①

三 报网融合双方的组织体制

2011年5月开始，新民晚报新民网启动了有着强烈的试点意味的报网融合第一期工程。《新民晚报》社会新闻部从报社的众多部门中被选出来参与了第一期的报网融合，和新民网的新闻报道部共同组建新民报系的社会新闻中心。第一期的报网融合旨在"通过流程再造、信息互

---

① 陈保平：《利用先进技术与采编手段整合资源》，《新闻与写作》2010年第1期。

用、整合传播等先进技术与采编手段高效率地整合资源,提高无线网络传播的信息,同时充实与丰富纸质报纸的内容"①。

为什么《新民晚报》单单选择社会新闻部出来参与第一期的报网融合项目?这是基于管理权限、人员素质和业务范围的考虑:其一,从领导分工上,社会新闻部被划分在1号(《新民晚报》副总编兼新民网主编)的业务分管范围。其二,考虑到年纪越轻,对新技术的接受和学习能力就越强,在采编队伍整体老化的《新民晚报》,社会新闻部记者是平均年龄最小的,不到三十岁。其三,社会新闻部和新民网都聚焦于社会新闻,重叠的业务范围大,可整合性强。1号介绍说,《新民晚报》社会新闻部被坊间称为"上海市第二信访办",其民生取向和舆论监督功能正好与新民网继承《新民晚报》而来的"与民分忧"宗旨以及突发报道与民生报道两大块的报道方向相契合。

在严格按条线划分新闻生产责任区的新民晚报,社会新闻部相对而言属于条线划分比较粗放,或者说报道范围不够明晰的部门。从某个意义上说,除了常规的突发事件必然归其处理外,其他条线上的监督类报道多半也划分在其业务范围。不过其新闻生产管理体制倒和其他部门一样,是部门主任—值班副主任—编辑—记者的常规四级体制。通常情况下,值班副主任以上属于终审发稿人,他们决定记者的稿件能不能上版。当然,最后稿件能不能见报,还存在变数。如上所述,由于存在部分监督类报道,而且报纸出版前最后的签发人至少是新民晚报值班副总编,所以有些时候稿件很可能被调整下来。

报网融合的另一方,新民网新闻报道部是新民网负责新闻生产的部门,也是作为新闻网站的新民网最为核心的部门。在新闻生产管理中,理论上讲呈现为和传统媒体类似的四级体制(见图1),即主编、分管副主编、指挥编辑和记者。但在新闻生产的常规实践中,基于网络新闻的快速响应要求和不断更新的节奏,这个四级体制通常会被压缩为两级的扁平体制,即"指挥编辑—记者"体制。即便遇上重大事件报道也是如此,因为彼时主编或者副主编是直接充当指挥编辑的角色。指挥编辑是新民网新闻生产中的关键节点,其主要职责简要地说是协调新闻报

---

① 陈保平:《利用先进技术与采编手段整合资源》,《新闻与写作》2010年第1期。

道流程，实际上包括分派选题、现场连线、编辑合成、多形态信息制作等。以网站的特长——突发事件报道为例，在具体的新闻报道中，指挥编辑需要选派离事发地点最近的记者赶到现场，通过电话连线整合记者从现场口述的相关信息以最快速度发出简讯。当记者在现场通过移动智能终端传来视频、音频和照片以及后续消息时，指挥编辑不但需要添加照片和相关后续发出详讯，更需要剪辑相关音视频材料并组织口播稿和配音来制作视频新闻。指挥编辑不但是新闻生产的调度者，新闻产品的制作者，而且在一般情况下也是新闻报道的终审发稿人。这意味着，在新民网常规的稿件经过指挥编辑签发即可上网。

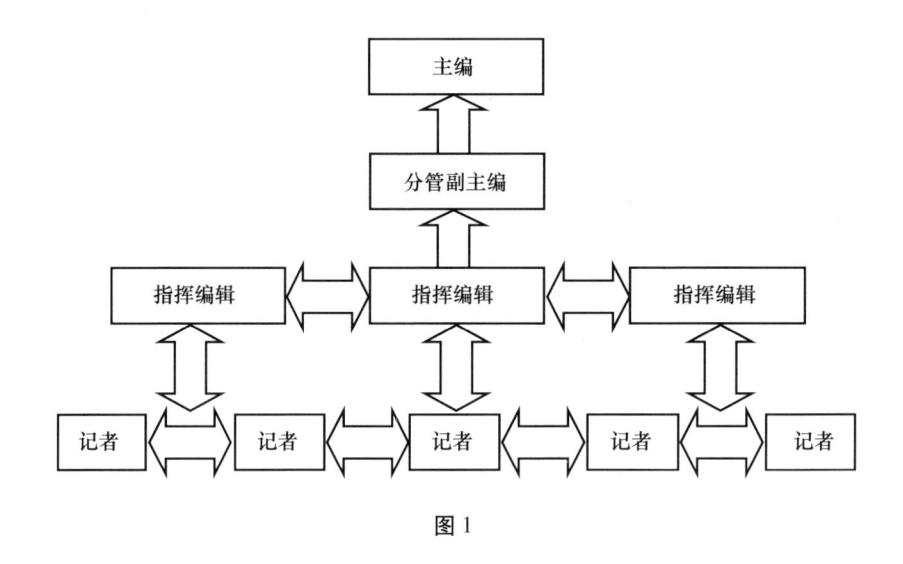

图 1

第二节 专业模式和组织内协同模式

新闻生产专业模式就是传统媒介新闻生产模式，它限定了采访权限（条线）和专业知识（媒介），形成了事实核对机制，提供了相关社会情境。互联网平台新闻生产也在一定程度上遵循专业模式中的时空规制，强调新闻报道必须是及时的、新鲜的，必须经过审查和跟踪监测。

然而，某种程度上，专业模式塑造了传统媒体记者的路径依赖。因此，报纸记者和有其他传统媒体背景的网站记者都会不自觉地将其带入到互联网平台的新闻生产中，在迥异的生产节奏和多角色要求面前遭遇身份认同障碍。新闻生产的专业模式成了报网融合中若隐若现的一道底色。

新闻生产的组织内协同模式则是一种以互联网报道过程中流动的采编节点辅以相对固定的条线来构成新闻生产网络。

一 "融合新闻"：普利策奖样本

基于新闻网站具备的多媒体体制和互联网传播优势，逐渐从最初的传统媒体网络版发展到融合新闻的阶段。融合新闻是文本、图片、视频、音频、图形及互动手段等组成的非线性的有机信息结构。"非线性"和"有机结构"是指融合新闻的叙事线索演变为多种形态信息组合所构成的逻辑关系。[①]

新闻界的权威奖项普利策奖也在为融合新闻推波助澜，自2010年起连续三年都有网络媒体获奖。2008年12月，普利策奖委员会宣布，从2009年起普利策奖全部奖项都将向网络媒体开放参加评选。虽然当年网络媒体在普利策奖评选中未能胜出，但此次里程碑式的开放意味着恪守传统的普利策奖也向网络媒体敞开了大门。

2010年，民间新闻网站ProPublica和《旧金山纪事报》网站代表网络媒体首夺普利策奖。ProPublica网站记者与《纽约时报》记者合作，以《生死抉择》为题报道了新奥尔良一家医院的医生们对被洪水围困在院中的病人的争议性治疗，获得调查性报道奖。《旧金山纪事报》网站刊发的关于全球变暖的动漫作品获得新闻卡通漫画奖。

2011年，ProPublica网站连续第二次获得普利策奖。该网站持续一年时间集中调查了华尔街的银行家们如何从顾客甚至他们自己供职的公司中攫取利益，从而使经济危机进一步恶化的状况。最后以在线专题报道《华尔街金钱机器》斩获普利策国家新闻奖。2012年，新闻博客网站The Huffington Post记者获得普利策新闻奖国家报道奖[②]。

从近几年普利策新闻奖的获奖作品看，除了以独立新闻网站为代表的网络媒体崭露头角外，传统媒体的报道也充分利用下属网站平台而逐

[①] 马忠君：《2012年普利策新闻奖"融合新闻"作品解读》，《中国记者》2013年第1期。

[②] 李雪：《网媒连续三年拿普利策奖是谁的胜利？》，http://www.china.com.cn/international/txt/2012-04/18/content_ 25173167.htm.2012.

渐显现出"多样的基于融合媒介的报道形态"①。

以2012年度普利策奖公共服务类别获奖新闻《狂暴校园》(*Assault on Learning*)为例,这篇关于校园暴力的报道即是由《费城问询者报》(*The Philadelphia Inquirer*)全媒介编辑和制作人统领的15人的记者和技术人员队伍用一年的时间完成的报道。该获奖报道获奖理由是"对遍布城市学校的暴力进行探询,使用有力的书面叙事和视频材料阐明儿童针对儿童实施的犯罪,并促进改革以改善教师和学生的安全状况"②。

费城是美国最贫困、最暴力的城市学区,但是多年来校园暴力问题并未受到足够重视。《费城问询者报》的5名记者历时1年,对费城的268所公立学校,特别是学区在2010年列出的46所问题学校进行了广泛而深入的调查,对教师、行政人员、学生及其家人、学区官员、警官、法官和学校暴力专家进行了300多次采访,分析了过去5年发生的30000多起严重事件以及学区和州政府对停学、调解和911呼叫的记录,还审查了警方报告、法庭记录、教师合同和学校治安视频。对一些特别案件,记者采访了受害者、施暴者、警方、律师、目击者,并参加了法庭听证会。一名记者在将近6个月的时间里定期接触费城最危险的高中之一——南费城高中的学生、教师和行政人员。此外,还委托坦普尔大学(Temple University)对学区的13000多名教师和教辅人员进行了独立调查③。该系列报道整体前后呼应,内在逻辑清晰,既揭示了令人触目惊心的现实,又解释了其成因,还委婉地提出了改善路径,配以丰富的图表,网络版还配有视频,给读者以较强的冲击力。④

在这篇新闻报道中,视频信息用来捕捉校园暴力的场面,讲述核心人物的关键故事;图表用来解释暴力事件发生的频率和范围;静止图像信息是叙事高潮、情绪高潮信息的捕捉,记录下学生受到暴力事件影响后的绝望与无助;声音展现教育专家及当事人、见证人的访谈、新闻现场的声音;等等。互动信息整合了校园暴力事件的数据并提供便于受众

---

① 马忠君:《2012年普利策新闻奖"融合新闻"作品解读》,《中国记者》2013年第1期。
② http://www.pulitzer.org/citation/2012-Public-Service.
③ http://www.philly.com/assaultonlearning.
④ 李青藜:《校园暴力报道的优秀范例——〈费城问询者报〉2012年普利策奖获奖作品评析》,《青年记者》2012年12月(下)。

理解和使用的信息框架，让受众获得更多关于校园暴力的信息及新闻故事的体验。在这里，可以清晰地看到，融合新闻是一个多种媒介形态集合而成的有机体，每种媒介形态都不是孤立的。①

二 专业模式："融合"中的身份认同障碍

美国南加州大学安南伯格新闻学院的 Larry Pryor 教授认为，融合新闻"发生新闻编辑部中，新闻从业人员一起工作，为多种媒体的平台生产多样化的新闻产品，并以互动性的内容服务大众，通常是以一周七日、每日 24 小时的周期运行"②。

融合新闻的出现必然导致新闻室工作常规的改变。传统媒体出版周期被打乱，不再是按日期或是早、中、晚这样的时段来更新，而是即时播报与即时更新。与之相应的是，新闻工作者的工作节奏被打乱，可能不再有工作时间和在家休息时间的截然分野。融合新闻的跨媒体平台整合要求采编人员技能与任务的多样化和复杂化，意味着和报纸文字记者同样需要摄录出镜等广电新闻技能，甚至具备制作图表、动画等相关计算机技能。

在新民晚报新民网的报网融合实践中，技能再培训和相关装备的配发是启动"报网融合"的第一步。几乎每一位社会新闻部的记者都领到了相关的移动终端和音视频采集设备，并且由新民网技术部的工作人员以视频拍摄为重点做了技术辅导。

相关证据表明，当新闻工作者经历着从一个印刷媒体向在线新闻网站转变时，贯穿于编辑室的张力。在新闻编辑室，记者试图去重新定义新闻工作意味着什么（他们的组织身份），而试图保持他们作为信息生产专业人士的制度权威。

如同新民网成立之初的增量变革思路一样，第一期报网融合也是在不触动报纸记者既有利益的前提下，进行的鼓励式变革。主要表现为，原有的考核体系和薪酬构成不变，报纸记者只要有符合网站使用的报道

---

① 马忠君：《2012 年普利策新闻奖"融合新闻"作品解读》，《中国记者》2013 年第 1 期。

② Stephen Quinn, Vincent F. Filak, *Convergent Journalism: An Introduction*, Elsevier Inc., 2005, p. 8.

都可以被吸纳，从而直接增加记者本人的收入。当然，对于网站的记者也一样，只要相关报道符合报纸需要，同样会被采用。

很难判断是本身对技术的反感还是对技术掌握的欠缺，事实上，报网融合实践并没有受到普遍欢迎，至少在报纸记者那里是如此。他们并非不能接受数字化新闻产品，但似乎更倾向于维持原有的身份认同。地理学家 Tim Cresswell 提出，在我们工作的时间和空间区域，也有情绪的黏连。地点不是完全的物质性，也不是完全的精神性，它是两者的联结，不可偏废。他提到，一位纸媒的记者可能把新闻室的视听编辑棚和不舒服甚至是拒斥的感觉联系起来，这种情绪必然会阻碍在这些地点进行的工作。[1]

事实上，互联网新闻生产的流程也冲击着报纸记者固有的身份认同。有报纸记者质疑融合新闻产品是否契合其专业身份，尽管确立了"微博不谈工作"的标签，9 号仍然在自己的微博上写道："我了个去，一大早搞得心情暴躁！！！我是文字记者啊文字记者！！！除了写稿子，别的跟我有什么关啊？？？" 9 号觉得自己有点像个"电视编导"而不仅仅是"文字记者"了。值得注意的是，这条微博发布时间是 2012 年 5 月，距启动报网融合的 2011 年 5 月已经过去了整整一年。

当然，报网融合实践也就意味着报纸记者要承担新的工作职责，不再只是一名文字记者，而且是一名摄影（像）师、录音师和出镜记者；报道的也不只是文字信息，而是文字、图片、音视频兼备的多形态信息。报纸记者 10 号感叹"都没时间去像过去那样字斟句酌的写稿了"，因为必须把新的工作职责和技术手段整合到日常新闻生产中来，"我们得寻找一种平衡"。

新民网副主编 2 号说："这里每一位记者都属于（新民晚报新民网）社会新闻中心。""社会新闻中心"正是报网融合在组织体制上的变化，即将《新民晚报》社会新闻部和新民网新闻报道组两支队伍整合为一体。但是，报纸记者在新闻生产中难以摆脱长久以来形成的纸媒传统和工作习惯。在新民网指挥编辑 5 号看来，报纸记者习惯从电话爆料中寻找新闻线索，也习惯通过电话联络当事人和相关部门来了解情

---

[1] Tim Cresswell, *In Place/Out of Place: Geography, Ideology and Transgression*, University of Minnesota Press, 1996.

况,"他们不习惯出去跑现场,尤其还要带分量不轻的多种设备出去"。

一些研究技术如何影响组织文化的学者发现,新技术在工作场地的成功推广可以创造凝聚力,促进形成一个工作者探索劳动角色变换的动态社区。[1] 因此,毫不奇怪地看到当新技术应用到新闻室的同时会在新闻工作者当中形成一种紧张感。[2]

也有新民网记者抱怨,由于网站不断更新的要求,他们的作品在主页上消失得太快了。从电视台跳槽而来的12号说:"我希望我的报道有更长的时间停留在主页醒目位置,让更多的人看到它。也许,我做新闻是为自己,目标就是写出满意的作品。"由此可见,在互联网新闻生产中,记者可能会失去与其自身作品的物理联系。正如有研究者所指出的,数字技术的施行,有时候会使劳动的真实面目(如消耗资源或产生废物)变得隐蔽,甚至可能消弭劳动力于无形(Andrejevic, 2004)。而记者以为自己写作为由寻求新的平衡,可能与新闻生产的组织与公共导向产生落差。

在报业数字化转型不可逆的大趋势中,记者们希望在报网融合实践中找到一个专业模式和数字报业的平衡点。然而,在管理层看来,记者们除了常规的新闻报道工作,也需要将新闻产品传播到更广阔的网络空间。

在启动报网融合后,原先分列的新民晚报官方微博和新民网官方微博也被整合为一家,即新民晚报新民网官方微博。不止出现在新民网自家的上海滩微博平台上,而且也涉及影响力更大的新浪微博。新民网副主编3号说:"现在大家聊的很多话题都来自微博。看样子社交媒体已经成为这些内容的聚合。我们设置微博的目的也是希望通过链接引导更多的流量来我们网站。"

当社交媒体逐渐成长为一个虚拟新闻编辑室,记者编辑们也被要求在微博上出现并发声。针对这一要求,编辑部的同仁们纷纷走上微博舞

---

[1] Barley S. R., *The New World of Work*, United Kingdom: British North American Committee, 1996. Orr J. E., *Talking About Machines: An Ethnography of a Modern Job*, Ithaca, NY: Cornell University Press, 1996.

[2] Boczkowski P. J., *Digitizing the News: Innovation in Online Newspapers*, Boston: MIT Press, 2005. Boczkowski P. J., *News at Work: Imitation in the Age of Information Abundance*, Chicago: University of Chicago Press, 2010.

台,并取名"被微博""奉领导之命开微博"等互相调侃。这也预示着新闻编辑部现有的工作结构的调整。

然而,记者们实名制微博却被要求注意表达方式契合职务身份。这在一定程度上造成了自我审查的扩大化,这引起了部分记者的不满,9号说:"本来不想上微博,可被要求开微博。刚玩得上手,又要各种注意。写微博又不是写稿子。"3号坦言,"鼓励"记者们开微博,一定程度上也是为了扩展媒体品牌影响力。可记者们却更多的把微博当作纯粹的私人领地,而不是自身职务身份的在线延伸。

或许媒体机构与记者之间这种对微博认知上的不一致,也凸显了微博自身定位的模糊。正如南加州大学新闻学院副教授,曾在中国工作与生活过的 Andrew Lee 评价新浪微博说,"这是中国的 Twitter 加 Facebook 加 Google+"。不管怎样,有许多记者既不愿放弃个人表达,也不想触碰相关禁条,唯一的选择就是取消实名认证,而以非职务身份使用微博等社交媒体。

微博平台上记者受到的鼓励与限制,在另一个维度上凸显了报业数字化转型中新闻生产专业模式引发的身份认同障碍。对此,8号以一种开玩笑的方式反映说:"我是一个性格内向的人,不喜欢开微博秀自己的生活……织微博是新闻工作吗?"这位记者不认为在传统媒体或其官方网站以外的地方能够提供可信的新闻。换而言之,对8号而言,新闻产品中只存在特定的地方——报纸和其官网。在他看来,私人的事情不能纳入公共空间议题。从某种程度上看,这种说法背后反映的是工业时代的工作理念,即休息的时间和空间独立于工作时间和空间。

相比之下,3号如此回答:"现在的人们已经通过朋友在社交媒体中的分享,特别是图片和视频来了解新闻。"他认为,记者应该在网络空间有所作为,而这个空间主要指以微博和博客为代表的社交媒体空间。在他看来,任何媒体的品牌强度取决于尽可能多的到达率、覆盖率、连接率以及和社区的互动,而不仅限于在官方网站呈现的新闻产品。为了进一步拓展品牌,在网络新闻中,以前截然分开的新闻工作前景区域和后景区域需要被全景呈现。

尽管如此,新闻专业模式的影响仍然在延续。当记者们开博客或参与在线论坛讨论时、编辑会告诫他们应该提供经过验证的信息而且不要妄加评论。在参与式观察中发行，编辑部会提醒记者们即便在社交媒体上，也需要保持专业身份。

在传统报业的制度规范中浸泡已久的记者对数字化转型难免有抵触情绪，他们不仅抱怨工作量的增加，而且也不习惯变化中的记者—受众关系。很少会有记者在报道完成后，还去监控这个新闻产品在互联网走向，比如新闻网站后的跟帖评论或者社交媒体中的转发、分享等受众/用户生成的内容。与此同时，新闻编辑室也在尝试调整或重建对于记者工作的评估机制，因为记者的工作比之前更宽泛，更需要合作。而基于特定时空的传统新闻生产节奏仍然在延续，比方说，监测网上互动的情况，要求记者出席采编会，以及新闻生产流程中的等级控制。

三　组织内协同模式：基于协作的工作机制

新闻生产的组织内协同模式是一种以互联网报道过程中流动的采编节点辅以相对固定的条线来构成新闻生产网络。

新闻网站由于其天然具有的多媒体体制和传播优势，逐步从传统媒体的数字版走向了融合新闻。融合新闻是文本、图片、视频音频、图形及互动手段等组成的非线性的有机信息结构。"非线性"和"有机结构"是指融合新闻的叙事线索演变为多种形态信息组合所构成的逻辑关系。[①] 融合新闻的跨媒体平台整合，要求采编人员技能与任务的多样化和复杂化，不但需要摄录出镜等广电新闻技能，而且要具备制作图表、动画等相关计算机技能。

学者们记录了旨在推进劳动动态变化的新闻室转型，包括迫使修改常规，瓦解记者编辑的监管职责、使一些工作过时，并增加一些任务。[②] 手机和无线上网的手提电脑意味着可以随时随地做报道，[③] 消息

[①] 马忠君：《2012 年普利策新闻奖"融合新闻"作品解读》，《中国记者》2013 年第 1 期。

[②] Boczkowski, P. J., *Digitizing the News: Innovation in Online Newspapers*, Boston: MIT Press, 2005. Deuze M., *Media Work*, Malden, MA: Polity, 2007. Deuze M., "The Future of Citizen Journalism", In S. Allan & E. Thorsen (Eds.), *Citizen Journalism: Global Perspectives*, New York: Peter Lang, 2009, pp. 255 – 264.

[③] Smith A., *Pumping up the Pace: The Wireless Newsroom*, In S. Kleinman (Ed.), *Displacing Plnce: Mobile Communication in the Twenty-first Century*, New York Peter Lang, 2007.

源、记者、编辑——曾经是新闻采制过程的时空网络中单独的部分,现在是不间断地连接和随时可用。①

和报纸记者习惯于单兵作战相比,网站记者表现为一种协同作战。在互联网平台上,记者虽然从文字记者的单一角色衍生为包括摄影(像)师、录音师、出镜记者等身份的多面角色,然而却从粗放的条线触角和采写一体的多重任务简化为新闻生产网络中的单一节点,专注于这一节点上的任务,在组织化的统一调度下,协作完成网站不断更新的新闻循环要求以及多媒体报道的要求。

新闻网站,为了"保鲜",页面内容需要不断更新。助理编辑 11 号说:"这让我们时时刻刻都处于一种紧张感中"。相对于《新民晚报》以天为周期出版,新民网的新闻生产似乎在不断运转。当网站记者还在和指挥编辑做现场连线的时候,报纸的同事们可能都收工回家了。

就新民网而言,其首页右上有三个头条,至少在一天的早上、中午、晚上三个时间段都要更新。而首页左上,也就是头条左边的醒目位置是最新的视频报道。某次一个视频在首页停留了超过一天,值班领导发现当即对编辑提出了意见②。由于需要不断的新鲜报道更新到网站中,这甚至让部分编辑产生焦虑感。

当常规的新闻生产周期变成了永无休止的在线新闻生产,不断地有报道更新,报道素材需要不断被处理以适合多媒介平台的呈现。对报纸记者而言,不单写文字报道文章,也被要求做音视频报道来提升受众的"新闻体验"。编辑们发现,记者们对于数字化新闻生产框架下工作流程的改变还有些不大适应。

在报网融合实践中,对报纸记者而言,新技术手段的引入意味着相比以前更大的工作量。报纸记者 10 号说:"很多人可能有个误解,以为融合报道能增加效率。但在我看来,这个是很难的。又要拍又要写,可能拍也没拍好写也没写好"。10 号认为记者在网站新闻生产中更多的是忙于任务处理而不是聚焦于新闻产品。"需要去拍视频、照片,同时需要即时的把相关的素材传回编辑部,这都是一些任务。我

---

① Boczkowski P. J., *News at Work: Imitation in the Age of Information Abundance*, Chicago: University of Chicago Press, 2010.

② 时间大约是 2011 年 5 月底。

怎么才知道做没做好？如果像写稿子一样，能给我一个明晰的标准就更好了。"

6号（指挥编辑）对此的回应是："社会新闻中包括有很多突发事件，网站报道需要抢第一时间发布。记者到了现场就多拍视频和照片，马上传回编辑部，和编辑部电话沟通相关情况。后方编辑来整理报道。"与前方记者保持连线，协调相关报道资源，整合多形态的信息推出新闻报道正是指挥编辑的职责。

这是《新民晚报》和新民网在报道理念和评价标准上的差异。

对于报纸记者来说，很难一下子改变长期以来形成的对新闻以及新闻生产的理解，即新闻工作的成果必须有某种形式的可触摸的物理形态（或文字稿或电视播出带），这个物理形态的成果证明记者确实做了相关的工作。而这种物理形态的成果必须是"已完结"的产品，换而言之，签发后的新闻产品是有明确责任人的封闭式文本。另外，报纸呈现出来的通常是文字文本，其内容基本包括对5W的完整报道。就形式而言，即便是一个简短消息，标题、导语、主体、结尾一样不缺，可谓中规中矩。

网站的技术手段更多元，报道呈现方式是多媒介的，从文字、图片到音视频，传播方式不是一次传播而是滚动的多次传播。而最重要的是，对"第一时间"的看重决定了其报道内容和形式都迥异于报纸：同一个题材《新民晚报》是单篇稿件基本完整呈现事件，而新民网则分多次呈现。为抢时间，可能最开始发布的就只有一个标题和导语，突发记者在现场搜集到一点就回传到编辑部一点，后方编辑边整理变发布。与此同时也有相关条线记者跟进采访相关部门，一方面是求证核实，另外也可以更深入或者更宏观掌握相关情况。

网站的新闻报道根据制作流程的不同还可以细分为两大类型——"记者驱动型""编辑驱动型"。"记者驱动型"的融合新闻主要是由记者在采访新闻中利用不同的采访手段所获取的多种形态信息的组合。记者决定着不同形态信息组合的方式及每种形态所承担的任务。在现实的采访工作中，记者一般只需要带着DV到新闻现场便可以获取活动影像、声音、静止图像、采访文稿等信息，所有的信息以视频的形态被采集和记录，然后在确定编辑意图后以多种形态输出。"编辑驱动型"融合新闻主要是由指挥编辑根据预先设定的融合新闻的框架分派不同的记者提供不同形态的信息或者几个记者协同工作所建立的信息集合。这一模式适用于突发的重要新闻或者比较复杂的新闻专题。①

基于不同的工作制度，报纸记者一时难以适应网站新闻生产的节奏。社会新闻部和《新民晚报》其他采编部门一样，采取的是值班制。所谓值班制，是指各部门通常按两人一组，把属下记者分成若干组，在上午、下午和晚上三个时间段分别值班。在记者的值班时段，他（她）负责处理所有部门业务范围的报道任务。这也意味着，一名记者外出采访，在一个时间段内很可能只能做一个报道，而且不一定能够上版。反之，如果记者留在编辑室，可能会接好几个新闻爆料，通过电话采访也许能写好几篇小稿件，那么上版的机会反而更大。这在一定程度上也解释了，前文所提到的，为什么报纸记者一般情况下不大愿意跑现场的问题。

而在新民网，采取的则是工作日坐班制加周末值班制。另外，新民网记者基本上都有各自的条线，比如谁负责公安、谁负责交管、谁负责文教卫等。整个新闻生产流程，不只是多媒体平台的制作，也需要条线协作完成。这意味着，如果没有特殊情况，每一名记者在工作日都应该来单位，即便不来也是处于待命状态。

由此可见，前者是以时段划分工作任务，后者是以新闻生产节点辅以条线划分工作任务。前者在固定时段内，由固定的值班记者处理所有的报道线索；后者则以流动的报道过程辅以相对固定的条线来构成新闻生产网络。

第三节　社会化合作模式：新闻生产共同体

报网之间工作制度和报道理念的不兼容，其背后的实质原因或许是新旧媒体对新闻定义的不同。记者过去通常都是在新闻产品的层面思考新闻机构的身份；而互联网平台上，记者被要求在故事发展的层面上去思考新闻。

---

① 马忠君：《2012年普利策新闻奖"融合新闻"作品解读》，《中国记者》2013年第1期。

一 作为"过程"的新闻与大众自传播

纽约城市大学新闻学教授 Jeff Javis 的"新新闻过程"模式（见图2）在一定程度上解释了互联网新闻生产流程。这个模式把新闻故事放在信息流的中心，在周围环绕的关于故事的想法、讨论、提问、访谈、更正、链接和其他互动的世界中构建新闻故事的部分。Jarvis 将新闻描述成一个过程，新闻开始的源头不明，接下来是未被分配的自发的行动。

在 Jeff Jarvis 看来，网络链接甚至改变了新闻产业的结构。当网络链接消弭了新闻从业者重复劳动和同质新闻的价值后，当网络链接和搜索（本质上也是链接）成为用户查找新闻的主流方式时，新闻机构必须要创造出价值观念独特的报道才能吸引到注意力。[①]

在信息同质化极其严重的当代媒体市场，尤其是新闻管控相对严格的国内环境下，所谓价值观念独特的报道只能作为一个美好的愿景而已。但是，Jeff Jarvis 提出的以网络链接为动力的新新闻过程却是有一定洞察力与解释力的模式。

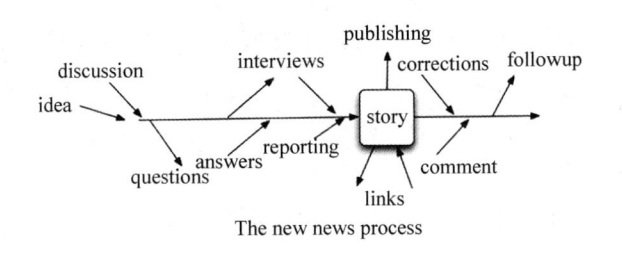

图 2

网络链接正是社交媒体的传播特点。尽管对其定义没有达成共识，但一般认为，社交媒体是"基于用户社会关系的内容生产与交换平台"。[②] 社交媒体兼有点对点和点对面传播形式，是人际传播和大众传播的交融，这种范例的改变创造了一个新的传播模式，卡斯特（Manuel

---

[①] Jarvis J, *Product v. Process Journalism: The Myth of Perfection v. Beta Culture*, June 7, 2009, Retrieved 17 August, http://www.buzzmachine.com~2009106107/processjournalism1.

[②] 彭兰：《社交媒体、移动终端、大数据：影响新闻生产的新技术因素》，《新闻界》2012年第16期。

Castells）将其命名为"大众自传播"。

大众自我传播"首先是一种大众传播，因为这种传播形式能将信息扩散到全球的受众，就像我们通过 YouTube 上传一节视频，或者通过博客链接许多网站资源。同时，这种传播又是一种自我传播，因为信息是由自己生产出来的，那些潜在的信息接收者也是自主确定的，而在传播网络中检索特定的信息和内容是自我选择的"①。

大众自传播是相对于大众传播（比如报纸）和人际传播而言的，卡斯特指出，数字技术在一个重构信息权力等级的新"网络社会"建立了新的动力学。但是这种能力的其他含义是融合作者和读者、机构和受众，公共领域和私人空间，以及其他那些曾经很明显的两分领域。

有学者认为，在全球化的网络社会中，新闻生产步骤可以简化为：数据收集、解释和讲故事。② 在新传播技术条件作用下，任何人都有可能涉及这三个任务中的任何一部分，因此任何人也都有可能成为某种形式的"新闻生产者"。

二 议程热点：非常态融合项目

以新闻网站为代表的互联网媒体显然也意识到了这样的趋势。新民网副主编 3 号说："现在，只有用户才能影响用户。"他解释道，对年轻人来说，朋友转发的新闻才能吸引他们的关注，所以必须"建立与用户的关系"。

对于新民网而言，在"建立与用户的关系"的过程中，在指挥编辑 5 号看来，"用户基数偏少，年龄偏大"一直是一个掣肘。换而言之，尽管采取了非常多的举措去鼓励受众的参与，促进与用户的互动，然而，能够直接呈现的反响寥寥。这反过来又在一定程度上挫伤了新闻从业者在传统新闻生产向融合新闻生产转型中的积极性。好在，在两个非常态项目上还是体现出了用户反馈的热情。

其一是 2012 年夏季的伦敦奥运会。《新民晚报》体育部的特派记者直接掌握使用新民晚报新民网的相关社交媒体账号，现场第一时间发回

---

① Castells M., *Communication Power*, Oxford: Oxford University Press, 2009, p.55.
② Bregtje, Parks, Castells, "The Future of Journalism: Networked Journalism", *International Journal of Communication*, Jane 2012.

相关音视频报道，用户反馈呈爆炸式增长。比如，2012年8月3日晚，特派记者在伦敦机场用手机拍到刘翔抵达的视频，并第一时间发到新民晚报新民网的微博。由于之前风传刘翔再次受伤可能退赛的消息，所以这个报道引发很大关注，短时间内相关视频点击率高达二十多万。

其二是十八大的相关民调。民调长期以来一直是新民网用户活跃度最高的版块，按照5号的说法，原因是"用户其实很懒，也就乐意做勾个选项之类的事情"。但即便如此，一般情况下那期民调能有上千用户参与就算比较活跃的了。所以，2012年11月8日十八大开幕的当天，新民网以"中共十八大正式召开，你最关心的社会民生问题是？"为题推出的民调竟然有近二十万用户参与的结果着实让整个新民网都惊讶不已。指挥编辑5号认为这应该算技术部的功劳，因为"他们设计的页面有利于被百度等搜索引擎抓取"。

由此可见，在用户基数短时间内大规模增长的瓶颈下，"借船出海"可能是新民晚报新民网推动报网融合，"建立与用户的关系"的有效举措。在这里，"船"有两个含义：一指非常态化的传播热点项目，如前例中的伦敦奥运会和中共十八大，在此期间受众/用户注意力非常集中。二指流量极大的商业网站，特别是社交媒体。如前例中记者手机拍摄的相关视频上传的优酷，如国内搜索引擎的霸主百度，如最大的微博平台新浪微博。至于"海"，可以理解为海量的受众/用户。当然，还有一些具体操作细节也被总结出来，比如降低用户参与的门槛，优化新闻关键词增加搜索引擎能见度等。比如技术上的创新。像新民民调需要运用限IP投票技术来保证得出相对真实的调查结论。

14号认为需要不断利用上述这样的机会培育受众/用户的对新民网的使用和参与习惯，这不只是一个品牌营销的过程，更重要的是有利于构建融合的新闻生产流程："这些用户导向的产品有利于建立与受众更持久紧密的联系。在微博平台上，当用户觉得某条消息很重要或者很有趣，可能就随手转发给其他朋友了解。而民调可能会让用户产生受重视的感觉，参与民调能让他们感觉到能用最简单的方式体现自身的言论权利。这些使用经验和感受是以前单纯读报时体会不到的。而网页新闻下面留一片空间等受众来评论的方式，对流量不大的地方新闻网站也可能是一个死胡同。"

三 新民民调：常态融合项目

严格地说，新民民调是最早引发新民晚报新民网报网互动的项目。新民网正视网意所代表的公众意见。在网上集中的声音和关注的重点，是网友用鼠标投票选出的，是一种自由和市场的选择。此前编辑部常常困惑于新闻议题设置太主观、报道不够贴近和服务性不强，新民民调弥补了这种"先天不足"。2009年起，"新民民调"开展的关于房价、民生政策、热点社会事件的调查，最终都会形成比较详尽的分析报道，在新民晚报的《新民意》专版上刊发出来，形成了"新闻事实—民意调查—民意分析—理性建议"的报网互动立体化操作模式。①

新民民调引发的报网互动展示了一个基于用户参与的社会化合作新闻生产模式的雏形。2009年新民晚报新民网对"钓鱼执法"和"上海人穿睡衣上街"两个议题的相关报道就是两个比较典型的案例。

2009年10月，河南人孙中界在上海浦东遭遇"钓鱼执法"，相关部门非法办案引起社会各界高度关注。新民网就此事件商讨民调议题设置时，有三个选择：一是关于核心事实的议题设置，如何看待这件事？二是黑车该不该整治、如何整治？三是官方宣布成立调查组，但未及时公布调查组名单。通常情况下，网站对此类事件的互动议题设置回偏向用户对于核心事实的态度，从某个意义上说，这也是在利用抒发集体情绪的方式来引导流量。但新民网最后确定的民调议题是"浦东至今未公布孙中界案调查组名单，你怎么看？"

新民网的考量是基于新闻客观性的立场和当时的传播态势：孙中界案发，在调查组没有公布事实真相之前，很多细节，比如有无"倒钩"、孙中界是否存在过失等并没有调查清楚，武断地就核心事实调查网民的态度不符合客观原则；而黑车如何整治确实是一个建设性的议题，但就当时的情况来说，网友更关心事实本身的调查情况。这一点从网友的反馈和参与人数上得到了印证。该民调设置后，短短3小时内有8万网民参与调查，取得了"不俗战绩"。② 新民晚报新民网再根据用户参与的数据迅速跟进报道，促进了调查进一步深入，有助于问题的最后

---

① 王洋：《新民晚报新民网"新民意平台"的实践》，《青年记者》2010年第1期。
② 同上。

解决。

2009年10月29日,《迎世博 上海有关部门呼吁市民不穿睡衣上街》的报道引起网络上的热烈讨论。新民网以此确定民调议题,起初编辑部倾向于认为上海网友中应以反对穿睡衣上街为主流,但调查结果大大出乎意料。在1000多名上海网友中,仅有一成左右反对穿睡衣上街,另有一成认为不应强行禁止,近八成网友选择"支持个性""外国人能晒日光浴,我们为何不能穿睡衣"。这是一种民意,异于媒体人自己判断的民意。针对疑问,之后新民晚报新民网进行了详尽的调查,发现很多上海人穿睡衣和记者的主观理解不一样,一方面是上海很多居家主妇其实是将睡衣当居家工作服的,做家务的时候穿;另一方面是很少人会穿睡衣上街购物,仅仅存在穿睡衣去菜场买菜之类的情况,也可以认为是穿着居家工作服办家务的延伸。这种上海特色的着装,可能与很多人理解的外国人只穿着睡衣睡觉有区别,更多的是一种习惯甚至文化。

对于这一事件,在报道内容的分工上,新民网组织民调、总结分析;《新民晚报》进行深入调查、引领话题;在报道形式上,新民网充分利用互动技术,发挥网站快速发稿优势;出动视频团队进行街访,做成新闻片;在新民网演播室邀请了市民、专家代表参加"圆桌论坛"并进行视频直播。而《新民晚报》用报纸版面进行综述、调查、全方位报道。报网深入互动,引起较大反响。①

四 社交媒体平台与突发事件报道

2010年9月,新民网新版及"上海滩"微博平台测试版同时上线。新民网的独家报道、突发报道、新民网论(评)、做客新民网等富有特色的新闻栏目将通过"上海滩"微博平台呈现。同时,网友可通过在"上海滩"开微博的方式,与开通"上海滩"微博的政府部门展开线上交流,第一时间获取资讯,发出咨询,提出意见和建议;网友也可通过自己的微博,记录身边事,向媒体爆料,与亲友沟通,与"偶像"交流。

突发事件报道是新民网新闻报道的优势。突发性事件,通常是指那

---

① 王洋:《新民晚报新民网"新民意平台"的实践》,《青年记者》2010年第1期。

些意料之外发生的，造成财产损失、人员伤亡、甚至可能危害公共安全的紧急事件。传统媒体特别是报纸的突发事件报道往往受到各种限制而呈现一种滞后和单薄。新民网借助"上海滩"微博开通的契机，整合应用多媒体平台和技术，推动用户参与新闻生产，在一些重大新闻报道呈现出融媒新闻样貌。

2010年11月15日14时15分，上海市静安区胶州路728号公寓突发大火，14时29分，有网友"张岳"在新民网上海滩微博爆料，14时30分，新民网（www.xinmin.cn）根据上海滩微博网友爆料发出了第一篇稿件，也是所有媒体中抢发的第一篇新闻稿件。新民网开始以滚动新闻的形式发出关于胶州路火情的新闻，接着很快就配发了一段视频和诸多图片。随后，新民网在旗下的上海滩微博的官方微博账号上直播火场情形，以分钟为间隔单位发布消息，向用户传递前方的最新状况。

与此同时，许多现场的用户也在微博上不断地发布大量的图片和视频。相关微博很快被其他人转发出去，这些由文字、图片和音视频构建起来的立体文本在很短的时间传播到大量的受众/用户面前。在这样的传播态势中，让受众/用户对新闻的时效性有了全新的认识，不只是及时，而是零距离零时差的即时报道和全天候全方位全过程的全时报道。这得益于媒介融合和受众参与。

微博降低了信息发布的门槛，相对于很长一段时间都是传统媒体唱独角戏而言，出现了单一传播主体向多元传播主体过度的趋势。传播主体的爆炸式增长同时也拓宽了信源渠道，有利于传统媒体深入挖掘更多的新闻细节和故事。在报道胶州路火灾过程中，"上海滩"微博上，新民网官微与众多用户一起合作，不但直播了火灾的现场，还细致还原了全过程并深入分析了其原因。

微博同时也有利于谣言滋生和扩散，在突发事件中更易引发社会恐慌情绪。发布门槛低、发布主体多元，发布的内容受字数局限，整个微博传播呈现碎片化的状况。从这个意义上说，专业媒体有必要进行相关的信息梳理，再通过微博平台及时地把客观真实的情况传递出去。

胶州路火灾发生以后，新民网"上海滩"微博通过设置"悼念""赔偿""查找消防隐患"等标签来进行议题分类，引导用户将碎片化的信息归类集中。新民网新闻报道部再派出记者核实用户提供的信息，跟踪有新闻价值的线索进行深入调查报道。新民网在此火灾的专题中也设置"第一现场""事故调查""事故善后""事故反思""隐患自查"等栏目也呼应"上海滩"微博中用户的反应和参与,全方位阐释和解读整个事件。

无论如何,新闻从业者仍然处于新闻生产"过程"的中心位置,即使是发布在社交媒体上的新闻,记者也需要按照一定的标准来操作。对于新民网来说,不仅需要把报纸读者引导成为数字化时代的用户,也希望在此过程中的成果"用户生成内容"(UCG)能有记者深入相关现场进行呼应和拓展。这样一种状况实际上还是在重复报纸的新闻生产模式,即记者分散到各个条线进行新闻采制,而读者则习惯吸收集中在一张报纸上的所有各类讯息。与此相反,重视使用体验的"关系"导向则赋予用户一种参与新闻生产的"合法性",只要愿意进入其中,他们就能获得使用的满足感。

参与到新闻生产中来的用户是否相当于新闻机构的免费劳动力一直是个有争议的理论议题。对此,5号回应说:"恰恰相反,最常见途径和目的就是爆料并赚取'稿费'。而真正的好爆料十个指头都数得过来",但她认为即便如此仍然要坚持吸引、吸收用户参与到新闻生产中来,"这毕竟是现在新闻业的发展趋势"。

在问到是否能将用户参与的爆料部分或者用户直接采写的"微新闻"算作新闻时,5号的回答是:"能否算作新闻或者新闻的一部分,取决于用户提供的材料怎样被我们使用。合格的新闻稿件应该符合专业标准,更要适合网站呈现,不是所有的东西都能当作新闻放到网站上来。"

这些评论表明新闻网站在某种程度上认可也希冀用户的参与和贡献。然而,还必须指出,新闻生产中的等级结构依然存在,新闻从业者仍然界定着新闻的标准。用戈夫曼的理论解释,用户仍然在外面(前区域),而从业者在内(后区域)。

"记者与受众曾长期保持一个正式的,匿名的,单向的关系,作为其主导社会的一种方式。"[1] 但这一传统的关系正在逐渐淡化,新闻编

---

[1] Cook T., *Governing with the News: The News Media as a Political Institution*, Chicago: University of Chicago, 1998, p. 72.

辑室开始转向包括社交媒体在内的网络空间中寻求能作为新闻生产伙伴的新型受众/用户。如果说互联网平台以重塑记者角色以及整合采编资源为中心形成了新闻生产的组织内协作模式，那么重塑记者与受众关系进而吸纳以用户为中心的社会资源势必将突破新闻生产封闭的组织化导向，逐渐形成新闻生产的社会合作模式。这种模式的实质是新闻与受众行为方式的契合，强调新闻不仅仅在多平台上呈现，更要与受众特定的信息需求和具体的获取信息的方式相适应，突破媒介形态的限制，将信息的价值最大化。

第四节　报网融合实践中的新闻生产网络

在新民晚报新民网的报网融合实践中，一个目的就是希望拓展网站的稿源，满足不断更新的要求。然而报网融合开展一段时间后，并没有达到预期的效果。网站初步研判，可能还是报纸记者对于网站新闻生产的流程和要求不够熟悉。过去，主要是由网站技术部和新闻报道部对报纸记者进行全媒体技术培训和网站报道流程介绍。评估了第一个月的报网融合效果后，新民网提出了一个新的办法。

新办法着眼于培养报纸记者中的"示范者"（早期技术采用者），期望他们能引发示范效应和鲶鱼效应[①]。具体措施是，每个月安排一名报纸记者来网站编辑部坐班。《新民晚报》编辑部在文汇新民报业大厦的4楼，而新民网则在同一大厦的41楼。报纸记者的网站坐班制度推行，实际上意味着报纸记者暂时脱离原有的工作体制和组织文化，完全浸入网站的新闻流程中来。

本节正是以此为观察起点，从空间邻近性的角度，借用西方媒体中的"超级编辑室"概念来研究媒介融合下的新闻生产网络。

---

① 鲶鱼效应（Catfish Effect）是指透过引入强者，激发弱者变强的一种效应。挪威人爱吃沙丁鱼，尤其是活鱼。活鱼卖价就会比死鱼高好几倍。但是，由于沙丁鱼生性懒惰，加之返航的路途又很长，因此捕捞到的沙丁鱼不是死了，就是奄奄一息。后来发现将以鱼为主要食物的鲶鱼装入鱼槽后，会刺激沙丁鱼因为这一异己分子紧张起来，加速游动。如此一来，沙丁鱼便活着回到港口。这就是所谓的"鲶鱼效应"。运用这一效应，通过个体的"中途介入"，对群体起到竞争作用，它符合人才管理的运行机制。

一 融合下的新闻生产空间

"生产空间"是指文化存在的物理空间。[①] 雷蒙·威廉斯指出,文化有四个含义[②],在这里,"文化"是指特定的仪式、社会/专业人士/机构关系和其他社会实践的方式,通过新闻、艺术、节日和其他形式的表达,体现在日常生活中。

空间可以是实质空间,也可以是象征空间。就新闻室的空间本质来说,办公桌、小隔间等是物理生产空间的构成部分;记者本身和新闻生产工具,如相机和电脑都要占据有形的空间。电子邮件、网上论坛以及新闻机构内网等是生产的虚拟空间。另外,就更抽象的空间层面来说,指覆盖所有指导/限制新闻生产过程的新闻编辑室文化和规制。

空间共享是融合新闻生产中一个表层变化,即把以前各自为政的各个媒介的记者编辑整合到同一个办公空间,西方媒体普遍将其称为超级编辑室(Superdesk),这是相对于传统的新闻编辑室而言的一种工作空间安排,来自不同媒介的采编人员被安排到邻座以期提高知识共享和媒介融合水平。

建立超级编辑室的意图是,不同媒介采编人员在空间上的集中度越高,越符合融合新闻的愿景。其理论假设是"融合",是基于空间的邻近性的"融合"。但这一种"融合"能不能充分整合工作惯例、思维模式和采编人员的身份认同呢?

依据西方媒体比如坦帕新闻中心的经验,融合新闻室意味着把采编人员都迁到同一个地方共享办公和会议场地,这个地方被称为超级编辑室。在超级编辑室中,所有的采编人员被鼓励为所有不同媒介来报道,所有的媒介编辑只对一个平台负责。由此看来,物理空间似乎在融合新闻生产中扮演了重要角色。

如前文所述,作为一个新民晚报旗下的新闻网站,实际上担负着作

[①] Caldwell J. T., *Industrial Geography Lessons: Sacio-professional Rituals and the Borderlands of Production Culture*, In N. Couldry, A. McCarthy (Eds.), *Mediaspace: Ploce, Scale and Culture in a Media Age*, New York: Routledge, 2004, pp. 163 – 189.

[②] 其一,是指心灵的普遍状态或习惯。其二,是指整个社会智性发展的普遍状态。其三,是指艺术的整体状况。其四,是指包括物质、智性、精神等各个层面的整体生活方式。Williams R., *Culture and Society 1780 – 1950*, London: Fontana, 2011, p. 4.

为数字报业实验室的任务。所谓实验,也就说明了和母报的区隔。所以,从层级和机制上来讲,新民网的编辑室远远不能等同于坦帕新闻中心那样的超级编辑室。只是,从新民晚报新民网开展报网互动的实际情况出发,将融合中,报网采编人员在一起开会、办公等的行动和集中化的位置安排笼统而含糊地称为"超级编辑室",也是为了便于研究而不得已而为之的一种化约。

二 空间邻近性和新闻生产网络

空间邻近性是一个来自城市规划研究中的概念。在研究中,邻近性(proximity)常常和集聚(agglomeration)、集群(cluster)等概念被一起使用,表示集中或接近。近年来,对空间集聚的研究主要集中在其对区域内互动学习以创造、应用和扩散知识,建立区域社会网络以赢得竞争优势的重要性方面。

空间集聚有利于不同主体间直接交流隐性知识,使隐性知识得以完好交流和保存。[①] 来自城市规划研究的观点认为,空间集聚能增强基于互动的创新机会。正如曼纽尔·卡斯特所述"空间的邻近性是创新氛围存在的必要物质条件,而这是源于创新过程当中互动的性质"[②]。

曼纽尔·卡斯特所提出的网络概念对理解空间邻近性也很重要。他认为当代社会应该被理解为各种网络的集合,其中各种行动单元之间的互动是基于利益分享和协商而不是基于机构的安排。[③] 根据这个观点,也就无所谓"组织"内部和外部,只有依据联系的强弱来区分的"网络"内部和外部。这种方式,也许更能评估空间集中化的超级编辑室在融合新闻生产流程中的实践价值。

在网络世界中,对其他人形式控制的能力依赖于两个基本机制:在分配给网络的目标方面,对网络进行编程/改编的能力;通过共享公共

[①] Malmberg A, Maskell P., "The Elusive Concept of Localization Economies—Towards a Knowledge-based Theory of Spatial Clustering", Paper for the 'Industrial Clusters' Revisited: Innovative Places or Uncharted Spaces? session, AAG Annual Conference, New York, 27 february – 3 March 2001.

[②] Castells M., *The Internet Galaxy: Reflections on the Internet, Business, and Society*, Oxford: Blackwell, 2001, p. 481.

[③] Castells M., *The Rise of the Network Society*, Oxford: Blackwell, 1996, p. 187.

目标和增加资源的方式将不同的网络连接在一起以保证其协作的能力。第一种权力的拥有者被称为"程序员",第二种权力的拥有者被称为"交换机"。①

就超级编辑室的状况而言,空间邻近性对传播和知识分享是非常重要的。非正式会议通常由与工作相关的长短不一的对话组成,"交换机"根据新闻生产实际状况,决定媒介平台的优先次序以及不同媒介对故事报道的角度等。

对新民网新闻编辑室的参与式观察发现,在不同的记者和编辑间,有不均匀的言语互动模式。而这大部分互动都围绕着指挥编辑,而实际上,记者们也服从于指挥编辑的调度安排,足以说明指挥编辑是网站新闻生产网络中的"交换机"。

回过头来说,即便还有种种机制上的障碍,但从新民晚报新民网报网融合第一期项目来看,报纸和网络记者的互动程度仍然非常高。其原因不仅是他们空间邻近的安排,而且也因为他们彼此之间有共享的利益网络。所谓共享利益网络,即媒介相似、工作程序相似、原材料相似以及新闻产品相似。

和其他媒体一样,新民网也试图整合用户成为生产流程的一部分。在基于空间邻近的框架中,用户代表在新闻编辑室的存在是比较弱的。在研究中,编号为13号的年轻实习生担任了微博编辑,她主要负责和用户互动。虽然也坐在超级编辑室,但是她不参与正式的编辑会议,也只有比较少的机会和指挥编辑或者记者互动。13号感觉到被排斥在新闻生产网络之外,这也说明了她的身份和工作暂时都处于现有网络的边缘地带。由此可见,在这个基于空间邻近的新闻编辑室中,用户代表却是缺席的。

三 组织化网络和社会化网络

学者 Brun 建议提升用户在新闻生产中的地位,让用户做一些决定,使他们起到相当于网络中"程序员"的作用。② 如此一来,新闻生产的

---

① [美]曼纽尔·卡斯特:《网络社会:跨文化的视角》,周凯译,社会科学文献出版社 2009 年版。

② Bruns A., *The Active Audience: Transforming Journalism from Gatekeeping to Gatewatching*, In C. Paterson, D. Domingo (Eds.), *Making Online News: The Ethnography of New Media Production*, New York: Peter Lang, 2008, pp. 171 – 184.

标准将由网络自身来决定，而不是由中央控制单元或者是等级权力结构来决定。从 Brun 观点来看，超级编辑室是对媒体等级体系的强化，势必阻碍用户的参与。

超级编辑室对过滤、聚集、调节和控制的要求都更接近新闻业的特性，而在社会网络中，用户为中心的模式中，这些功能都是使用者自己完成的。[①] 如果融合被理解为对不同媒体平台的优化，那么设置超级编辑室似乎是有必要的。然而，这种理解的基础是假设新闻机构控制新闻和传播渠道，以及新闻编辑室对报道时效的追求。超级编辑室有利于"一次创造，多次传播"的融合新闻生产调度。

基于超级编辑室的"一次创造，多次传播"媒介融合策略在被传播渠道被管控的条件下是有效的。然而，在今天的受众中出现了更多的新闻消费实践方式。比如，"发现和链接"，即使用者发现一些有趣的东西然后发到网络上；"获取和分发"，即使用者复制（传统）媒体内容粘贴到（新）媒体；"打开和播放"，则是用户创造内容或编码到新媒体世界。这些对跨媒介的理解都似乎在挑战机构媒体的简单化方式，因为前者是兴趣导向的，而后者是媒介导向的。

在新民晚报新民网案例中，既有的新闻生产网络塑造了对融合的理解，既而影响到具体实践方式。这个既有的网络可能是围绕着对效率、创新和职业发展的兴趣组织起来的：比如降低新闻生产成本增加效率的愿望；对新传播方式的兴趣；通过技能更新来推动职业生涯发展的动力等。

然而，这个内部兴趣导向的网络无法对接外部受众兴趣导向的网络。换句话说，一个是组织化的网络，另一个是社会化的网络，两者无法对接。在今天，外部受众兴趣导向的网络体现为社交网络，微博、校内和优酷等社交媒体是社交网络中主要的传播节点，在这一网络中内容创造者、传播者和接受者具有高度的同质性。

小 结

随着新闻从静态产品走向动态过程，大众传播与人际传播糅合成大

[①] Herioida A. , "Twittering the News", *Journalism Practice*, April 2010, p. 31, pp. 297 – 308.

众自传播，在互联网平台上更清晰地凸显了新闻生产模式的改变。当新闻生产主体从职业记者个体走向多元人群时，新闻生产也被分解为不同部分（步骤），从一体化运作的专业模式过渡到组织内协作模式，最后自觉不自觉地进入社会化合作模式中。但就新民网个案来看，依附传统媒体的新闻网站始终难以摆脱新闻生产组织化和新闻生产主体专业化的媒体烙印。

在本案例中，既有的新闻生产网络塑造了对融合的理解，继而影响到具体实践方式。然而，这个内部兴趣导向的网络无法对接外部受众兴趣导向的网络。现在，外部受众兴趣导向的网络体现为社交网络，在社交网络中，内容创造者、传播者和接受者具有高度的同质性。

国内早期的媒介融合基本是媒体组织层面的推动，试图透过示范效应和空间共享发挥传统媒体和新媒体的聚合效果，都有一定实验意义，到后来媒介融合进入国家战略层面后，具体到媒体组织层面，基本上还是沿着早期探索的路线前进，"中央厨房"和"超级编辑室"异曲同工。技术层面的媒介融合相对比较容易实现，但是在文化层面，当传统媒体的新闻编辑室文化被冲击，而一个稳定的融合媒体文化形成还需要时间的沉淀。

第四章

受众视角:"融合体制"下的新闻消费模式

"受众"过去、现在、将来都是来自不同的研究传统,并以不同的方式呈现的一个概念。对"受众"之所以会有这么多理解,或者说误解,其中一个原因是无论是传媒业界还是学界,都为了各自需要而创造了受众这个概念。正如雷蒙·威廉斯(Raymond Williams)所指出的,当我们谈论"大众媒体"或者是"大众传播"的时候,实际上语境里是没有"大众"的,有的仅仅只是把人们视为大众的方式。①

受众的角色在融合体制中随着"传—受"双方权力关系的变化而转变。以互联网为代表的新媒体信息传播模式颠覆了以传统媒体为中心的大众传播模式,传者和受众之间不平衡的权力关系被打破。就报业而言,过去报社处于传播格局的中心点,将生产的内容单方面传递给散在四面八方的读者。除了"读者来信"等少数反馈很慢的渠道,受众几乎不能影响传者。而在新媒体信息传播中,由于技术可以拓展出一个趋向无限的传播空间将各种传播类型都容纳其中,提供了双向乃至多向的互动模式。在这种情形下,受众的概念不再适用,更贴近实际的概念应该是"用户"。

融合要求媒体公司重新思考关于消费媒体含义的传统假设,这些假设影响着媒体生产和市场推广的相关决策。如果受众被认为是被动型的,那么用户则属于积极型的;如果受众是可预测的,待在你让他们停留的地方,那么用户则是流动型的,体现出他们对媒体忠诚度的不断下

---

① Williams R., *Culture and Society 1780 – 1950*, London: Fontana, 1961, p. 300.

降趋势；如果受众是一个个孤立的个体，那么用户则倾向于通过社交媒体联系起来；如果受众更多表现为沉默的大多数，那么用户则相对较为嘈杂和开放公开。

受众是和新闻消费者的角色联系在一起的，而用户则和生产者的角色产生了某种程度上的重叠。以用户的角色介入，新闻消费也逐渐演变为一种新的工作类型。每一种新的新闻特性，比如互动、定制，不仅赋予了从业者更多机会，也为提升受众权力和参与度增加了可能。通过博客（微博）、论坛（BBS）、原创视频，用户如同新闻从业者一般也参与到新闻生产中来。

第一节　作为受众连接点的新闻

新闻机构使用新传播技术来接近甚至创建受众市场。虽然达成财务目标始终是一个基本任务，但同时也需要通过关注受众需求来建立品牌忠诚度。Smythe 提出"受众是一种商品",[①] 那么对机构媒体这种寻求市场的经济实体来说，在一定量的受众中才能产生出价值。因此，这也是新闻劳动力的另一个方面。在 Smythe 看来，人们购买习惯和消费模式逐渐由一个接受商品的消费者向市场生产者转变。

在新闻从业者的构想中，新闻生产是专业人士的领域。而对受众/用户的访谈中，则会发现人们对于新闻的概念存在很多不同的看法。对他们来说，"新闻"连接起工作场所、个人兴趣、社交圈和他们所在的社区。

一　碎片化的泛新闻

大多数受访者都看电视和阅读报纸。对于一部分人来说，新闻产品的质量和其传递模式是有联系的。在他们的观念中，新闻是一种物理存在，报刊作为印刷文本具有一种可靠性和物质实在性。许多受访者表示不信任网络新闻和其他新的新闻产品形式，受访者 D 说："我认为在线

[①] Smythe D. W., *On The Audience Commodity and Its Work*, In M. G. Durham, D. M. Kellner (Eds.), *Media and Cultural Studies: Key Works*, Malden, MA: Blackwell Publishing, 2001, pp. 253–279.

报道过于简单。对于新闻发生的时间、地点、人物、起因、后续等元素没有一个全面交代,有点鸡零狗碎的,让人不知道到底发生了什么。"这位受访者口中的"全面交代"这个词是和报纸直接相关的传统新闻概念,实际上就是指 5W 齐全,从导语到结尾完整的新闻报道。在他看来,原创的网络新闻基本上是些突发性事件的信息片段而不是新闻。

对上述受访者来说,网络新闻报道是内容生产中非常规的手段,交流价值不大。A 表示,他渴望了解新闻背后的"实质内容"。

当受访者所说的"实质内容",不是指调查报道或其他需要花更长时间来完成的新闻报道。新闻从业者长期以来认为,观众喜欢的是有相当长度和分析的故事。但一些受访者表示,他们支持这样的新闻报道,却也坦承,他们很少读太长的故事,特别是看本地报纸时。从访谈中,我们发现,有些受众更感兴趣的"实质内容",未必是由媒体策动的,也不是关于"事实和数据"。人们正把一系列广泛的内容当作"新闻",而在这一片领域中,记者并不天然地享受某种特权。例如,既有受访者认为新闻从业者写的博客/微博是新闻或新闻的延伸,也有受访者表示非新闻从业者的博客/微博是新闻。

媒体融合贯通了各媒体平台,它呼唤媒体业新型合作关系,把原先彼此很少交流互动的各种不同受众会聚到一起,使媒体跨越各种边界进行传播。普通用户在数字时代新闻生产中,日益成为积极的参与者。青年一代正在利用机会创造和再造媒体以及参与到社会网络中,他们正在形成自己的表达模式。由于深受年轻用户的喜爱,人人网、开心网、微博、包括上海最大的 BBS 社区宽带山等许多非传统来源也成为今天能看"新闻"的地方。研究参与者列出的成分,新闻具有以下特征:即时性、体验机会,机智和事实。

受访者 C 说:"显然,网络新闻,博客,一切你在互联网上得到新闻都有即时效应。你可以在一个突发事件报道背后发现更多的细节或故事,如果有现场目击者或其他知情者把一些照片或视频放到网上的话。你可以把新闻背后的跟帖,或者论坛和博客/微博后的评论当作这道新闻大餐的调料。所有这些都是现在的新闻。"

从传统媒体溢出到社交媒体上的新闻产品其专业性在不断淡化。受访者 O 表示:"它不是专业的新闻,但它提供了一个新的角度。像现在很多媒体都开设自己的微博，说明大家都看到了，新闻正在改变，人与人之间的联系方式也在改变。网上新闻后面一些跟帖中的小道消息和意见可能很离谱，但这就是一个变化，至少相比过去有了这么一个（让受众参与的）渠道。"O 说，她不会把这些意见和提供原始新闻的新闻单位或（转载的）网站联系起来，因为"那只是个人意见"。在上面这位受访者看来，对于新闻业来说，现在受众的参与和新闻报道本身一样重要。

二 跟帖评论与信息过滤

跟帖评论是网络新闻的特色之一。说是评论，其实和传统新闻评论判若云泥。跟帖评论首先来自新闻网站为了增强产品互动性的一种界面设置，即在新闻正文下预留用户评论入口，方便用户阅读新闻之后即时发表自己的意见、观点和感受，如新浪网的"我有话说"、网易的"发帖区"、搜狐网的"我来说两句"等。用户的即时评论以跟帖的形式与新闻形成互文关系。这种由网友阅读新闻之后即时发表的、依附于新闻正文的跟帖留言式评论并不能与传统的"新闻评论"画等号，为了与传统新闻评论相区别，本书称之为"跟帖评论"。

在一些用户看来，相对于任何特定的事实来说，即时性和现场感是更重要的元素。虽然记者大都不愿意去回应评论，许多受访者却表示，他们会读那些跟帖评论或与新闻有关的博客。即使那些声称对新闻后的跟帖评论不感兴趣的人也表示，通常会通过滚动条快速翻看一下。尽管有用户对博客/微博、论坛或新闻报道后的跟帖评论感到失望，还有用户表示自己"看帖不跟帖"，但是他们还是会把这部分用户参与的内容当作网络新闻的一部分。

这些公民愿意绕过传统媒体去搜索他们需要的新闻。换句话说，一些受访者并没有觉得必须从一个特定渠道或地方去获取新闻。因此，用户生成的内容如博客/微博、新闻报道主体之外的评论，也可能被视作"新闻"。

从访谈中得到的信息还透露，社交媒体的自由发布与传统媒体经由验证核实发布的做法之间的存在矛盾。许多受访者觉得，从传统的新闻消费到数字化理解使用之间的过渡阶段很容易产生困惑。这往往是时空连接上的混乱。例如，有的受访者表示，对于网站导航功能的使用有困难。这不像在报纸上，大家都知道社会新闻部分在哪，评论版在哪。早上看的那个新闻报道，可能中午就从主页上消失了。而某场足球比赛的相关消息或专题可能得翻上好几页才能找到。受访者表示，现在在线的海量信息让他们觉着"不知所措"。"对我来说全部去吸收这些信息实在是不可能的事，我只能缩小我关注的范围"，受访者B说。

另有一位受访者J说："我不需要了解那么多东西。许多社会议题是非常复杂的，真正去了解需要花很多的时间精力。既然与我不是直接相关的事情，只能先放一边。"

许多人试图将阅读报纸的经验带到在线新闻体验来，"我被搞糊涂了。我们这一代人倾向于相信那些经由报纸正式发布的信息，白纸黑字嘛。现在上网一看，一篇报道后面的评论比报道内容多多了。有些评论言之凿凿的和报道不一样，越看越困惑"，受访者F如此表示。

尽管有些人认为跟帖评论也是新闻内容的一部分，但他们关心谁对这些材料负责。而这里隐含的一个问题是：在一个"新新闻过程"的环境中，谁在控制信息？基于其工作有着清晰的空间和时间边界，过去报纸和电视媒介的新闻从业者能够理清头绪，人们也能靠特定时间和地点以及重要性的排序来了解新闻。许多的受访者称，他们过去通常在吃早餐时或者上班的路上翻翻当天的报纸和回家后看看电视晚间新闻。

但是大多数人现在已经发现数字时代无处不在的信息正在改变这些过去的媒介消费习惯。"我以前总是睡觉前看看新闻，但现在新闻可是无处不在，睡前不管是翻报纸还是看电视发现那些消息已经上网看过了"，受访者H说。受访者G说："现在的新闻真是多得漫无边际。我不认为新闻需要什么特别的要求，网上发布的那些消息，不管有没有吸引人兴趣和关注，应该都可以算作新闻了吧。"传播技术的变革已经使得新闻弥漫在人们生活的几乎所有空间和时间——在家里、工作地、在公共空间或私人空间。许多人对新闻报道的"无限"传播感到焦虑。

面对"无限"新闻，受众也发展了新的信息收集、消费和分享模式。这些模式都是时间或者空间导向的。例如，评估网络新闻的消费强度通常考察人们一天花多少时间在线浏览。有趣的是，许多受访者使用网络新闻来定位自己所在的空间。比如，离开家乡来上海发展事业的受访者S表示，他常常浏览家乡的新闻网站。受访者S感到通过新闻网站阅读家乡新闻，是其与家乡产生关联的心理纽带。

大多数采访表明，受众不断在进行信息过滤、积极的再利用和调查。阅读或观看新闻产品仅仅只代表了这个过程的开始，其中包括"检查多个消息来源"。然而，兴趣偏向会主导议题选择，受访者I说："除了睡觉的时候我一般都在线，我习惯通过搜索引擎去找新闻。有时候是因为业务上的事，有时候是搜索自己感兴趣的话题。"此外，受访者I表示，她会选择一些有意思的报道，将其链接到社交媒体上。

受众/用户依赖于聚合和书签技术，选择和过滤他们应该了解的，具有相关性和显著性的消息。而在以前，往往由媒体把关人代替他们做出这样的选择。但也必须看到，技术有一定的进入门槛，既要付出财务成本来获得，也需要时间成本来学习掌握，这在一定程度上阻碍了技术本身对受众/用户的解放意义的实现。

三 待完成的新闻对话

虽然主流机构媒体的报道仍然是在线社区讨论的主要素材，但事实上，受访者并不认为记者比他们有更多的知识。或者说他们在某种程度上不相信主流媒体；受访者S甚至认为"主流媒体提供的大多数信息"是不全面的。

受访者S并不讳言对新闻报道的不满："现在新闻更新太快，估计记者也没时间一个个地跑现场，只是进行简单的收集、拼凑各种可能都没有核实的信息，所以报道中往往很多水分。都市报在真实性的要求感觉不如党报，不过党报也屏蔽了很多现实，真实也只是选择性的报道真实。"

今天的新闻可以被视为"未完成的"，正如受访者K的描述："这就是为什么我去看博客/微博和跟帖评论的原因。因为我觉得，新闻报道都只是提供一个最基本的故事，还没有真正联系到与我相关的问题上来。感觉就像是稿子没写完就发出来了一样。所以，我通常会拿我的基本知识框架和在线阅读的内容做一个对比，并尝试着再去多找一些资料。"

对于这样的用户来说，衡量网络新闻的好坏标准是一个既有"深入"的空间也提供相关"链接"的产品。因此，设想新闻作为这样一个产品：它将人们彼此连接起来，将社区和新闻从业者连接起来；这种新闻可能是相关的，及时、可经验的。它给用户参与的空间，也让他们意识到新闻工作的时空框架和共同认可的责任。

任何用户个人都不会了解故事的所有方面，而当他们在网上讨论时，他们会把所有知道的信息汇集起来，将彼此手中的资料进行对比，从而使对事件的了解达到任何一个只从单一媒体获取信息的人所无法企及的深度。这正是融合文化，即意义与知识的合作生产。[1] 问题解决的共享，而这些全都是当人们参与网络社区时围绕共同的议题自然而然地发生的。有些用户可能更进一步，不只是简单的回应关于某一事件的新闻，而是制作他们自己的报道文本。

当然，这并不是说普通用户拥有和主流媒体一样的影响力或可见度，在很大程度上，大众媒体仍然在设置议程，因此普通用户还需要把响应新闻报道作为他们自己创造性表达的起点。他们需要引用和参考那些内容，把它们当成制作自己内容产品的原始素材。他们在这么做的时候，既向着强化他们所认同的新闻报道方面发展，又把这些内容当作批评的基础——不管是针对记者和新闻机构还是针对事件本身。

在受访者 A 看来，微博就是一个"话匣子"，他说："一个话题也不知道是谁发起的。反正你一言我一语的，自由自在，不过方向肯定是无法控制的。碰到像王立军事件或者温州动车事故这样的大事情，人人网和开心网也立刻和微博同步了"。

这似乎也提供了一个对比。相比记者与其报道的新闻产品的关系，社交媒体平台上的"生产者"似乎更乐于放弃对其劳动成果的控制权，他们更乐于让自己的文本被他人使用。实际上，这也成了知识创造过程的一部分。

在此基础上，新闻似乎也在发生变化，不再是自给自足的封闭式产品，而更像是一个在多重空间，包括社交媒体、电子邮件和新闻跟帖评论中自由流动的对话。一些受访者也意识到，在这场对话中，没有一个明确的时间节点，不知道什么时候开始，也不知道何时结束。从这个意

---

[1] ［美］亨利·詹金斯：《融合文化：新媒体和旧媒体的冲突地带》，杜永明译，商务印书馆 2012 年版。

义上，可以说网络新闻是由多元生产者参与接续的、没有明确终点的创造过程。正如曼纽尔·卡斯特所说，数字传播的无限空间破除了时间限制。①

第二节 新闻消费：需求端的融合

皮尤研究中心（PEW）早在2011年5月公布的研究报告显示，随着人们纷纷使用Facebook来共享和推荐内容，Facebook正影响着人们的在线新闻阅读内容。该报告基于对全球最大的25家新闻网站的流量的研究，报告称，在可以跟踪数据的21家新闻网站中，有3%的流量是由Facebook带来的。在所有被研究网站中，有5家从Facebook获得了6%—8%的读者。对新闻的推荐通常来自好友在Facebook上发布的链接。值得注意的另一个数据是，搜索引擎霸主Google为顶级新闻网站提供了约30%的流量。

一 受众新闻消费模式

传播学学者对于（传统媒体）新闻消费的地点有着长期的研究，研究发现主要地点还是在家里。② Silverstone在评价电视收视行为时说："电视是一个居家的媒介。它在家里被关注或者被忽视，同时也在家里被讨论。"③ Bogart也指出家是一个重要的报纸新闻消费地点，他举出数据称"80%的人是在家里读早报，94%的人是在家里读晚报"④。

和传统媒体相似，以新闻网站为代表的新媒体也有特定的新闻消费地点。但是，这个地点明显不同于传统媒体消费，因为与家相比，刚好是生活空间的另一端——工作地（办公室）。

鉴于接受本研究访问的用户绝大多数属于25岁到35岁、大学本科

---

① Castells M., *Communication Power*, Oxford: Oxford University Press, 2009.
② Webster. J, Phalen. F, *The Mass Audience: Rediscovering the Dominant Model*, New York: Routledge, 1997. Gauntlett, Hill, *TV Living: Television, Culture and Every Day Life*, New York: Routledge, 1999.
③ Silverstone, R., *Television and Everyday Life*, London: Routlege, 1994, p. 24.
④ Bogart L., *Press and Public: Who Reads What, When, Where, and Why in American Newspapers* (2nd ed.), Hillsdale, N. J.: L. Erlbaum, 1989, p. 153.

以上学历的人群，虽然并不能代表所有的互联网用户，但在一定程度上反映了活跃用户群的在线新闻消费状况。对本研究受访者而言，一台连接互联网的电脑是最基本的办公配备。正因为如此，当被问到了解新闻的渠道时，类似"办公室上网看新闻"基本上是最普遍的答案。

对于读报/听广播/看电视/上网等途径的相关新闻消费研究显示，受众/用户的阅听视行为存在一个相对可预测的凸显顺序和动态的结构化模式。[1] 毫不奇怪，也存在着一定的在线新闻消费模式。虽然在一定程度上在线新闻消费呼应了传统媒体消费模式，但是也存在着一定的特殊性。

大部分受访者每天也不止一次地浏览新闻网站。大概可以分为两种状况：首次浏览和接续浏览。首次浏览指每天的第一次上网读新闻，接续浏览指当天已经浏览过一遍新闻网站之后的再浏览。这两种状况之间存在着一定差异。

基本上每位受访者的首次浏览都固定在一天的某个时候，很少变动。对大部分人而言，通常这个时间是早上，尤其是刚刚到达办公室却还没有正式开工前的那一小段时间。受访者 T 说："我们九点上班，我一般八点半多一点到办公室，第一件事就开电脑一边检查下邮件，一边看几个新闻网站，将近半小时的时间其实也够我浏览一下主页，找几条有点兴趣的新闻点开来看了。"受访者 A 更简明地说："上班第一件事就是上网看新闻"。

另一个普遍的首次浏览时间大约是在中午午休的时候。受访者 H 说："我大概中午吃完午饭后，也就是十二点半到一点的样子会上网看看新闻。有时候也会先看一会新闻再去吃中午饭。"

这种普遍在早上开工前和午休时候首次浏览在线新闻的习惯在某种程度上呼应了报纸阅读习惯。正如研究者的发现，"59%的读者会在午餐结束前读完当天的报纸"[2]。许多受访者也提到，首次浏览通常每天都是那几个自己比较偏好的几个网站（提得比较多的主要是新浪、腾讯、网易等几大门户网站），这和传统媒体的消费习惯也比较一致。

---

[1] Gauntlett, Hill, *TV Living: Television, Culture and Every Day Life*, New York: Routledge, 1999.

[2] Bogart L., *Press and Public*, Hillsdale, 1989.

尽管每个人都有自己特殊的上网习惯和需求，但就在线新闻消费而言，还是存在着一定的共同点，这主要体现在以下三个方面：第一，通常都是先通过滚动条大致浏览一下网站主页上的新闻标题，然后再去点击感兴趣的新闻。第二，一般是为了大致了解一下国内国际新闻，但有时候也是为了获取和工作直接相关的内容。但是，不太经常去参与网站的互动设置，比如新闻下面的评论或者意见区，网站的论坛等。第三，在线新闻浏览通常都会持续一定时间。尽管每个人情况不一样，但是首次浏览的时间一般会长一点。

另外，很多受访者也表示首次浏览时，只能读小部分感兴趣的新闻。首先，这是有限的时间所决定的。如前所述，大部分人都在早上正式进入工作前的预备阶段或者午休的时间，顺便上网看看新闻，不可能每条感兴趣的标题都点击去看。其次，有受访者表示早上在交通工具（地铁或者通勤车）上就已经阅读当天的报纸。而早上新闻网站上的内容和报纸差别不大。最后，通常受访者会在首次浏览后再找零零星星的时间继续上网看新闻。

接续浏览也就是首次浏览之外的在线新闻消费行为，不像首次浏览，接续浏览行为一般没有固定的习惯和时间间隔。正如T所说："（首次浏览）后，就点开那些感兴趣的新闻，然后开始工作。等中间有空闲的时候再去瞄一下。"另一位受访者V则强调他可能"平均每个钟头两次Check（检查）有没有新闻更新"。

一般而言，接续浏览是一种工作间的消遣放松。但是，接续浏览作为一种在线新闻消费方式也有其信息获取动机：其一是检查有没有新闻更新；其二是为了深入阅读某个感兴趣的新闻。正如D所说："课间休息的时候我一般会回办公室上上网。如果之前已经看过，我再看主要是看一下网页顶端的几个标题，因为更新的新闻都会置顶。"体育迷R则说："如果门户主页以及扫过一次了，那么后面我就只看体育频道，特别注意看一下NBA比赛的最新消息。"

除以上两点外，突发新闻对于增强新闻网站使用黏性的作用也值得注意。突发新闻是对突发事件的报道。突发性事件，通常是指那些意料之外发生的，造成财产损失、人员伤亡、甚至可能危害公共安全的紧急事件。传统媒体特别是报纸的突发事件报道往往受到各种限制而呈现一种滞后和单薄。相形之下，新闻网站整合应用多媒体平台和技术，推动用户参与新闻生产，在处理突发新闻时更显得游刃有余。

毫不奇怪，用户选择通过网站来了解突发性事件。然而，正如上一章所述，新闻网站为了抢"第一时间"，对于突发事件的报道往往是断续接力式的，将传统上报道的5W要素分解在不同的快讯中呈现。因此，相比其他类型的新闻，突发新闻往往更简短，这也刚好契合用户们在工作间隙的有限时间进行的接续浏览行为。美联社2008年在美国、英国和印度进行的对用户新闻消费的民族志研究显示"用户往往把浏览在线新闻标题和更新作为工作间的放松消遣方式，他们看得最多的是由标题和最新情况组成的新闻"。[①] 而这种由"标题和最新情况组成的新闻"通常就是指突发新闻。受访者B说："我每天上午先到公司报到，在办公室停留的这一段时间我会上网看看新闻，大致看看标题而已，一般不会再去点开某个新闻深入了解。如果之后在路上开车听广播里提到感兴趣的新闻，我可能会再上网去详细了解。"

不难看出，在线新闻消费中的首次浏览和接续浏览行为存在着一定差异。首次浏览一般是有固定的时间和时长，是为了解大致的国内国际新闻而采取的普泛化的浏览方式，门户网站是受访者提到最多的首次浏览网站；而接续浏览则没有固定的时间，也没有固定的时长，通常是为了详细或者说更进一步了解感兴趣的新闻而采取的有目的的信息获取行为。

新闻消费和日常生活中的关系结构有着近乎根深蒂固的联系。在研究人们是如何处理新闻时，Graber发现"当一个新闻话题唤起公众关注的时候，它通常也会成为亲朋好友之间谈话的重点；或者说当其他人反复提及某个议题的时候，人们可能会主动去寻找相关消息"。[②] 与此相类似，研究传播科技的学者发现新的设备通常被用来强化已有的社会关系模式，比如在对电话使用的研究中，Fischer指出："美国人使用电话是为扩展和深化现有的社会关系而不是改变它。"[③]

[①] Associated press, *Studying the Deep Structure of Young-Adult News Consumption*, New York, 2008.

[②] Graber D., *How People Tame the Information Tide*, New York: Longman, 1984, p. 83.

[③] Fischer C., *America Calling: A Social History of the Telephone to* 1940, LA, UCLA Press, 1992, p. 262.

社会关系模式同样形塑了在线新闻消费。很多受访者表示，首次浏览网上新闻之所以会是在早上和午休前，一个原因就是为了能找到和同事朋友彼此沟通和分享的话题。所以，我们可以看到，这里所指的社会关系主要是现实的社会关系，而不是虚拟的网络关系。换而言之，几乎没有受访者表示会和网友去讨论新闻。

二 谁对消息负责？

当来自传统媒体的新闻报道出现在社交媒体等非传统平台上时，受众对新闻提出了明确的要求。许多受访者说，记者有责任以透明的方式提供可靠的信息。如果传统媒体提供的新闻报道不符合受众的认知框架和期待视野时，通常会引起他们失望，并由此更多的转向社交媒体中的用户生成的内容（UCG）。有意思的是几乎没有受访者明确说出他们感兴趣的新闻到底是什么，倒是有一位广电编导专业出身的受访者 J 引用了伍迪·艾伦电影《午夜的巴塞罗那》中的一句台词"我不知道我想要什么，我只知道我不想要什么"（I don't know what I want, I just know what I don't want）。

一个相对较老的调查数据显示，许多用户更倾向相信由传统媒体或政府发布的网络信息，而对个人发布的信息表示出更多的怀疑。在 2005 年，78.5% 的用户表示，他们相信来自传统媒体网站（诸如 nytimes.com 或 cnn.com）的信息更值得信赖且更准确；相反，仅有 11.5% 的人信任由个人发布的信息。

从本研究受访者反馈的信息来看，以上的这个调查结果也在一定程度上契合当今中国的受众态度。受访者 A 说"传统媒体提供了相对更合理与有价值的信息"，他认为，社交媒体不属于新闻业，达不到建制内媒体工作的专业水准，"我不认为机构媒体应该出现在社交媒体上。这个平台当然是有价值的，机构媒体现在可能也有一定的兴趣，毕竟在上面可以很方便地收集些报道材料。但真正意义上的社交媒体是积极参与的用户在网上发表言论的空间。而机构媒体应该很谨慎的区分内容和观点"。

或许受访者 A 口中的"合理"与"有价值"从某种程度上是基于政治态度和职业立场，不过另一位受访者 M 则明白地道出了普通老百姓的看法："我在车上听广播电台就够了，他们总归要对播出的消息负责的。网上的东西，我一个是没那么多时间看，最主要的是谁来负责？"不过该受访者也坦承"政治消息我还是喜欢网上的，有的是自己看，有的是朋友看了给我讲。越是胡说八道越像是真的"。针对研究者的追问"那不也是没人来负责的消息啊？"他以连续几个反问回应："谁来负责？谁敢来负责？即便是真实的消息，你敢说是从你这里传出去的啊？"

记者的工作场域是一个专业的新闻空间，而不是一个社会空间。有受访者认为，任何真正的新闻工作应该尽量地减少瑕疵。除了核对事实外，就是不要轻易发表意见。正如受访者 D 所说："没有必要去试图参与到混乱无序的社交媒体中去。在那种地方，很多东西你无法控制。"可见，有很多受访者偏好选择来自建制内的媒体新闻报道来满足信息需求。

对于社交媒体上的海量信息，大部分受访者表示既然难辨真伪，所以基本上只看不转。受访者 S 说："基本上每个人都可以在微博上发言。你自己也许不会在上面说一些捕风捉影的事情，但是你不可能要求别人也那么靠谱。既然我不能判断消息真假，所以很多时候看看就行了，没必要再去转发。"

"（社交媒体）这种言论相对自由的平台上往往也容易滋生谣言"，受访者 U 说，"这也就是我只在人人网和微博上转发一些有趣的视频和图片，而不涉及公共议题的原因。我对那些严肃话题提不起兴趣，也没有太多的判断能力，不知道是真是假，不想稀里糊涂卷到什么风波里去，所以基本上不去管它"。

不过，有受访者认为社交媒体平台上的消息值得信任。受访者 W 一般只在社交媒体上加自己认识的朋友为"好友"，所以她说"我相信朋友们的眼光和格调，不会转发一些真伪不明或者乱七八糟的信息。相比匿名的网络论坛什么的，社交媒体上的信息更可靠一些"。

当然，所谓的"可靠"也要依据信息本身的性质来认定。受访者 T 说："和生活有关的话题，我可以相信朋友们的判断。但如果是公共议题，可能对他们来说也不容易（判断信息真伪）。一般来说，我更关心内容本身而不是发布者，但实际上内容相似的情况下，我会转发朋友转发的内容。"

正如以上受访者所谈到的，许多用户的社交媒体"好友"关系是建立在现实生活中人际关系之上的，甚至是高度同构。另外，在新浪微博这样的平台上，因为聚合了非常多的各界名流，所以他们也可能通过"被关注"嵌入普通用户的关系链中。在这样的背景下，一些信源不明的消息很容易经过名人或者朋友的转发而引起普通用户的关注甚至是参与转发。对此，受访者 V 说："我不认为越多人参与转发的消息就越靠谱。朋友也好，大 V（指实名认证的社会名流）也好，其实都是普通人，都不是专业的（新闻工作者），他们并没有相关的手段去甄别信息的真伪。"

三 新型的记者—受众关系

许多人受访者期待更具公民意识导向的新闻过程。上述受访者代表的一部分人认为，记者没有必要以职务身份出现在社交媒体上。而从另一部分受访者的眼中看来，记者需要增加其能见度，更积极活跃地出现在社交媒体上。不仅组织信息，而且可以引导互联网用户参与对特定议题的讨论。

受访者 L 建议，记者应该更多地使用论坛来了解受众/用户的想法（事实上记者们早把网上论坛当作线索集散地）。L 例举记者邓飞发起的免费午餐公益计划："很多有过支教经历的网友都曾经发帖呼吁公众关注贫困地区儿童的吃饭问题，但总归反响不大。这回邓飞他们在媒体上在微博上发起这个活动效果就好很多。引发社会向好处变化，这也是新闻业应该有的职责。这个不能只靠宣传报道好人好事，还需要媒体牵头组织大家都参与进来。"在 L 看来，新闻业的社会中介功能既可以分流，也可以整合社会各阶层资源。新闻从业者自身的行动是这种中介功能指向的变量。

新闻业的职责不仅仅在于告知，也需要参与行动来改良社会。如果记者不提供具体的行动步骤，受众/用户也会自己去探索和行动。这部分的行动包括，社交媒体上分享故事，在评论区给出其他相关的链接，或者其他帮助传播信息的方式。受访者大多表示很少直接访问新闻机构的网页，要么通过商业门户网站看新闻，要么通过社交媒体上朋友们分享的新闻链接。对于他们来说，新闻机构网站只是代表一则新闻循环的开端，而不是完结篇。

社交媒体的出现，则为新闻从业者提供了更有效率的平台和行动路径。换个角度看，这也解释了为什么很多机构媒体自建的网络平台上受众参与度低。机构媒体即便在数字化转型中，旧有的媒体思维仍然呈现顽强的惯性，其标志是以文本化的新闻生产过程为核心来理解和建构受众/用户参与框架。

从访谈材料分析，新闻生产中用户的参与和新闻从业者的工作之间并不协调，用户和新闻机构之间仍然存在明显的区隔。同时有部分受众/用户希望记者积极出现在社交媒体平台上，引导和发起一些改良社会的行动，而不是仅仅作为被动的社会观察者。同时，公民积极寻求新闻和甚至绕过传统媒体渠道自己参与新闻生产。

近一半的受访者表示，他们不认为记者比他们知道的东西多，更有超过一半的受访者并不相信所谓的主流媒体。他们表示，大多数的主流媒体提供的信息即便准确，但也未必完整。

有过接受媒体访问经历的受访者 H 说："电视也好，报纸也好，可能是篇幅限制，也可能是其他原因，总之很难从上面了解一个完整的事。某电视台让我谈谈对整容的看法，我就说了一堆，基本意思是肯定这个反映社会进步，对美的崇尚只要适度不是坏事。然而，电视播出后就掐头去尾，感觉上变成了我鄙视那些整容的朋友，这是一种欺骗如何如何。过去我还挺相信媒体那些报道的，现在我更习惯去互联网上看看新闻找找信息，至少更全面一点啊。"

从部分受访者的态度看，对机构媒体的失望导致他们逐渐远离对主流媒体和传统新闻源的信息依赖。新闻机构—受众的关系慢慢被受众—新闻从业者的关系所取代，这里的新闻生产者既包括职业化的新闻从业者，也包含亲朋好友和其他社会关系，他们都有可能出现在社交媒体上。几乎所有的受访者都认为记者所开的博客、微博和其他社交媒体平台上输出的内容都有可能是新闻，这也证明记者制作的内容仍然体现着信息权威，无论在什么地方呈现。

几乎在"新闻"概念演变的同一时间，受众/用户也开发出了一个信息共享的网络。现在这个网络逐渐被大家认可为知识生成的社区，过去的读者正在成为知识生产者，当然也包括成为新闻生产者。正如受访者所感受到的,他们每一个人都在承担类似记者的责任,彼此传递各种最新动态。

一位受访者甚至认为,记者们都不再做那些"份内事"了,受众/用户们都知道消息源在哪了,受访者 J 说:"如果我想知道党代会人大会主要在讨论什么,我一定要读报纸才知道吗?党政机关网站上甚至都有报告原文。有些专门跑会的记者不也就是在报告全文上摘抄几条就发一篇稿子出来了么?"他说,记者并没有尽到工作责任,受众/用户们网友们担起了这个职责,"记者不过是政府的简单传声筒,反而是微博上面的消息丰富得多"。

J 特别以王立军事件为例:"微博上面多热闹啊,有文字也有图片,有严肃评论也有调侃,各种信息还不断滚动更新。传统媒体除了转达个重庆市政府通告外,什么内容都没有。"在 J 看来,微博等社交媒体不但能积聚信源裂变扩散,更重要的是绕过传统媒体的禁区直达新闻事件的幕后,他简洁明了地强调"我就喜欢看内幕消息"。

第三节 新闻消费到消费型新闻生产

参与式媒体的影响也可以被看作是公民获得超过社会知识的某些权力的一个机会。[1] 线上用户生成内容是一种新的商业模式,可称为"网络新闻室",在这里一些积极的公民得到了过去受众受限制的某些新闻生产权力。在这个虚拟新闻室,市民发出声音,寻求认同,挑战体制权威,表达情感,提供非常规性信息并展示其他情境下的感受。[2]

不过,公民们也会遇到阻碍和挫折,比如遭受审查,最终在新闻界特有的组织化空间缺席。正如 Deuze 对未来公民新闻的展望:最终,新闻界的融合文化取决于双方各自的文化改变和投入的程度。参与者必须带来或者建立一种如何在共同新闻生产中进行操作的共识,记者必须尽

---

[1] Boczkowski, P. J., *Digitizing the News: Innovation in Online Newspapers*, Boston: MIT Press, 2005. Gillimor, D., *We the Media: Grass Roots Journalism by the People, for the People*, New York: O'Reilly, 2004.

[2] Allan S., *Online News*, New York Open University Press, 2006. Deuze M., "The Future of Citizen Journalism", In S. Allan, E. Thorsen (Eds.), *Citizen Journalism: Global Perspectives*, New York: Peter Lang, 2009, pp. 255–264.

可能地重塑身份认同，接受作为文化共同创造者的新身份。①

一 新闻消费或"新闻工作"？

有趣的是，很多受访者认识到，网上很多消息都不可靠，即使出自某个权威新闻单位的网站，E说"现在网上的新闻都是转来转去的，也没有作者署名，这也就说明没有谁对内容负责嘛"。当然，"转来转去"实际上也说明新闻单位传播信息的职能被受众分担了，那么同样的，传播权力也转移了。受访者P说："现在的新闻就好比我们做科研的，一个大课题按老板的构想分解成好几个子项目，项目也分解成很多个任务和指标，这样每个人承担一小部分，最后由老板汇总处理。"

P对在线新闻的看法，类似于"众包"（crowd-sourcing）。这是一个信息处理方式，将传统上由某个中心点完成的任务分发到各处完成。互联网提供了这样一个平台，让分散的各有专长的人们来参与协作完成某个项目。众包让受众参与到新闻生产流程中，成为新闻的生产者。有新闻学者指出"当专业媒体力量与公民新闻力量整合起来，将碎片化的线索、点滴的事实放到社会的背景下、现实的情境中拼贴、还原"，以"众包"为主导方式的维基式新闻、云信源新闻都可能发展成有效的新闻生产模式。②

媒体跨越各种边界进行传播，各种不同的受众也得以会聚到一起更多地来交流互动。普通用户正在成长为影响新闻生产和传播的积极参与者，参与到社会网络中利用新传播技术再造媒体，在此过程中逐渐形成自己的表达模式。

虽然有必要强调新闻的职业价值和专业主义精神，但用户参与确实成了新闻生产协作网络的一部分。分享一个新闻故事，或者通过提供线索和相关背景来参与新闻报道，被受众/使用者自愿承担起来。在很多受访者看来，含有通过新闻从业者和受众/使用者协作所做的报道才能真实反映社会。新闻采集、传播、分享和其他形式的生产已成为公民承担社会责任的一种形式。

---

① Deuze M., "The Future of Citizen Journalism", In S. Allan, E. Thorsen (Eds.), *Citizen Journalism: Global Perspectives* New York: Peter Lang, 2009, pp. 255 – 264.
② 龚瀛琦、张志安：《融合报道的特征及生产机制》，《新闻界》2011年第3期。

此外，有证据表明，受众/使用者不仅发展了"新新闻过程"这一概念，也设置了这一过程中的规制和参数，受访者 Q 说："同一个新闻，我会看不同的媒体报道，这可能会更完整一点。有一些社会事件我就去看当事人的微博，这是最直接的信息渠道。"

这说明受众也在有意识地评估和对比消息来源，他们要求消息源可靠、准确、完整。受众觉得有必要自己去发现内容，而不是被动地等媒体的报道灌输。在这名受访者看来，不管是不是记者采写的，任何信息只要是权威和可信的那么都属于有价值的新闻。

值得注意的是，许多开设博客/微博的受访者不满意"新闻生产"的标签，号称"微博控"的 C 说："显然这不能当成一种新闻工作，我就算转帖或者评论一些新闻也不过是自娱自乐，多个和朋友互动的话题。"另一位受访者 R 认为，新闻编辑室和网络空间差异太大了，技术手段、职业规范、公众信任度都不是一回事，"你最多可以把一些你感兴趣的东西转发一下"。

在许多受访者看来，"新闻生产"有必不可少的机构色彩和职业规则。然而，也有人明确表示，公民新闻可以被认为是真正的"新闻生产"。例如，在突发事件有网民作为现场目击者能第一时间提供信息。J 认为，网民的参与并不一定"准确""完整"和"全面"，但却可能提供一种"网民都想了解的事情，让人有共鸣"。换而言之，他们的报道肯定达不到客观性和准确性的新闻业标准，但他们提供的是一种新的视角、价值观和情感联系。D 自称从新浪博客到新浪微博都是最早一批用户，他认为博客/微博要引人关注，必须是有一些"别人都不清楚，媒体还来不及反应，或者被限制报道的事情"，在他看来，即便这样的内容不如传统媒体报道那么整饬，但这也正是其魅力所在，"网上有很多情感化的东西，喜怒哀乐样样都有，有时候人不知不觉也跟着投入进去了"。

许多受访者将参与新闻生产的行动纳入自己的公民角色和职业角色之中。长期以来有一种理想主义的观点认为，人们读新闻和人们承担公民角色是相辅相成的关系。当然，在一定程度上确实如此，但从访谈中来看，很多受访者只认为自己是在消费新闻，而不是所谓的承担公民角色和职责。

二 "分享"和"深入挖掘"

新闻贯穿了每天的日常生活。大部分人也不再是按媒介早晚时段的发行/播出规律来接受新闻。基于互联网和移动互联网的推广，人们的工作时间和休息时间分野被打破，每个人随时随地都被网络连接在一起。最为显著的变化涉及工作生活和新闻消费在各个层面的整合。许多受访者表示，在工作时段，他们也可以通过即时通信工具、社交媒体、门户网站和其他在线机构媒体来不断获得最新的新闻资讯。许多人说，他们会在工作时段的间隙通过以上几种方式来了解外面正发生了什么事情。新闻消费可能变成了一个信息收集的过程。

不是每个人都接受或者喜欢这些改变，"我没有兴趣不断地上网看新闻。我也没有时间做这个"，但大部分人都认为出现了一种新兴的融合文化责任。受访者 N 说："有很多同事在工作时使用他们的电脑上开心网、人人网或者刷微博什么的。我很少那么做，但我知道确实和以前不一样了。过去就是翻翻报纸什么的，哪有现在这么方便啊，一打开电脑或者手机，最新的消息一目了然。"

N 的话里话外显露着对社交媒体的复杂态度。受访者认为他们可以区分职业相关和社交相关的信息。每一个新闻互动提供了一个有专业、社会和公民事务利益的潜力。然而，新闻在工作和游戏时间不断注入进来，往往占用工作用计算机的空间，甚至影响私人的在线交流。对于这些受众而言，新闻不再是定期在家收看的订阅的产品。针对这种变化，受访者说，他们不再是周末在家里通过看电视读报纸来了解新闻。他们现在一般在上班的时候网上看看新闻，不需要再早上读报晚上看电视了。

新媒体对进入到过去工作/休息的分离生活中的新闻进行整合和过滤实际上通过营造新闻环绕的环境来重塑了受众的角色。现在，受访者 C 回应说，他们不满足于一般的了解，而是需要更深层次的挖掘信息："网上的报道让你有机会去进一步探寻更多。网上的报道通常有图片、甚至视频，大家都喜欢说无图无真相嘛，而且还给你提供了对相关背景的报道链接。但是，纸质的报纸只是一堆单调的文章。"

多数受访者也持类似意见，他们看重在网上"探索"新闻的乐趣，

D 说"我享受这种想看什么就看什么的感觉。我想了解的事情,在网上就可以找到很多相关的信息"。对于这名受访者而言,网上报道的多角度和链接正好契合他对相关社会知识的探求欲。

I 说她也经常在新闻报道后跟帖"修复"不准确的信息和"挑战"她认为是错误的观点。通常她看到这些好像"不准确"的消息和"不在理"的言论时,会在线搜索更多的信息,如果相关说法莫衷一是,她也会把情况链接到自己的社交媒体的平台上,让朋友们一起来讨论。在某些情况下,在线报道会延伸出无数的链接,衍生出新的故事,引起各种各样的评论。

对用户而言,在评论、共享、链接的过程中,实现了"意见领袖"的自我身份想象。通常情况下,涉及使用者的专业或爱好方面的议题,更能够吸引其参与;对于使用者自身而言,对相关议题的参与也是积累自身社会资本的过程。

对于受众/用户而言,一个"好"的新闻产品,必须以透明的而不是遮遮掩掩的方式、亲切友好而不是居高临下的方式,来告知发生在他们当中的,比较有意义,或者有意思的事。根据这项研究受访者的反馈,新闻必须能够引起他们的兴趣或者激励他们。他们希望新闻是值得"分享"的并能促使他们"深入挖掘"获得对一些现象一个更全面的了解。

超过一半的受访者有在社交媒体上和朋友分享新闻的经历。这种分享中体现出来的交换价值包括建立社会资本。例如,受访者 T 表示,会在社交媒体上分享并评论一些能够深刻解读的新闻事件、行业趋势和问题的文章,这不仅仅出自一个信息告知的目的,而也是为了向包括老板在内的同事展示自己专业视野和见解——这些构成了他们的专业资本。当然,也有受众/用户则秉承传统的职业伦理,尽可能避免工作以外的网上活动来混淆公共和私人界限。

第四节 案例:新闻生产中的受众参与

2011 年 6 月 20 日,一个昵称为"郭美美 baby"的网民在新浪微博上公开炫富,自称"住大别墅,开玛莎拉蒂",且拥有不少名表、名包，而年仅20岁的她微博认证的身份居然是中国红十字会商业总经理，从而在网络上引起轩然大波，用户以各种形式参与对此事的讨论。

在用户参与中，博客、微博、论坛以及新闻跟帖评论是主要的几种技术形态。技术赋予了用户较为充分的自主权和接近权，相比传统媒体，更有利于推动信息公开、民意表达和舆论监督。毫无疑问，基于技术的偏向性，上述几种技术形态各擅胜场，也各有不足。基于140字的限制，微博平台适合爆料和传播核心信息，但信息多呈现为碎片化，而博客和论坛则容纳更多的细节展示和深入解读。

在"郭美美事件"中，碎片化的微博和深度挖掘的论坛相辅相成，初步展现出立体搭配的巨大传播威力。郭美美事件肇始于微博，事件有关的各种线索在用户围观和挖掘中不断被爆出，天涯等论坛则迅速补充提供相关细节，微博再将初步还原的事实中进一步加速传播，使得郭美美事件影响力一步步放大，最后引发红十字会信任危机。依靠社交网络互动进行信息的交流和演进，初步形成了碎片化传递的微博和深度挖掘的天涯协作的用户参与模式。

围观是普通用户参与的最主要形式，通过关注、爆料、转发、分析、评论和倡议等形式，形成了巨大的舆论声势，完成网络动员。在郭美美事件中，由于红十字会的回应不能消除网民的质疑，真相始终未明，许多网民自发寻找真相，经过众多网友的集体努力，许多"内幕"被爆出，逐渐形成了一张"郭美美事件关系图"，将郭美美与其相关的人物和机构悉数爆出。不仅如此，网民还采取行动来对郭美美及红十字会表示抗议，在网上相约不再给红十字会捐款，导致红十字会在郭美美事件后的捐款急遽下降。

舆论领袖则发挥了提供爆料和引导舆论的作用，成为郭美美事件讨论的重要推动者。郭美美事件的意见领袖群体大致可以分成两种，一种是常规意见领袖，以知识分子和媒体人为代表。之所以说"常规"，因为他们中的大多数不是媒体人，就是媒体的固定消息源。另一种是非常规意见领袖，他们是以提供爆料为主的事件调查者。他们中有的是接近核心消息源的匿名人士，以爆料来推动事件发展。另外一类人属于资深网民，他们参与过不少网络事件的调查，在社交媒体平台上有一定知名度，普通网友也乐意提供线索给他们。

以下三位是推动郭美美事件发展的普通用户，他们也是非常规的意见领袖：

> 姜朋勇，北漂一族，"郭美美事件"的主推手。乐于在天涯、百度贴吧、人人网上发言的姜朋勇，在新浪微博上也有自己的账号。和其他参与的用户不同，姜朋勇说自己认识郭美美，并在一个大型聚会上见过她本人。当时还在一个家具企业打工的他，因为高档家具的客户大多是住别墅的有钱人，因此他称自己和"这个圈子"挺熟。
>
> "我就是被郭美美的那个认证刺痛了"，这种刺痛感使姜朋勇迅速在"圈子"里打听起郭美美来。在2011年6月21日之后的一段时间里，姜朋勇与众人一起连续追踪曝光郭美美，"根据热心网友的爆料"，姜朋勇依次抖出了郭美美炫富车辆的保险单据、郭美美的户籍状态等信息。
>
> 让他从众人中"脱颖而出"的，是他在6月26日下午释放的重磅信息——一张电子机票截图。这一天，他预告了6月27日凌晨郭美美将乘飞机抵达北京首都机场的信息。微博上顿时疯狂转发，争相告知"6月27日凌晨郭美美将乘坐南方航空公司的飞机飞往首都机场"。结果，当日媒体包括网友都前往机场现场"围观"郭美美。与此同时，一名和郭美美同一个航班的网友，甚至用微博直播了郭美美的乘机过程。
>
> "我不是为了反对郭美美而反对郭美美，是为了揭开背后的利益集团。"随着时间的推移，对于姜朋勇的质疑也开始出现，大多数是指其微博上发出的信息被证实是伪信息。"我的微博大多是转帖，转发时候我会有个判断，但是我对信息来源不负责。我提供线索，是给有能力查证的人来查。"
>
> "我希望发大家所不知道的信息，其实我特别反对发普通人个人信息，但我认为如果是公众人物就没有什么所谓隐私。"姜朋勇说，他已经开始意识到社会不能靠一个人来改变，他打算暂时离开北京，"到风险没有那么大的地方"。①

---

① 凤凰卫视2011年6月30日《社会能见度》节目以及文字实录，http://news.ifeng.com/society/shnjd/detail_ 2011_ 07/01/7383820_ 0. shtml.

周亚武，重庆巫山县人。也是在郭美美事件的一开始就投入其中。他瞄准的也是那个"中国红十字商会总经理"的认证，"一个20岁的女孩怎么会有如此成就？那么多大学生，连工作都找不到"。

这个因为车祸截瘫而"终日挂在网上"的中年男人，早在2011年6月10日就申请了一个名为"@新闻挖掘机"的微博，专门发布关注"能推进社会进步"的信息；可自从遇上郭美美事件后，该微博成为了"爆料郭美美专场"。

周亚武自称，他搜索郭美美的方法比较"笨"：一条条看郭美美的微博，看完后再看她关注的人，再看评论……他曾为挖到"郭子豪"这条线索而无比兴奋。然而，几天后，"@新闻挖掘机"被限制发言了。

6月24日，周亚武又申请了"@真相挖掘机"的ID。这个至今仍在更新的微博，90%都是郭美美的信息。在他看来，自己挖掘出最有价值的信息是在中红博爱公司网站上搜到一张"博爱小站"车载商业广告的图片，"这和郭美美微博上的说法对上了，证明她没有说谎！她不是杜撰的"。

周亚武的微博粉丝数迅速增加，他被不少网友尊称为"轮椅哥"。在发现"@真相挖掘机"也被限制发言后，他又申请了"猛料集中营"。"我想发出的信息老被审核很久才能发出来，这样我还怎么有影响力？"

越来越多网友用私信给周亚武报料。"我会过滤一下再发出来，和我的价值观相近的，才会发。曾经有个网友给我发郭美美的身份证号码，我觉得这个对于调查很有帮助。"

对于搜索涉及的隐私和差错，周亚武解释"郭美美身后是一个公众事件，她也是公众人物了，这个信息不是隐私。我又不是机构媒体，即使CNN也出过错。我觉得，即使发出的信息里有错误的信息，但是不能阻止信息发出的渠道"。①

---

① 《走近用微博掀起"蝴蝶效应"的"轮椅哥"周亚武》，http://news.xinhuanet.com/photo/2011－08/17/c_ 121868957. htm.

"@温迪洛",四川人,广州某政府机关公务员,从章子怡"骗募门"就开始多次参与"人肉搜索行动"的老网民。在郭美美事件中,因独家搜索发现为传统媒体提供信息,甚至成为新闻报道的主角。

对热点新闻事件进行再搜索,一方面源于"@温迪洛"对部分新闻的不信任,另一方面源于,她是个搜索控,"我的方法就是搜索、搜集信息+鉴别信息+对重点信息和线索进行跟进+合理的逻辑推理分析"。

在郭美美事件的民间调查中,"@温迪洛"被认为是核心信息提供者之一。她搜索到中国商业系统红十字会所留的电子邮箱和北京天略盛世拍卖有限责任公司、北京王鼎市场营销咨询有限公司及北京中谋智国广告公司在网上留的联系信息都一致。通过搜索验证,她又发现王鼎公司和中谋智国公司的法人代表都是王彦达,后来证实,王彦达是商业系统红十字会副会长王树民的女儿。这个线索的重要程度,导致不少媒体记者迅速跟进,并在郭美美事件的第二阶段打开了一个全新的突破口。

温迪洛还在另一位网友"才让多吉"的微博上发现,郭美美微博提到的红十字会的合作机构,车体广告医疗器械保险等关键词与中红博爱公司的博爱小站一致。整合网友信息,她第一次将矛头清晰地指向了中红博爱,其博文的广泛传播引起传统媒体跟进,并由此牵出中红博爱董事长翁涛公开发声,称郭美美为中红博爱实际出资人之一王军的女朋友,至此打通郭美美与红十字会的背后关联信息网。

郭美美事件中,不少网友将自己发现的信息发私信给@温迪洛,也有人将郭氏母女泳池照片发给@温迪洛,但她并未对此进行转发。"谣言和不实信息的充斥只会让真相越来越远,甚至让公共事件的发展走向非理性的方向或娱乐化的方向,反而失去了借此挖掘事件本质问题所在的契机",@温迪洛说,就算郭氏母女泳池图是事实,我们也不应该将注意力放在这两母女的私生活上面,除非这跟红十字会有关。

除了在自己微博自律,@温迪洛还发微博,让传播不实信息的博友删除博文,"谣言具有煽动性,往往比真实的信息传得更远,这样反而很容易让公共事件中发掘出的真实的有价值的信息被湮没",对于微博"无责任转发"的质疑,她认为主要靠自律。转发微博也应该有自己的审核这一关,而不应该是"无责任转发",谣言的广泛传播其实跟每个参与传播的人都有关。①

从中可以看到普通用户参与新闻生产的几大特点:

其一,组合使用搜索引擎与社交媒体。正如"@温迪洛"概括的方法"搜集信息+鉴别信息+对重点信息和线索进行跟进+合理的逻辑推理分析"。用户们通过搜索引擎归纳整合一些隐而未显的信息,从抽丝剥茧地查找事件线索,梳理相关利益关系。再通过社交媒体传播并交换相关信息,产生多元的信息组合,并取得舆论声援。

其二,聚焦于社交媒体,并不自觉地进行内容分析和社会网络分析。因为郭美美事件本来就发端于当事人微博之上,所以正如周亚武所做的:一条条看郭美美的微博,看完后再看她关注的人,再看评论……通过类似内容分析和社会网络分析的方法,他挖到"郭子豪"这条线索。

其三,第一手的信息较少,加工后的第二手信息较多,且多以"转发"的方式在社交媒体平台上进行传播。用户多半表示对转发的消息不负责,也无力核实信息来源,而且有着"公众人物就没有隐私权"的集体潜意识。当然,也有少数文化素养比较高的用户意识到了"转发免责"的新闻伦理悖论。

小 结

从大部分受访者反馈的情形看,他们从传统单一的新闻消费模式转向了新闻生产/消费混杂型模式,通常情况是从一些值得信任的媒体中找出一些他们认为"值得分享"的新闻,经过重新编辑、加上自己的

---

① 《谁在默默挖掘郭美美?》,《广州日报》2011年7月14日,A10版。南方都市报:《郭美美事件推动者温迪洛:在搜索中接近真相》,http://news.sina.com.cn/c/sd/2011-08-17/102223004858_2.shtml.

评论后，在社交媒体上转发出去。经过这些处理后，有时候甚至改变了新闻最初报道者的意图和相关语境。

这种新模式衍生出一些有意思的分支：人们不只是使用新闻机构网站上的超链接，更多数还使用社交媒体交际圈中的分享链接。这种社交媒体上的分享是裂变式的，意味着某位受众/用户在阅读/收看其某位好友推荐分享的内容后，往往又分享给其他人。

不同于传统媒体机构，社交网络中并没有"把关人"，但是其中仍然存在两种类似于"把关"的机制。其一，用户投票机制。用户的"分享"和"转发"，使得有价值的新闻在信息碎片化的社交网络上凸显出来，反映了用户对新闻传播价值的判断。其二，消息源定制机制。因为社交网络成为了自我定制的信息源，凸显了新闻信息的个性化。社交媒体使人们的社会关系成为一个过滤网，将满足个人需求的信息筛选出来。①

正因为如此，受众/用户通常不会一直停留在新闻机构的网站上。事实上，从网站某处链接过来的人往往还要超过特意上新闻机构网站的人数。一则有价值的新闻报道不是基于其所属的新闻机构，而是在于将其从原始出处发掘到扩散出来的传播路径。

对于一些人来说，这似乎是在建立一个他们的社交圈，他们"被知道"或在一个特定的信息世界，比如在其从事的专业或业余爱好方面，扮演重要角色。因此，对于受众/用户而言，"深入挖掘"和"共享"使他们能够获得一定水平的社会资本，这是指一个人其社会关系和社会网络中的价值，有助于创造一个更富活力的共同体氛围。有经常使用社交媒体的受访者表示，他们分享或评论新闻的动机部分出自"让别人听到我的声音"。换句话说，受众/用户收到了一些在自己的专业和社会领域有价值的东西，在这个意义上，新闻正在成为一个交换过程中的连接点。

---

① 彭兰：《社交媒体、移动终端、大数据：影响新闻生产的新技术因素》，《新闻界》2012年第16期。

第五章

技术驱动：走向社会化合作的新闻业

号称"互联网女皇"的玛丽·米克尔在旧金山 Web 2.0 峰会上发表的 2011 年互联网趋势报告显示，2011 年 6 月，美国用户花费在社交网站上的时间首次超过门户网站①。而从中国网络用户的数据来看，单以社交媒体的代表新浪微博为例，2009 年 8 月，新浪微博开始内测。2010 年 10 月底其用户突破 5000 万，到了 2011 年 3 月，新浪微博的用户数量已超过 1 亿。截至 2018 年，微博月活跃用户数增长约 7000 万，当年 12 月达到 4.62 亿，日均活跃用户数突破 2 亿关口。② 这些数据都指明了互联网发展到社交媒体时代的趋势。

社交媒体混合了人际传播和大众传播模式，改变了过去的中介化传播。社交媒体上的信息包含了用户个人生活点滴、新闻标题、各种聚会照片、突发事件现场图片和各种链接。这些内容在某些情况下是在熟人圈内分享，但另外情况下是被陌生人传播，或者是被公众人物或新闻机构传播。比如微博就是一个非常复杂的空间，包含了多元互动模式。

这是一种新型的融合。融合不只涉及在有规则、可预知的范围内流通的商业性产品和服务，融合还发生在人们自己手中掌握了媒体之时。横跨各种各样的媒体平台传输流动的并不是只有资讯和信息，我们的生活、相互联系、回忆、梦想、愿望也穿梭流动在各种媒体传播渠道中。③

---

① 新浪科技：《"互联网女皇"趋势报告：移动互联网刚起步》，http://tech.sina.com.cn/i/2011-10-19/20366201232.shtml.

② 新浪：《微博发布 2018 年第四季度及全年财报》，https://tech.sina.com.cn/i/2019-03-05/doc-ihsxncvh0033063.shtml.

③ [美] 亨利·詹金斯：《融合文化：新媒体和旧媒体的冲突地带》，杜永明译，商务印书馆 2012 年版。

有别于过去的传播和互动模式，社交媒体模糊了面对面传播和大众传播的界限。本章将在 Web 2.0 的宽泛语境中讨论社交媒体的性质和发展，探寻基于社会化媒体而成形的新传播模式，最后聚焦在这样的技术环境中，新闻生产的专业化和组织化协同模式如何转变为社会化合作模式。

第一节 互联网溯源

互联网的诞生标志着人类传播方式的极大转折。从阿帕网到互联网，从 Web 1.0 到 Web 2.0 的发展历程来看，其趋势就是围绕"用户的需求"，并回归互联网文化的核心：开放、平等、分享、互动、创新。网络传播逐渐发挥出其颠覆性的威力。

一 从阿帕网到互联网

互联网起源于阿帕网。从本质上来说，阿帕网是美国国防部投资兴建的一个战略性信息传播平台，这样一种计算机网络由美国国防部下属的高级研究计划局（ARPA）于 1969 年 9 月创建。其直接用途是使高级研究计划局的计算机中心与研究组织实现文件在线共享。

美国军方对阿帕网并不只是提供资金支持，而且还为阿帕网的研究方向设置了目标，只是恰好军方目标和研究人员的价值观达成了一致。简·阿巴特（Jane Abbate）的相关研究显示："网络技术在很多方面都是根据军方的喜好和要求来设计的。"[①] 军方目标主要集中在两个方面：一是"生存能力"，即军方的指挥和信息传播系统，即使在遭受毁灭性打击时仍然能够运转；其二，为了更好适应各种特殊任务的需要，必须保证网络系统的多样性。

为了应对第一个目标，研究人员对阿帕网的理论预设是去中心的网状模式。相比中心化的星云模式，网状模式对于指挥系统而言安全系数更高。因为在中央控制的星云型模式中，摧毁核心主机意味着瘫痪掉整个指挥系统。而在去中心的网状模式里，每台主机分别和多个主机相

---

① ［英］詹姆斯·卡瑞：《有权无责：英国的报纸、广播、电视与新媒体》，栾轶玫译，清华大学出版社 2016 年版，第 327 页。

连，核心主机的概念被淡化，系统危险系数也随之降低。

　　针对第二个目标，阿帕网就是建立在"包交换理论"基础之上的一个去中心化的，或者叫作分布式的网络系统。"包交换理论"就是把每个信息分割成固定大小块"打包"，每个包上都注明了从哪里来，传向哪里。这个原理是由保罗·巴伦在1964年提出的。他设想在每一台电脑或者每一个网络之间建立一种接口，使网络之间可以相互连接。并且，这种连接完全不需要中央控制，只是通过各个网络之间的接口直接相连。在这种方式下，网络通信不是由中央控制那样简单地把数据直接传送到目的地，而是在网络的不同站点之间像接力赛一样地传送。①

　　军方背景的阿帕网并非互联网的唯一源头。民间计算机网络传统对于互联网的形成同样居功至伟。组成这一传统的核心要素之一就是我们今天熟知的BBS，这是20世纪70年代晚期发展起来的个人电脑网络之间的电子布告栏系统。这是当时就读于芝加哥大学的Ward Christensen和Randy Suess在前一个伟大程序作品——调制解调器的基础上，编写的另一个程序，以便电脑能够存储和彼此传递信息。

　　互联网发展的转折来自基于UNIX操作系统用户的社区。由于开放源代码以及许可修改源代码，当其研发者贝尔实验室在1974年把它发布到大学后，UNIX系统很快风靡各个计算机研究部门。1979年，一种能在UNIX计算机之间进行通信的程序被编写出来后，促发了新闻组（USENET NEWS）计算机系统的形成，这是阿帕网之外的又一个网络。

　　当新闻组1980年进入阿帕网节点之一的伯克利大学后，这里的计算机系学生编写了一个能把这两种系统连接在一起的程序。这不只是两个网络的融合，更是互联网发展史上，军用和民用两大传统的融合，这个融合逐渐汇流成一种趋势，从此各式各样的局域网都互相连接起来，最后融合成今天的互联网。②

　　随后，基于服务程序协议（HTTP）、超文本链接标示语言（HTML）以及统一资源定位符（URI），1990年被称为万维网（world wide

---

①　郭良：《网络创世纪：从阿帕网到互联网》，中国人民大学出版社1998年版，第21页。

②　[美] 曼纽尔·卡斯特：《网络星河：对互联网、商业和社会的反思》，郑波、武炜译，社会科学文献出版社2007年版，第16页。

web）的浏览/编辑程序诞生。各种版本的互联网浏览器随之出现，从某个意义上说，微软公司连同 WINDOWS 95 操作系统一起发布的 IE 浏览器，让互联网真正进入了全社会或者说普通民众的视野。

开放性是对互联网产生和发展起最大作用的因素。这里的开放性不仅是指技术体制的开放性，也是指社会/机构组织的开放性。互联网体制的开放性是其自我进化发展的主要力量来源：使用者变成技术制造者，也是整个网络的塑造者。技术发展的历史证明了用户才是技术的关键，他们通过自己的使用与价值观，最终改变了技术本身。

考察互联网的发展史，一项技术的新应用与实际改进，都能实时传播到世界各地。这样，由使用而学习的过程和由使用而生产的过程两者间的时间大大地缩短了，这样我们就能够实现由使用而学习的这一过程，也能得到对此技术及其改进的各种反馈意见。以上这些就是互联网无论在网络数量上或应用范围上都能以空前的速度成长，并持续快速发展的原因所在。

而要这一连串的变化产生，有三个条件是必不可少的：首先，网络体制必须是开放的、分权的、分散的，在其相互作用上是多方向的。其次，所有通信协议及其执行必须是开放的、分散的和允许修改的。最后，管理网络的机构必须建立在源自互联网的开放性和合作的原则之上。①

二 Web 2.0 及其特征

尼葛洛庞蒂首提"融合"论之时，没有人预见到网络的到来。但互联网一旦出现，似乎就不可阻挡。"所有公司都将成为互联网公司，否则他们只有死路一条"，② 在网络经济泡沫破灭前，Andy Grove 曾如此宣称，虽然不免极端，却也显示了互联网发展的摧枯拉朽之势。Tim Misner 观察的"所有的硬件产品都想做成网站"之说，也似乎是对 Andy Grove 的隔年代回应，在他看来，大部分产品和服务都将变得网

---

① ［美］曼纽尔·卡斯特：《网络星河：对互联网、商业和社会的反思》，郑波、武炜译，社会科学文献出版社 2007 年版，第 16 页。

② Andy Grove, "Intel Keynote Transcript", Los Angeles Times 3rd Annual Investment Strategies Conference, Los Angeles, May 22, 1999, http://www.intel.com/pressroom/archive/speeches/cn052499.htm.

络化。① 正如 Tim O'Reilly 所言"几乎每一个应用程序就是一个网络应用，依靠远程服务来执行其功能"②。

Tim O'Reilly 的论断成型于 Web 2.0 背景之下。而这一概念，就是由 Tim O'Reilly（2005）本人提出。正如许多重要的理念一样，Web 2.0 没有一个明确的界限，只有一些重要的特征。Tim O'Reilly 概括了 Web 2.0 所代表的下一代软件的特征：

- Web 作为系统开发的平台；
- 系统中体现了借助集体智慧的设计；
- 数据是系统的核心；
- 软件总是处在不断地改进过程中，永远都是测试版；
- 软件可在不同设备上运行；
- 丰富的用户体验等。

Tim O'Reilly 绘制了一张 Web 2.0 的观念关系图③，如图 1 所示。

从图中可以看出，以 Web 2.0 为核心，上面是代表性的具体系统实例及特征设计：如 Flickr 和 del.icio.us 中相对于普通分类的自由标签设计，Gmail 和 Google 地图中的 AJAX 设计带来的丰富用户体验，Google 上的 PageRank、eBay 中的商务声誉等社会评价系统中的群体参与的评价计算，Google Adsense（内容关联广告）中体现的用户服务和"长尾法则"，Blog 系统中的自己控制参与的发表而不是出版，Wikipedia 中体现出的对用户的完全信任，BitTorrent 中的完全的分布式控制等。

图下部边缘显示的是一些 Web 2.0 的观点，比如：是态度而非技术，应用遵从"长尾法则"而不是"二八法则"，以数据为核心，为第三方改进提供方便，永远都是 Beta 版（系统无休止的进化），使用的人越多软件越好用，保留部分权力条件下允许第三方混合重组，由用户群体行为涌现出秩序而不是预先规定好秩序，内容的粒子化存取编址（所有内容都有可唯一区分定位的存取编码地址），丰富用户体验，小服务

---

① Tim Misner, "Building Support for Use-Based Design into Hardware Products", *Interactions*, Volume XVI. 5, ACM, New York, September-October, 2009.
② Tim O'Reilly, "What Is Web 2.0", 2005, http://facweb.cti.depaul.edu/jnowotarski/se425/What%20Is%20Web%202%20point%200.pdf.
③ Ibid..

第五章 技术驱动：走向社会化合作的新闻业

```
Flickr, del.icio.us:        PageRank, eBay
中心标记，非分类            声誉等Amazon评价:      Blog: 参与，非出版          BitTorrent
                            用户作为贡献者                                     完全去中心

        Gmail, Google:              Google Adsense:          Wikipedia:
        地图中AJAX，带来            用户自助，                根本的信任
        丰富的用户体验              实现长尾

                        ┌─────────────────────────────────────┐
                        │  战略定位：互联网作为平台           │
                        │  用户定位：自己控制自己的数据       │
  观念，非技术          │  核心竞争力：                       │        信任你的用户
                        │  · 服务，非打包的软件；             │
                        │  · 参与体系；                       │        小的部分
                        │  · 高成本效益的可伸缩性；           │        松散结合
        长尾            │  · 复合数据源和数据转换；           │        (Web作为组件)
                        │  · 软件高于单一设备层；             │
                        │  · 利用集体智慧                     │
                        └─────────────────────────────────────┘

  "Intel Inside"                                                          丰富的用户体验
   般的数据        永远的测试版        软件改进           参与
                                       更多人使用
                                                                      内容的细部可寻性
                          复合权力          紧迫：用户行为
          可编程性        "部分权力保留"    非预定
```

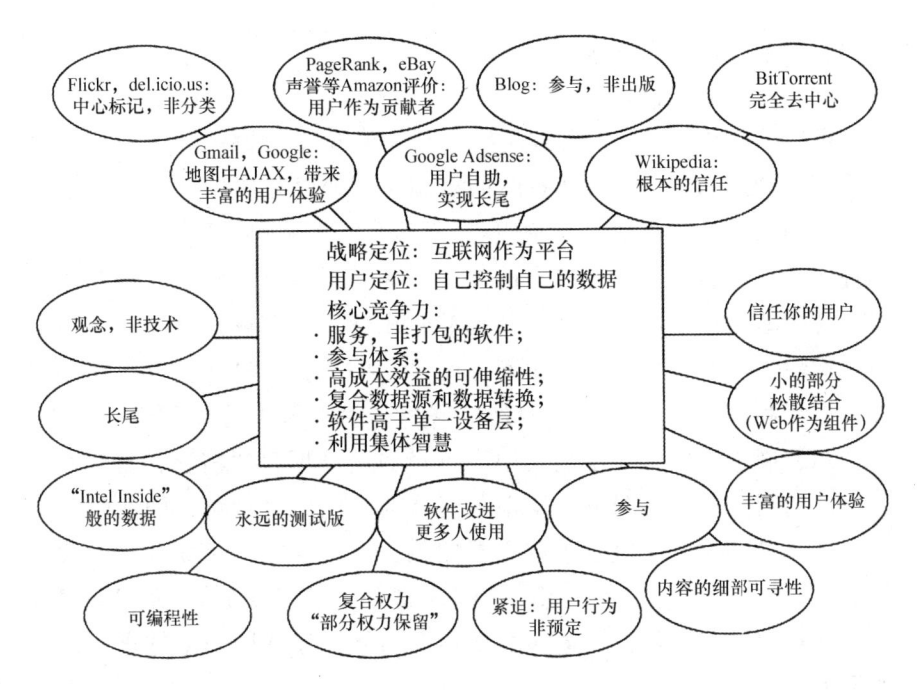

图1

组件的松散综合（Web 作为组件）和信任用户等。

图的中间给出 Web 2.0 的基本策略：把 Web 作为平台以及让用户控制自己的数据等，并列举了 Web 2.0 商业模式核心竞争力，包括是服务而不是打包软件，参与式体制，可规模化集约度量的性价比，可混合组装的数据源并支持数据输入输出的转换，集体智慧的参与，超越单一设备层次的软件兼容性等。

在 Tim O'Reilly（2005）看来，Web 2.0 有四大特征。

（1）以用户为中心

Web 1.0 中，网站关心的是物，例如 Amazon 书店上的商品，Amazon 对数据的处理是按"买这本书的人还买了哪些书？"并以商品为中心来组织数据，人是隐藏在后面的。而 Web 2.0 是以用户为中心来组织数据，比如在豆瓣网中记录了某一用户阅读了哪些书，哪些人和该用户阅读同一本书，虽然人依然是通过书这个载体而相互连接在一起的，但人成为了关注的焦点。讨论区与 BBS 虽然也是用户参与的，但是不能把它认为是 Web 2.0，因为在 BBS 中也是以物为中心进行组织的，而不

是以人为中心来组织数据。

(2) 用户参与的体制

用户的参与性是几乎所有人都提到的 Web 2.0 的特性，Web 2.0 必须采用一种鼓励用户参与和贡献的体制，改变以往所谓"只读"的属性，将网站变成"可擦写"的服务。用户的参与性隐藏着一个潜在的前提及特点。前提是用户参与的体制意味着对用户的信任，相信用户能够合理地为 URL/书/图片标注标签，相信用户能够用 API 开发出更有用的附加功能，相信用户所产生的群智的力量。潜在的特点是用户往往是在利己的基础上参与网站的服务，而无形中达到利他的效果，比如网上摘录服务首先是满足用户自身的信息保存的需求，是用户记录自己的阅读历史的服务，发掘和充分利用用户这种利己的特性才是让 Web 2.0 的服务更吸引人的重要因素。用户参与是 Web 2.0 时代最鲜明的标志。可以说是因为用户参与所以创造了 Web 2.0，而 Web 2.0 又反过来促进了参与性，这样的交互循环就是互联网越来越进步的主要因素。

(3) 社会性

社会性特征是 Web 2.0 服务所普遍具有的特征。像豆瓣网等网站都包含社会性的元素，甚至一些工具性服务都带有很多人订阅 Feed、推荐 Feed 给好友等社会性的特征。由于 Web 2.0 是以人为中心，就会产生社会性的需求。社会性为网站带来更多的用户互动并产生了丰富的内容，使网站的使用价值与吸引力都大为增加。但如果要更有效地启动社会性，使网站发挥更大效用，这值得进一步探讨。社会性同样也是 Web 2.0 服务提高用户忠诚度的重要因素，在开放的情况下，成为减少用户流失和迁移的无形障碍。

(4) 微内容的可重复利用

微内容（Microcontent）指来自用户产生的各种数据，比如一篇网志、一张图片、一首歌曲、想要做的事情和想要去的地方等。虽然用户在 Web 1.0 中也产生不少微内容，比如在 BBS 讨论区发言、在线相簿等，但是 Web 2.0 的一个重要特性在于微内容重复利用，使用户在任何地方都可以自由地使用这些微内容。

Web 2.0 鼓励用户用最方便的办法发布内容，并通过用户自发的

（如 Blog）或者系统自动以人为核心［如 SNS（社会网络服务）］的互相链接给这些看似凌乱的内容提供索引。而且这些线索是用户自己提供的，更加符合用户的使用感受。互联网正逐渐从以关键字为核心的组织方式和阅读方式，向以用户的个人门户（SNS）为线索或者向以个人的思想（Blog/RSS）为线索的阅读方式进行转变，因此用户在互联网上的作用越来越大。用户贡献内容、组织内容、传播内容，而且提供了内容之间的链接关系和浏览路径。如果说 Web 1.0 是以数据为核心的网，那么 Web 2.0 就是以用户为核心的互联网。它提供更方便用户织网的工具，鼓励提供内容，根据用户在互联网上留下的痕迹，组织浏览的线索，提供相关的服务，给用户创造新的价值，使整个互联网产生新的价值，这才是 Web 2.0 的真正含义。

Web 2.0 通常和基于网络的参与式文化相联系，并直接引发了博客、播客、文件分享（比如 YouTube）、合作撰写和编辑（比如维基）和社交媒体（如 Facebook 和 Twitter）等在 21 世纪头十年先后兴起。在 Tim O'Reilly 看来，Web 2.0 就是基于数据库管理、定制化、个性化、自动化和用户参与维持的融合媒介公司商业模式，起源于"对互联网作为平台，以及这个平台规制的理解"[①]。

由此可见，Web 2.0 就是融合媒介公司搭建平台，而用户在上面建构和推广其业务、生产内容、甚至通过使用其服务产生广告效应。有学者以谷歌公司为例，指出"谷歌不是我们的公司。这很奇怪，因为我们都在以各种方式无偿的提供内容给谷歌，我们为谷歌生产产品，我们每一次搜索都为谷歌做出了贡献。谷歌确实是由我们组成的，就像布满了人类想法及其产品的珊瑚礁"。

第二节 影响新闻业转型的技术形态

沿着 Web 2.0 的技术发展趋势，各种新兴传播技术形态先后涌现出来，其中和新闻业转型关系最大的几种分别是社交媒体、大数据以及移动智能终端。

---

① Tim O'Reilly, "What Is Web 2.0", 2005, http://facweb.cti.depaul.edu/jnowotarski/se425/What%20Is%20Web%202%20point%200.pdf.

一　社交媒体

社交媒体（social media）也可称为自媒体，是相对于大众媒体而言的，是人们用来分享意见、观点及经验的工具和平台。传统的大众媒体，包含新闻报纸、广播、电视、电影等，有各自专属的传播渠道，内容由出品人全权编辑，追求大量生产与销售。社交媒体依托网络而生，内容可由用户选择或编辑，生产分众化，重视朋友之间的集结，可自行形成某种社群。在中国，流行的社交媒体传播介质包括了博客、播客、微博客、开心网、人人网、网络论坛等。今天互联网上的应用，除了各类基于 Web 模式的门户网站和搜索引擎外，其他几乎所有的应用都或多或少具有社交媒体的属性。

社交媒体潜移默化地影响着整个新媒体平台上信息的生产机制与传播模式。过去以大众媒体为中心的"点对面"传播模式正在向以"个人门户"为中心、以"社会网络"（或者说人们的关系网络）为基础的网状传播模式发展，在后一种模式中，信息是沿着人们的"社会网络"在流动，传统的传播中心（如门户网站）的地位受到削弱。[①]

尽管在 Web 1.0 时代已经出现社交媒体的应用，但当时整个互联网是以门户网站为核心的。门户网站沿袭的是大众传播模式，还不是真正意义上的网络传播。

内容稀缺是 Web 1.0 时代最大的问题，集成各种内容资源的门户网站因而成为互联网的主流。由于门户网站试图将包含传统媒体内容在内的一切信息都吸纳进来，而用户需要的信息被大量杂乱的信息所淹没，因此，快速寻找信息成了用户最大的需求。以 Google 为代表的搜索引擎公司应运而生。

随着互联网的进一步发展，人们渐渐发现，互联网不只是媒体，而是一个容量巨大的虚拟空间，人人可以参与，但用户参与的潜力还远未发挥出来。Web 2.0 闻风而至，社区、博客、C2C 电子商务各行其道，在各自的平台上吸引和方便用户的参与——用户参与创建内容、提供信息、进行交易。

[①] 彭兰：《社交媒体、移动终端、大数据：影响新闻生产的新技术因素》，《新闻界》2012 年第 16 期。

社交媒体的主要特征有如下两个方面：

其一，用户成为内容生产主角。所有的社交媒体应用，无论是论坛、博客、微博，还是游戏、即时通信、维基，内容生产都是用户在主导。网站经营者只是搭建平台，起到一个筑巢引凤的作用。

其二，社交需求是内容生产动力。正如对传播科技的研究发现，新的设备通常被用来强化已有的社会关系模式。在对电话使用的研究中，Fischer指出："美国人使用电话是为扩展和深化现有的社会关系而不是改变它"。[1] 社会关系的需求同样促进了社交媒体平台上的内容生产，反过来，这些平台上的内容也成为联结人们关系的纽带。

二 大数据

1998年初，时任美国副总统戈尔发表了《数字地球——认识二十一世纪的地球》，文中指出大量的数据并没有得到充分处理，更没有得到充分的使用。"我们需要一个'数字地球'，这是一个高分辨率三维空间的数据星球，与地球有关的庞大数据（几十亿亿K）都可以存储在里面。"与之伴随的是互联网革命兴起，带来了全球互联网经济的热潮，21世纪第一个十年属于互联网。这样的局面似乎有点出乎戈尔的意料，15年前的他大概也想象不到几十亿亿K（相当于几十亿GB）的数据在今天已经不是最大的数据极值。[2]

2012年开始，大数据（big data）一词越来越多地被提及，人们用它来描述和定义信息爆炸时代产生的海量数据，并命名与之相关的技术发展与创新。正如《纽约时报》2012年2月的一篇专栏中所称，"大数据"时代已经降临，在商业、经济及其他领域中，决策将日益基于数据和分析做出，而并非基于经验和直觉。自媒体的兴起、数字传感器的应用以及移动设备终端的普及，带来了各种数据海量般快速产生，也使大数据时代从理论快速走向现实。目前，全球企业的数据量每年以55%的速度增长，现在只需两天的时间就能产生过去有人类文明以来的所有数据总量。

---

[1] Fischer C., *America Calling: A Social History of the Telephone to 1940*, LA: UCLA Press, 1992, p. 262.

[2] 易珏:《大数据大生意》,《中国经济信息》2012年第13期。

最早提出"大数据"时代到来的是全球知名咨询公司麦肯锡。2011年10月咨询公司麦肯锡发布题为《大数据的下一个前沿：创新、竞争和生产力》的报告，指出数据已经渗透到每一个行业和业务职能领域，逐渐成为重要的生产因素；而人们对于海量数据的运用将预示着新一波生产率增长和消费者盈余浪潮的到来。麦肯锡认为，"大数据"是指其大小超出了典型数据库软件的采集、储存、管理和分析等能力的数据集。该定义有两方面内涵：一是符合大数据标准的数据集大小是变化的，会随着时间推移、技术进步而增长；二是不同部门符合大数据标准的数据集大小会存在差别。

目前，数据量已经从TB（1024GB=1TB）级别跃升到PB（1024TB=1PB）、EB（1024PB=1EB）乃至ZB（1024EB=1ZB）级别。国际数据公司（IDC）的研究结果表明，2008年全球产生的数据量为0.49ZB，2009年的数据量为0.8ZB，2010年增长为1.2ZB，2011年的数量更是高达1.82ZB，相当于全球每人产生200GB以上的数据。

除了数据量大之外，大数据时代的数据还呈现出其他三个特征。一是数据类型繁多，包括网络日志、音频、视频、图片、地理位置信息等，多类型的数据对数据的处理能力提出了更高的要求。二是数据价值密度相对较低。如随着物联网的广泛应用，信息感知无处不在，信息海量，但价值密度较低，如何通过强大的机器算法更迅速地完成数据的价值"提纯"，是大数据时代亟待解决的难题。三是处理速度快，时效性要求高。这是大数据区分于传统数据挖掘最显著的特征[①]。

既有的技术体制和路线，已经无法高效处理如此海量的数据。因为"大数据"是由数量巨大、结构复杂、类型众多的数据构成的数据集合，是基于云计算的数据处理与应用模式，通过数据的整合共享，交叉复用，形成的智力资源和知识服务能力。可以说，大数据时代对人类的数据驾驭能力提出了新的挑战，也为人们获得更为深刻、全面的洞察能力提供了前所未有的空间与潜力。

三 移动智能终端

2019年2月28日，中国互联网络信息中心（CNNIC）在京发布第

[①] 黄荷：《大数据时代降临》，《半月谈》2012年第17期。

43 次《中国互联网络发展状况统计报告》,该报告显示,截至 2018 年 12 月,我国网民规模达 8.29 亿,普及率达 59.6%,较 2017 年底提升 3.8 个百分点,全年新增网民 5653 万;其中手机网民规模达 8.17 亿,网民通过手机接入互联网比例高达 98.6%。[①]

这个趋势早在八年前就出现了。手机上网快速发展的同时,台式电脑这一传统上网终端的使用率在逐步下滑。2012 年上半年使用台式电脑上网的网民比例为 70.7%,相比 2011 年下半年下降了 2.7 个百分点,手机上网比例则增长至 72.2%,超过台式电脑。值得注意的是,移动终端与社交媒体结合的趋势进一步加强,截至 2012 年 6 月,微博的渗透率已经过半,用户规模增速低至 10% 以下。但微博在手机端的增长幅度仍然明显,用户数量由 2011 年底的 1.37 亿增至 1.70 亿,增速达到 24.2%。

究其原因,在这份报告中指出,由于智能手机功能越来越强大,移动上网应用出现创新热潮,手机价格不断走低,对于庞大的流动人口和农村人口来说,使用手机接入互联网是更为廉价和便捷的方式。这些因素都降低了移动智能终端的使用门槛,从而促成了普通手机用户向手机上网用户的转化。

曾几何时,整个互联网还是以门户网站为核心;但到了互联网 2.0 时代,诸如搜索、SNS(社会性网络服务)、IM(即时通信软件)等主流应用的发展壮大很快使门户网站失去了昔日光辉。而时至今日,随着新技术的不断推陈出新,特别是移动技术的成熟,网络新媒体正加速向移动新媒体平移,整个新媒体领域的发展呈现出明显的移动化趋势。

第三节 两种替代性的新闻实践

基于社交媒体、大数据以及移动智能终端等技术形态的发展和普及,对于新闻业而言,逐渐出现了两种替代性的新闻生产实践:机器自动化新闻和公民新闻。

---

① 新华网:《〈第 43 次中国互联网络发展状况统计报告〉发布》,http://www.xinhuanet.com/zgjx/2019-03/01/c_137859520.htm。

一 机器自动化新闻

股价的走势历来都让人琢磨不透。但是 2012 年 5 月 18 日，社交网络领头羊脸谱网（Facebook）在纳斯达克 IPO（首次公开募股）时，其股价变动的每一个趋势都被另一个社交网站领头羊 Twitter 神奇般地预测到了。

DataSift，一家专注于帮助开发者和第三方获取 Twitter、Facebook 和其他社交网站数据资源的自媒体数据分析公司，监测了 Facebook IPO 当天 Twitter 上的情感倾向。即人们在 Twitter 上发布的大量谈论 Facebook IPO 的每一条 Tweet 中会包含一些情感倾向，比如正面的或者负面的。结论显示，Twitter 上每一次情感倾向的转向都会影响 Facebook 股价的波动，延迟情况只有几分钟到二十多分钟。

DataSift 根据 58665 位用户产生的 95019 条 Tweet 互动绘制了一幅图（见图 2），很清晰地反映了两者的对应关系——基本上是呈正相关[①]。

比如，Facebook 开盘前 Twitter 上的情感逐渐转向负面，25 分钟之后，Facebook 的股价便开始下跌。而当 Twitter 上的情感转向正面时，Facebook 股价在 8 分钟之后也开始了回弹。最后，当股市接近收盘时，Twitter 上的情感转向负面，10 分钟后 Facebook 的股价又开始下跌。

与传统记者在某一个视野有限的观察点上对事物进行的观察与分析不同的是，数据可以揭示更大范围内的情状与规律。尽管这不是一个媒体的例子，但是，它已经显示出对大规模数据进行挖掘的意义。

种种迹象表明，传统新闻业在大数据和人工智能技术的结合所形成的强大冲击力下不能幸免。

美国西北大学电气工程与电脑科学专业的 Kris Hammond 教授和 Larry Birnbaum 副教授两人牵头，整合西北大学计算机系和梅迪尔新闻学院的力量，共同研发出了新一代的智能写作软件，将新闻报道和电脑工程进行了一次深度结合。凭借这一技术，其研发者成立了 Narrative Science，一家专门训练计算机编写新闻报道的公司。具有讽刺意味的是，这家和传统新闻业以及职业新闻人抢饭碗的公司，其总部就位于传统媒

---

① "Study: Twitter Sentiment Mirrored Facebook's Stock Price Today", http://techcrunch.com/2012/05/18/study-twitter-sentiment-mirrored-facebooks-stock-price-today/.

Public Sentiment on Twitter vs Facebook Stock Price
Average Sentiment over time & market price
18 May: 10am—1pm ET

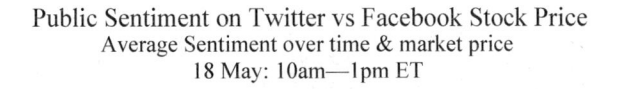

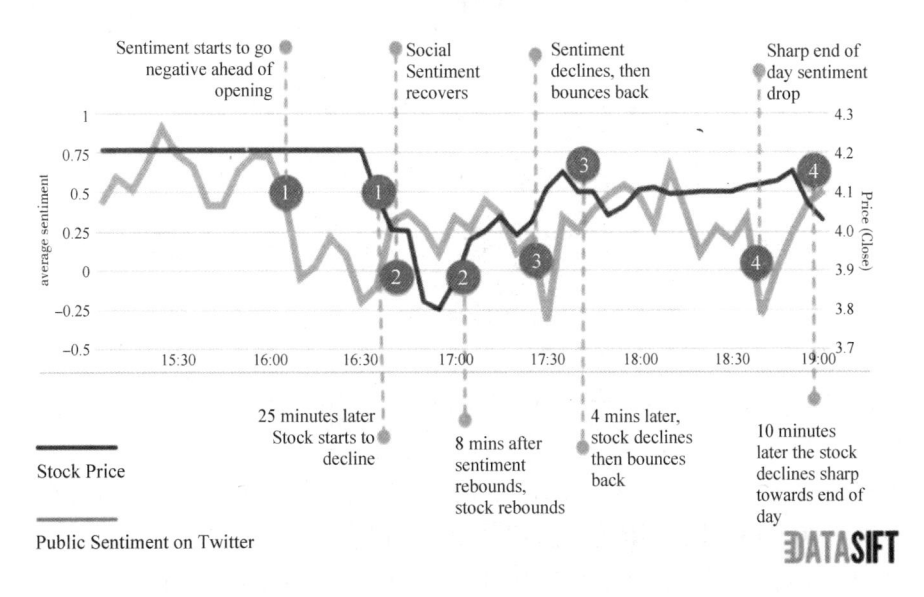

图 2

体巨头《芝加哥论坛报》（Chicago Tribune）的报业大楼附近①。

Narrative Science 最初源自在学校实验室代号为"Stats Monkey"的项目，该项目研发的软件专用于撰写体育赛事报道，不但能利用比赛结果等信息撰写出赛事报道，对于比赛高潮、核心球员也能做重点描述。文章完成后，一并生成的还有一个软件自认合适的大标题以及从新闻图片库中找出来的核心球员的照片。

在这个"Stats Monkey"的介绍页面上写着：想象一下，只要摁下一个按钮，一篇棒球赛的报道立刻神奇地出现了。这就是 Stats Monkey 系统所能做到的②。只要提供互联网上俯拾皆是的各类运动比赛基本信息——比分和现场评述——系统就能自动生成关于这场比赛的文字报道，既有比赛的整体记录也有关键时段和关键人物的突出介绍。系统里面的一个数据库，包含了大量的叙述方式，它通过分析比赛成绩，得出

---

① Narrative science 公司官网：http://narrativescience.com/.
② http://infolab.northwestern.edu/projects/stats-monkey/.

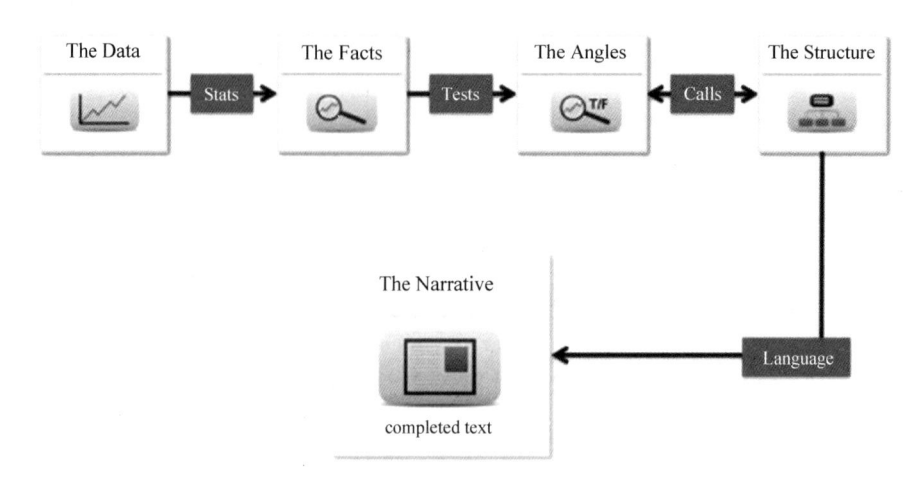

图3　Narrative Science（Stats Monkey）新闻生产流程图

对应的叙述方式，是后来居上，还是一路领先，又或者是犬牙交错互有输赢，而且还可以选择从主队或客队的角度来描述比赛。最后，Stats Monkey 会找出这场比赛的总体脉络，进行文字上的统一与修饰。

该技术最初被应用在即时报道西北大学棒球和垒球的比赛中。自 Narrative Science 成立后，也被应用在财经报道等领域，包括 Forbes 等网站都已经开始与 Narrative Science 建立了合作伙伴关系[①]。尽管计算机代替人来写新闻稿，主要限于某些特定的新闻题材，但是，这样一个事实启发我们，当新闻报道对于数据的依赖日益增强时，人在这类报道面前，已经没有明显优势，甚至在有些情况下处于劣势。

传统媒体时代，新闻的核心资源，是记者通过采访、调查获得的第一手情况，它们更多的是对某个具体场景的描述、对某个状况的定性判断以及人们对于某个事件的具体意见和态度等，数据往往只是起辅助作用。但多年前出现的计算机辅助报道学，已经在探讨以数据为基础挖掘新闻、解释新闻的方法。那些公开或者隐蔽的数据，成为了记者发现新闻选题、拓展新闻深度的重要资源。而在大数据时代，除了政府、机构、企业等公开发布的数据外，媒体、网站所拥有的用户数据、用户生产的内容，也是重要的数据资源。

---

① http：//www.forbes.com/sites/narrativescience/.

数据不仅可以作为新闻报道的内容，也可以作为了解受众的依据，通过数据对受众的心理、需求以及行为习惯等进行分析，可以提供更符合受众需要的新闻报道。个性化的新闻信息服务也是以数据分析为基础的①。

二　公民新闻

随着手机等智能终端整合了拍照、摄像、上网等众多功能，受众可以很方便地随时可以参与新闻生产和传播。与此论断相伴随的是层出不穷的案例和事件：1998年德拉吉博客网（drudgereport.com）率先向全世界传播克林顿与莱温斯基的性丑闻内幕；2000年韩国记者吴延浩（Oh Yeon-Ho）创办全球第一家公民新闻网（ohmynews.com），成功地将"每个人都是一名记者"的口号变成现实；2005年7月7日伦敦的地铁和公共汽车发生爆炸，英国的主流媒体很快收到来自公民的有关爆炸的图片和录像带。

新闻业接近重要事件的时间和地点的特权，以及对技术的优先使用权被公民新闻和公民记者的出现而打破。传统机构媒体的新闻从业人员们开始发现，新闻业的权力正面临前所未有的威胁，这不仅仅来自科技的创新，更重要的是来自公民新闻和公民记者。

何谓"公民新闻"？业界和学界有不同的解读。美国公民新闻网站New West则选择用"未经过滤的"这个字眼来形容由受众投稿发布的信息，以此强调这个网站和传统媒体新闻发稿机制的不同，并对网站所提供的信息属性进行了界定。除此之外，网站还为新闻提供者制定了一套规则，号召大家"不要被'公民新闻'这个字眼吓倒。你发布的信息也没有必要必须是经过深思熟虑的编排好的文章。它可以是一篇慷慨激昂的演说，也可以是对某一事件的大声疾呼；它可以是一篇短小的评论，也可以是一篇小说，任何你想写的东西都可以通过我们的网站进行发布。我们就是要听到你们心中最真实的声音"②。

在美国一位研究新媒体的专栏作家马克格·拉泽（Mark Glaser）眼

---

① 彭兰：《社交媒体、移动终端、大数据：影响新闻生产的新技术因素》，《新闻界》2012年第16期。

② http://www.newwest.net.

中,"'公民新闻'就是让没有经过专业新闻训练的普通公众通过运用新的传播技术和网络全球传播的特点来创作新闻信息,在为传统媒体提供的新闻信息增加新的素材的同时,也可以通过这种方式对媒体所提供的信息进行查证和检验。这些工作可能由某个人自己来完成,也可能由很多人共同完成:你可能会在自己的博客或网络论坛上写一篇关于自己所在城市某些问题的报道;你可以在自己的博客上检验主流媒体上的文章是否有误或存在偏见,并给予指正;你可以把自己抓拍到的有价值的数码照片发布在网络上;甚至你可以摄制视频短片发布到像 Youtube 这样的网站上。如果亲历重大突发事件的发生,你提供的文字或影像资料甚至可以影响整个历史"[1]。

有学者尝试定义公民新闻,认为其概念指由非专业或传统新闻传播者所做的新闻报道,又称"草根新闻""开源新闻""参与新闻""网络新闻""使用者产出新闻"等,和互联网及移动终端等通信工具的发展相关[2]。

社交媒体的发展带来了公民新闻活动的繁荣。公民新闻不仅限于新闻的发布或传播,而是包括新闻的采集、整合、评论、传播等在内的新闻生产行为。大致可以分为原创性生产和对专业媒体内容的"再生产"。

原创性生产指用户以提供完整的新闻报道或新闻评论的形式,有意识地参与网络新闻生产的行动。这些内容与专业机构的新闻生产的结合也越来越密切,其中图片报道、视频报道被专业媒体接纳得更多。

原创性新闻生产比较多地出现在博客和微博中,尤其是新浪的博客和微博平台,这是基于新浪长期以来形成的媒体整合能力,越来越多的传统媒体和职业记者进入到新浪的博客/微博平台中。但在更多的没有机构媒体背景的普通用户那里,更多地表现为向媒体提供新闻线索,帮助媒体寻找选题并启动报道;在报道过程中,用户的微博、博客以及 BBS 的各种帖子,也能提供丰富的资源。

对专业媒体内容的"再生产"是更为普遍的公民新闻形式。比如用户通过博客/微博或者社会性网络服务(SNS),比如人人网、开心网等

---

[1] "MediaShift to Change Focus to Trainings, Events, Studio", http://www.pbs.org/mediashift/.

[2] Stuart Allan, *Citizen Journalism: Global Perspectives*, New York: Peter Lang, 2012, p.18.

转发/分享自己认为好的或是有意思的新闻。虽然并不直接生产新的新闻，但是，用户这种行动使新闻扩散，提升相关议题和事件的受关注度，从而实现新闻的增值。在这个过程中，用户"虽然没有直接进行原创性新闻生产，但是，他们对媒体的新闻进行筛选、整合，根据自己的价值判断进行重新编排，从而为其他网民提供有序的新闻资源"①。

公民新闻不仅影响了新闻生产过程，而且在某种程度上影响了整个新闻业：

机构媒体报道由头越来越多的出自社交媒体。很多新闻事件和相关议题都是在社交媒体上引发热烈讨论后，才引起传统媒体的关注。在这个意义上说，虽然很多时候来自传统媒体的内容影响着社交媒体的议程，但是社交媒体也具备反向议程设置能力。

公民新闻形成了另一重新闻生产空间，改变了传统新闻业媒体主导下的一元新闻生产空间的生态。虽然在专业性上还远不能和传统新闻业相提并论，却在一定程度上体现了用户的需求与兴趣，作为一种参照系，对于用户而言，传统新闻业中各种抽象标准变得更为具体，对于新闻业的评价更有依据；对传统新闻业而言，把握用户的需求和兴趣有利于改善自身，甚至在一定程度上影响传统新闻业价值取向与判断。

第四节 众包：新闻机构整合公民新闻的方式

众包扩展超越了公民新闻，并且覆盖了大范围的实践活动，这些活动就是利用集体智慧来搜集与核实信息，报道故事，或者在新闻生产中做出选择。用户生产内容（User-Generated Content），也即 UGC，是指公众成员为一个新闻组织或者新闻网站提供照片、视频、文本、评论以及其他新闻素材。

通过公民记者挖掘与搜集的信息，基本上是一种信息碎片的集合，需要进行事实查证和过滤。对于传统媒体而言，更重要的是通过解释和分析来创造意义，尽管这些过程中的一部分也可以通过众包完成。事实上，在一个传播报道无止境的流动环境中，传统媒体和职业记者的价值

---

① 彭兰：《社交媒体、移动终端、大数据：影响新闻生产的新技术因素》，《新闻界》2012 年第 16 期。

就在于组织整合信息的能力,提供一个理解新闻的脉络,并且能够从收集到的信息中创造出意义来。

职业记者不只是新闻生产者,也是新闻生产组织者。当然,当下实际情况看,新闻单位与从业者个人虽然都建设了相关网站或主页(社交媒体),但是能够真正联络到千万级数量受众的只有腾讯、新浪等为数不多几个依托即时通信或社交媒体平台掌控受众资源的门户网站。

全球范围内,许多新闻机构已经参与了众包,把 UGC(用户生产内容)以各种方式结合起来。比如 NOS(荷兰广播公司),NOS 的 UGC 项目负责人 De Vires 表示:

> NOS 网站是一个用户和我们的记者共享知识和经验的一个网络。之所以创建这一项目是因为记者们意识到关于任何一个话题,普通人可能比他们知道得更多。在这一个社交媒体当道的时代,记者可以很方便地联系到非职业新闻人,并展开对话。这些非职业新闻人可以说是我们的"新闻伙伴"……我们想把知识集合起来,新闻记者和用户都可以从中获益。对于同一个话题,我们想从尽可能多的角度来报道,无论是本地新闻还是国际新闻。

没有人可以无所不知;但是每个人都会有所知。个体的资源通过互联网为代表的新传播技术连接在一起,形成了 Pierre Lévy(1991)所说的"集体智慧"。集体智慧可以被视为是一种非主流的媒体权力源泉,通过融合文化环境中的日常互动交流,用户正在学习如何把握这种权力。

集体智慧(collective intelligence)的概念最早是来自昆虫学家 W. M. Wheeler 对蚂蚁的观测。惠勒发现,在蚂蚁的行为中,基于独立的个体间的合作建立起的完美的集体,甚至如同一个单一有机体。惠勒认为这样的协作过程背后具有集体思维。从这个逻辑起点出发,Pierre Lévy 发展出了集体智慧理论。

Pierre Lévy 认为,当各种形式的文本、图表、声音能以数字形式在网络空间中进行存储和传播时,作为个体的人类智能就能通过虚拟连接形成一种新的智能形式,即集体智慧。集体智慧它是"一个普遍分布式的智能形式，可以不断增强，实时协调，并导致技能的有效调动。"①

另一家比较早尝试众包来进行新闻报道的媒体 BBC（英国广播公司），它在伦敦有一个很活跃的 UGC 中心，服务于这里的高级编辑 Silvia Costeltoe 对众包有如下解释：

> 现在，集体智慧必须成为所有新闻业的一部分。这并不是一个新现象，它是逐渐成为现在这个样子的。在 BBC 的每一个记者都非常关注对这些额外新闻来源的利用……但我们从来不会在只有一个新闻来源的情况下进行报道，除非我们有第二条新闻来源对其进行核实。众包是创作一个故事的诸多因素之一。我们利用任何社交媒体报道来寻找新闻来源，跟踪新闻故事。你应该总是让新闻记者脚踏实地。如果我看到推特上说："哈尼克地区发生了骚乱"，简单化的处理也许就是在 BBC 推特上转推这一条。但是，如果再在其他地方发现类似的消息，我会派一个记者过去调查核实。我想这才是合理利用社交媒体的方法。（Costeltoe，2011）

新闻生产中新的参与者改变了新闻编辑室及其外部信息流程中的权力结构。在此之前，新闻业曾经被比拟为工厂流水线上的工作，反映文化和经济中工业化的情形。按照 Goffman（1959）和 Giddens（1979）的说法，这样严格的劳动分工促成了建制内新闻业权力超越社会信息体制的现象。

当新闻工作呈现一种可输送和可交易的性质时，新的参与者也渗透到以前封闭空间和时间边界的工作场所，势必对新闻产品产生影响。不仅是新的参与者，而且他们的动机、期望和能力也必将用难以预测的方式影响新闻生产的效率和效能。这是第一次，新闻编辑室以外的人们开始有机会控制出自新闻机构网站的信息产品。

面对公民新闻发展带来的压力，以及众包式社会化新闻生产模式日趋流行，CNN 也以设置 iReport 做出了回应。iReport 是 CNN 开设的由网民自发上传视频报道的栏目，任何人注册后都可以上传自己制作的报

---

① Lévy Pierre, *Collective Intelligence: Mankind's Emerging World in Cyberspace*, Perseus Books, 1991, p. 1.

道，还可以在 iReport 平台上加入各种报道小组，领取报道任务等。这是一个主流新闻机构以公众和记者的混合报道形式进行的社会化新闻生产尝试。

在 2011 年日本大地震报道中，CNN 积极发动公众向 iReport 投稿，仅 3 月 11 日一天就播出了 79 条来自 iReport 的视频，巧妙利用公众力量使 CNN 此次报道大获成功，收视率全面领先福克斯、MSNBC 等对手，其网络电视台更创下收视率历史之最，吸引了超过 6000 万人次通过网络观看[①]。

在具体的设置上，iReport 被放置在主页的醒目位置。CNN 通过常设窗口和栏目，培养观众参与习惯。观众可以通过"Send Your iReport"链接来发送材料，或者直接通过电子邮件向 ireport@cnn.com 发送报道，通过 CNN 编辑的审查之后，即可以在网上或者节目中播出。同时也允许用户直接针对报道进行互动评论及投票。

采用普通公民采集的新闻节目，最大的问题往往在于采集者缺乏视觉素养和新闻常识，造成提供了大量无法使用的垃圾材料，同时也浪费了媒体大量的人力、物力。为此，CNN 专门为参加者提供了一个工具包，提供基础知识和上传操作指导。引人注意的是，在新闻的五个"W"中，CNN 仅对"谁、什么、何时、何地"等四个要素提出具体要求。而对于"为什么"则不做要求，表明 CNN 并不希望个人对新闻事实进行主观性的个人阐释，这表现了 CNN 在新闻客观性原则下新闻专业主义对公民新闻的审慎态度。

第五节　案例：新闻生产的社会化合作模式

"7·23"温州动车事故是微博兴起后的第一个重大突发事件，无论是传统媒体还是新兴媒体，都以各种方式参与到新闻报道中来。正因为如此，也可以作为观察研究组织化新闻生产模式向社会化新闻生产模式转型的一个样本。

微博作为社会性媒体（social media），微博和 Twitter 的技术特征、

[①] Bill Carter, "CNN Leads in Cable News as MSNBC Loses Ground", March 22, 2011, http://www.nytimes.com/2011/03/23/business/media/23msnbc.html.

传播机制基本一致,但其在不同社会情境中运用和功能却中外有别。Twitter 在美国,主要是社交平台;微博在中国,则更具有新闻传播、社会动员的功能。尤其当一些关乎社会问题、官民冲突、权力腐败的公共事件发生时,由于传统媒体的传播速度较慢、报道空间受限,当事人、目击者以及新闻从业者更有意识地利用微博的裂变式传播效应,以发文、转帖、关注的围观力量进行传播和动员。由此,微博在当下更具有应对管制的突破意义和社会参与的抗争意义。①

一 从舆情变化看事故始末

来自国家安全总局安全生产网络舆情监测系统的数据显示,从"7·23"动车事故发生到 8 月 3 日期间网上信息量的变化曲线(见图4),信息共计 4899 条,其中来自综合门户网站新闻有 2887 条、来自新浪为主的博客平台有 548 条、天涯社区为主的论坛有 1464 条。

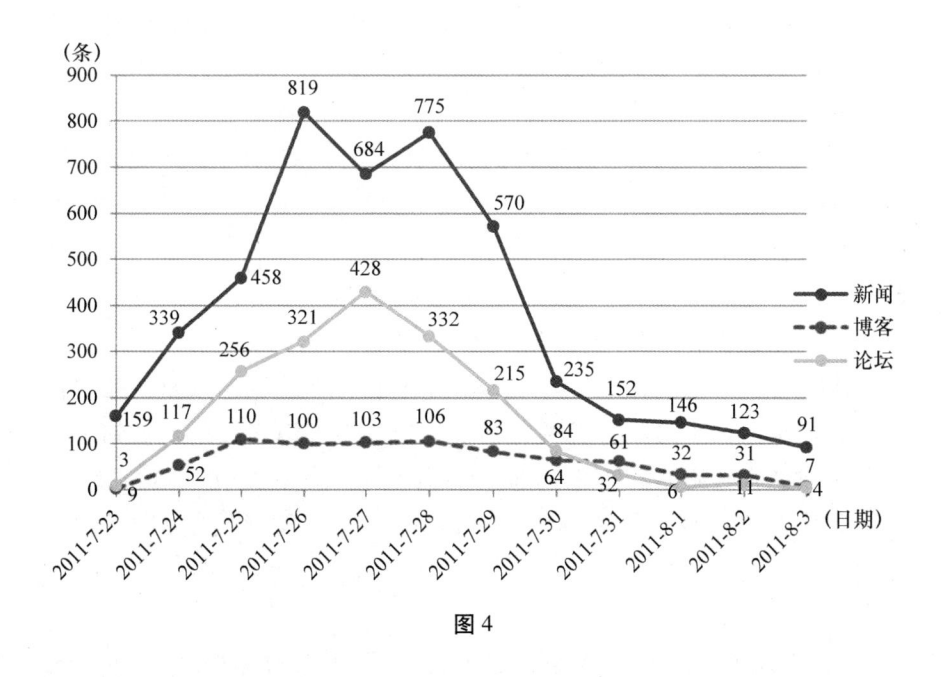

图 4

从图 4 中可以看到,温州动车事故大致可以分为三个舆论时期:

---

① 张志安:《新闻生产的变革:从组织化向社会化》,《新闻记者》2011 年第 3 期。

舆论膨胀期（7月23日）

在事故发生后迅速引起网络关注，微博成为最早发布事故现场状况的信息源。在微博平台上，事故相关信息得到了迅速的传播。从流向来看，信息从普通网友逐渐转向媒体、相关救援机构，积极寻求援助。随后，更多的媒体和意见领袖开始介入。在这些合力的助推下，温州动车事故引起广泛关注。这一阶段的焦点主要围绕通报事故、发布紧急求救消息为主。

舆论高峰期（7月24—28日）

24日搜救工作还在继续，整个救援工作是在传统媒体广泛介入、微博持续直播的传播环境下进行的。虽然现场进行了封锁，但网上、网下的围观使这场事故毫不掩饰地暴露于公众的视野，从掩埋车头、切割车体，到最后一名生还者小伊伊被救出。相关部门信息发布不及时、信息公开不透明以及一些不以人为本的做法激怒了网民，造成了如质疑、猜测和责难等负面的情绪扩散。该阶段网络舆论，甚至传统媒体都一边倒地质疑事故抢险工作和铁道部抢险救援、信息发布和事故处理工作。

舆论下降期（7月29日以后）

7月29日以后，动车事故的关注度明显下降，舆论焦点主要集中于对遇难者的哀悼，对铁道部、动车专家的谴责以及对要求完善相关铁路法律法规的呼吁。

二　社交媒体主导下的新闻生产

社交媒体微博成了"7·23"温州动车事故最早的信源，也最接近核心信源。因为最早、最及时、最权威的事故消息都是出自临近事发现场或者直接乘坐在事发动车上的微博用户。比如在事故发生前，就是居住在事发现场周边的网友"Smm_苗"通过微博发出了预警信息。

> 7月23日19时55分，"Smm_苗"发表微博称："今天这样的狂风暴雨打雷闪电真是好久没有过的情景了……"这一好久没有过的"狂风暴雨打雷闪电"，为半个多小时后动车追尾事故埋下伏笔。

20 时 27 分，"Smm_苗"更新了自己的微博："狂风暴雨后的动车这是怎么了？？爬得比蜗牛还慢……可别出啥事儿啊……"

根据"Smm_苗"的描述，《中国青年报》（微博）记者在该条微博配发的照片上看到，夜幕中，至少有 6 节车厢亮着灯光。照片的右下角是亮度更大的光源，可能来自高架桥附近的民居。

这条微博是迄今能找到的关于事故现场的最早的图文记录。截至 24 日 22 时，该微博被转发两万多次，评论接近 8000 条。

据官方的通报，7 月 23 日 20 时 38 分，即"Smm_苗"发表上述微博的 11 分钟后，北京至福州的 D301 次列车在温州市双屿路段与杭州开往福州的 D3115 次列车追尾，造成大量人员伤亡。

"Smm_苗"很快也看到了动车组列车追尾的后果。这名家住事故现场附近的居民随即于 20 时 54 分更新了自己的微博：

"救火车好多好多……动车真的出事故了……一朋友亲眼看到一辆动车开得很慢，后面一辆速度超快的撞了上去……还看到动车冒烟了……那些救火车估计是冲那边去的。"

该条微博的转发数也超过了 2000 条。此后，"Smm_苗"又陆续发表了数条她在事故现场的目击图文记录。[①]

"公民记者"也抢在职业记者之前最先赶到现场。即使是国家通讯社，其最早公布的事故信息，也不是来自其派出的记者，而是网友现场拍摄的图片及其简单说明。

7 月 23 日 20 时 51 分，摄影师"小刀"（微博）听说附近发生了动车脱轨事故，两分钟后他去证实，9 分钟后得到证实了的消息——甬温线发生特大铁路交通事故，他决定抱起相机赶往事发地点。

赶到现场后，"小刀"拍下了很多照片发在微博上。其中 21 时 39 分其微博图片显示，很多居住在事发地附近的居民赶过来救援乘客。他称，在他赶到现场时，已经有很多辆消防车和救护车在那

[①] 来扬、霍仟：《动车追尾事件的微博版本》，《中国青年报》2011 年 7 月 25 日第 1 版。

抢救伤员。

24日1时30分,"小刀"注意到温州电视台开始直播了,他马上把这条消息发到了微博上。"小刀"的微博显示,24日1时55分左右,参与救援的部队赶到现场。"小刀"在3时39分转发了温州市康宁医院的急救名单。24日下午,他还在安置点和收治伤员的医院拍照,并在微博上播发图文消息。①

相比公民记者的迅速反应和社交媒体上沸反盈天的热烈报道,传统媒体则反应迟缓且平静得多。传统媒体旗下的新媒体平台也是一样,事故发生五小时后,人民网、新华网首页仍无反应。中央电视台坚持以滚动字幕和官方口径进行播报,直至事发后第四天才有新闻主播评论,质疑事故中的人祸因素。事发次日,"7·23"事故也未能登上《人民日报》《经济日报》《光明日报》与《解放军报》四大报的头条。

可见,在"7·23"事故中,随着网络信息平台的发展,以微博为代表的新媒体已经在及时性、群众参与度、传播速度和影响范围等方面超越了传统媒体,成为主导性媒体。

事故发生之后,用户通过以微博为代表的社交媒体平台广泛参与到此次事故的信息传播中来。仅以新浪微博为例,截至8月3日,"7·23"动车事故新浪微博专题共有1000多万条微博记录。新浪微博平台自身数据显示:热门转帖数共646条,转发超过10万次的共12条、占1.8%,大部分热帖转发次数在1万—5万次。

当"Smm_苗"发微博传播事故现场情况时,网友"羊圈圈羊"正利用微博求助:

"求救!动车D301现在脱轨在距离温州南站不远处!现在车厢里孩子的哭声一片!没有一个工作人员出来!快点救我们!"

这条发于23日20时47分的微博,是事故发生后由乘客最早发出的求助微博。截至24日22时,该微博被转发11万多次,评论达两万多条。

---

① 来扬、霍仟:《动车追尾事件的微博版本》,《中国青年报》2011年7月25日第1版。

"羊圈圈羊"（微博）在随后继续更新微博的状态，从21时05分的继续求救到22时45分"从高铁架上下来"，24日1时12分到家后还专门发微博报平安。24日下午，"羊圈圈羊"将自己的微博简介改为"上苍赋予我的第二次生命，我将怀着感恩的心去走完，谢谢一直关心我的人。感恩！"①

一名微博ID为"yaoyaosz"的浙江记者拍下了民众排队献血的照片，引来十几万的关注。同时一些媒体如《中国新闻周刊》《头条新闻》《青年时报》的官方微博也积极发布信息，一些浙江当地网民，因地理位置优势，更容易接近信源，也发布了大量有关事故现场、寻人/救人、民众自发救援方面的信息，转发和评论量都很高，在这几股力量的共同推动下，温州动车事故的热度居高不下，一度成为新浪微博热门的话题。

值得注意的是，在社交媒体平台上，意见领袖能将其社会影响力直接转为舆论影响力，推动着舆论演变。比如新浪微博中拥有最多"粉丝"的艺人姚晨几乎凭一己之力粉碎了事发之初对当班火车司机的质疑，她24日晚发微博称："昨晚事故中不幸去世的火车司机潘一恒，是我父亲的好兄弟，他们曾在一个车组工作。父亲悲痛万分地说，'潘师傅的孩子才7岁，他为人憨厚，工作尽职。如果昨晚他临阵脱逃，没有拉下紧急制动系统，那伤亡人数将会翻十几倍。可怜他尸骨未寒，却被人猜测事故原因是他疲劳驾驶，这种说法简直混账至极！"她这条微博转发量就超过26万，极大地改变了舆论风向。

三　从组织内调控到社会化合作

在温州动车事故发生的初期，几乎所有信息几乎都源自网络。社交媒体让传统媒体完全失去了信息发布的优先权。从议题设置角度来看，在这次重大突发事件报道中，是社交媒体为传统媒体设置议程，传统媒体被动跟进报道，引发社交媒体上的进一步爆料，形成了一条"社交媒体—传统媒体—社交媒体"传播路径。从新闻生产流程看，社交媒体主

---

① 来扬、霍仟：《动车追尾事件的微博版本》，《中国青年报》2011年7月25日第1版。

要提供"爆料",查证核实的工作还需要机构媒体来完成。社交媒体用户彼此合作挖掘出线索,记者们又根据这些线索去进行更加有深度的采访,充分展示了社会化合作的新闻生产模式。

但最为重要的是,以微博为代表的社交媒体对"7·23"温州动车事故的介入,一定程度上改变了或者说冲击了传统的新闻生产模式。传统模式是一种专业化和组织化的模式,包含着严格的发稿流程和送审程序,在突发事件时更是须用"通稿"管控制约。但是,在此次事件报道中,为了加快新闻生产的速度以跟上事件发展的变化,新闻机构通过社交媒体直接采用"公民记者"报道的信息、拍摄的图片,反而增加了其本身的竞争力和权威。从传播模式上看其本质变化是,新闻机构将自身具有专业化和组织化双重门槛的信息平台对接开放的社交媒体平台,原本封闭式信息平台成为了社会化网络中的一个节点。

有媒体感叹,"突发事件被加工后才告知公众的方式已越来越难横行于世了"[①]。这大概是因为:其一,互联网公开的网络结构和开放的网络文化促进了信息的自由传播。其二,以"公民记者"为标签的互联网用户提供丰富的信息、图像和观点,消息来源多样化。其三,基于以上两点,更丰富更完整的新闻事件图景呈现了出来。

简而言之,在"7·23"温州动车事故中,因着移动互联网、有拍摄功能的智能手机以及社交媒体平台三种技术形态的结合,普通用户发挥了巨大的传播影响力。过去那种靠宣传禁令延缓报道,再以官方模板来"加工"事件的通稿模式已经行不通了。在一元的官方叙事被多元的公民叙事所取代时,传统媒体新闻生产模式完成了一次走向社会化合作模式的尝试。

小　结

新闻业变革的技术驱动来自互联网。考察互联网早期,开放性是其产生和发展起最大作用的因素。既是体制的开放性,也是指组织的开放性。无论是去中心化的设计,还是反权威的文化,都可见互联网已经植

---

① 来扬、霍仟:《动车追尾事件的微博版本》,《中国青年报》2011年7月25日第1版。

入了开放性的基因。

互联网的开放性是其自我进化发展的主要力量来源：使用者变成技术制造者，也是整个网络的塑造者。技术发展的历史证明了用户才是技术的关键，他们通过自己的使用与价值观，最终改变了技术本身。移动智能终端和社交媒体的结合强化了这样的趋势，新传播技术的发展造就了用户，又被用户的使用所形塑。

新闻业的媒介技术垄断（传播渠道控制权）和职业权威（解释权）由此被解构。技术驱动的，新的新闻实践形式不断呈现。时至今日，技术一方面推动广义上的新闻业定义继续拓展，比如自媒体的介入在重构新闻生产流程的基础上重新定义了新闻。另一方面，整个传媒行业在技术创新和社会变化的结合中发生了巨变，新的机构行动者，如科技公司和电信公司加入到塑造行业的进程中来，而传统的内容则以"IP"的形式进入了媒介商业和文化的核心圈层当中。

第六章

电信传播与 IP 崛起
——融合体制下媒体产业的重塑

如果说自媒体的介入重构了新闻生产的流程，那么在新闻业之外，技术创新和社会变化的结合则在更大程度上改变了传媒行业。在这一波巨变中，电信巨头和科技公司的入局是外部因素，IP 的崛起则是内部因素。

美国联邦地区法院 2018 年 6 月 12 日驳回美国司法部的反垄断诉讼，批准美国电话电报公司（简称 AT&T）以 854 亿美元收购时代华纳公司。早在 2016 年 10 月，AT&T 便已宣布将以现金加股权的方式收购时代华纳公司。并购声明中强调"合并后的公司将把全球最好的内容（视听产品）通过网络呈现到每一块屏幕中，我们将定义媒体和通信的未来"。2017 年 11 月，美国司法部就该并购案正式发起反垄断诉讼。

电信运营商并购媒体公司限制了媒体业对内容资源近乎垄断的控制，这有助于 AT&T 贯彻其经营策略与市场目标，使之服务于跨媒体产业格局中的自身利益，形成了一种媒体间合并之外的经济重组模式，值得详细研究。更为重要的是，这种重组对既有的媒体产业颇有意义，通过特定的交易描述，此次并购被视作某种"命运"，AT&T 并购时代华纳标志着媒体产业重构的开始。

在新传播科技日新月异的时代，电信运营商要摆脱仅仅作为信息基础设施提供者的被动地位，必须转型为 TMT 电信媒体产业的垂直整合者。作为交易的发起和主导者，AT&T 愿意以极大的代价和司法风险并购时代华纳的动因何在？一言以蔽之，IP 的价值。IP 是传媒行业真正意义上的核心资产。

在产业格局中所说的 IP 更多所指的是改编权，以及由此带来的产业开发价值。IP 在互联网时代最大的特点在于它的市场产业属性，也就是它的可"传递性"。可以充分利用一个好的 IP 跨文化产业类型进行市场开发，而各个产业之间的市场开发还可以形成合力，互动生存。

IP 提供了一种新型的媒体生产关系。它不仅可以理顺传统媒体内部融合发展的路径，而且还可以找到吸纳新媒体资源的切入点。

目前的媒体融合研究更多的聚焦于平面媒体和广电媒体，提及电影相对较少。作为一种大众传播方式，电影也直接或间接提供信息和意义的生产与流通，具有清晰的媒体功能。同时，在互联网已成为信息基础设施的当下，电影也不可能脱离逃离互联网的形塑。现实层面，电影与互联网作为传统媒体与新媒体的结合早已展开。IP 电影，即是影业"媒体融合"的鲜明表征。

本章既考察 AT&T 时代华纳并购案前后的相关交易叙述，探索融合趋势中媒体产业经济重组模式以及电信业与大众传媒的关系。与此同时，也探寻以时代华纳为代表的媒体巨头们的核心资源——IP 及其运作模式。

第一节 "融合"下的广播电视业：时代华纳美国在线的合并为何终结？

2009 年 12 月 9 日，传媒巨头时代华纳公司正式剥离旗下子公司美国在线。分拆后，美国在线成为一家独立上市的互联网公司，专注于发展广告业务，但仍是美国最大的互联网服务提供商之一；时代华纳则专注于内容业务。

十年前的并购，无论从盈利模式还是合作理念上，两家公司的合并都可以被看作传统媒体与新媒体的天作之合。时代华纳希望借助美国在线的平台优势进军新媒体市场，而美国在线则需要时代华纳的有线电视业务作为新的增长点，这是当时两者联姻的出发点。

十年后，据估算，美国在线的市值已经从顶峰的 1630 亿美元滑至现在的不足 30 亿美元，而曾经无比庞大的时代华纳也同样遭遇诸多问题。

一 解体的内因

曾经被誉为媒介融合典范的美国在线时代华纳合并之所以走向解体，是多种因素共同激荡的结果，大致可分为内因、外因和直接动力。

内因是两家公司始终无法整合。非但没有形成强强联合优势互补的局面，相反各自的优势在互相抵消。这主要体现为以下三个方面：

第一，业务资源整合不力。由于网络带宽，传输等技术方面的限制，美国在线难以消化时代华纳庞大的内容资源。时代华纳的内容没有通过美国在线的网络服务出售给消费者并建立成功的盈利模式。双方一直未能找到充分发挥各自优势的新盈利模式，对各自原有的核心竞争力形成了一种路径依赖。

20世纪90年代末，网络科技股泡沫破裂，加上宽带互联网对拨号上网业务的冲击，自美国在线时代华纳合并以来，美国在线广告营收一直不理想，而时代华纳欲借助前者网络优势发展现有业务的打算也落空。

集团本来想把跨媒体广告业务当作新的经济增长点，计划将杂志、书籍、有线服务、动画等传统媒体业务与网络服务的新经济运营模式很好地结合起来，但实际操作起来，美国在线只是充当了时代华纳的各种内容产品的在线推广工具[1]。

第二，经营策略整合不力。"网络+内容"服务模式的技术基石不是美国在线擅长的窄带拨号接入而是宽带服务。公司曾为投资者画出高速互联网的蓝图然而却迟迟不能付诸实施。窄带服务收费23.90美元/月，上网速度每秒56K；宽带服务收费45美元/月，速度每秒1.5M，是前者的27倍，拨号无法与宽带竞争[2]。但美国在线害怕宽带对拨号带来大面积影响进入宽带市场时迟疑不决错过了最佳时机。在网络用户增势减缓的情况下，新老客户被宽带网或拨号服务的竞争对手吸引走，最基本的业务受到很大冲击。

到2002年，美国在线虽然还是拨号连接领域无可争议的老大，但宽带时代已经来临。由于有线电视和本地电话公司是宽带连接的主要提

---

[1] 黄明：《并购史上最大的败局——美国在线收购时代华纳》，《董事会》2009年第6期。
[2] 《时代华纳：喧嚣与回归》，《中国广告》2004年第5期。

供商，而以拨号连接见长的美国在线基本无法进行客户的升级，反而是时代华纳有线电视网拥有的 1300 万用户资源为美国在线向宽带连接的转型提供了空前的资源，这让时代华纳耿耿于怀①。

第三，企业文化整合不力。时代华纳作为传统媒体企业，在长期发展的过程中，积累了深厚的文化底蕴，并有准确把握市场需求的能力，善于从经验中吸取教训，不断推出新产品。美国在线则是一个年轻的互联网公司，其企业文化是以用户接入服务为导向，以快速抢占市场为首要目标，操作灵活，决策迅速。合并后，集团管理层缺乏跨行业管理与整合的经验，双方一直存在着隔阂与冲突。市场研究公司 Gartner 分析师雷·巴尔德斯回忆，合并之后，时代华纳和 AOL 双方的管理层一直都争执得很厉害，两种完全不同的商业模式几乎从来没有很好地合作过。"华纳就像一批老派的西装笔挺的人，跟习惯穿牛仔裤工作的技术人员是很难相处的。"②

二 解体的外因

外因源于以 Web 2.0 为代表的新一代互联网媒体模式的出现，内容生产不再局限于组织化形式，内容来源也不再依赖于传统媒体。

美国在线与时代华纳刚合并的时候，互联网尚欠发达，人们能够获得信息的渠道也大多来自传统媒体。就理念而言，传统媒体仅仅将互联网作为其自身内容的"再转载媒体"。

互联网也正好将传统媒体内容作为一种带动流量的重要手段。

美国在线首席执行官凯斯曾在合并之初雄心勃勃地表示："我们将彻底改变媒体和互联网世界的面貌。"③ 但真正改变互联网和媒体世界面貌的却是谷歌这一当时不起眼的小公司。

搜索引擎曾被认为毫无任何商业模式可言，然而谷歌却凭此服务逐渐发展壮大。谷歌自身不生产任何内容，不干涉媒体公司的内容编辑，不分享媒体公司的广告收益。但是，谷歌却能够从其提供的后台服务中，研究访问用户的行为，优化自己的网站，提高用户的访问体验，进而提

---

① 胡一林：《时代华纳分拆 AOL——3500 亿美元的婚姻解体》，《英才》2009 年第 7 期。
② 杨汛：《时代华纳与 AOL 十年婚期终结》，《北京日报》2009 年 12 月 11 日。
③ 同上。

升广告收益。以谷歌为代表的新一代互联网媒体逐步改变了用户的使用体验和使用方式，在此过程中也形成了自己对互联网市场的控制力。

交互式服务、增值服务已经成为目前互联网盈利的主流模式。正如观察人士指出，美国在线是拨号网络时代的巨人，但现在已经成了步履蹒跚、需要搀扶的老人。

不能不提的还有投资者的压力，这是时代华纳剥离美国在线的直接动力。华尔街投资者对多元化媒体集团能否成功发挥多样化资产组合所带来的"协作优势"已经产生了怀疑。因为投资者很难弄清楚这些跨行业的大规模媒体集团内部的复杂关系，更不用说对其中的投资风险做出准确评估了。而分拆后，时代华纳方面称，公司将增加公司的股票分红或者采取其他措施返还一些储备金给投资者。

三 解体后的走向

对于时代华纳而言，美国在线被分拆后，它似乎终于解脱了。"分拆是时代华纳重组计划中的一项关键性举措。这将使两家公司在运营和战略层面上获得更大的灵活性，对于时代华纳和 AOL 而言，都是最理想的结果。"时代华纳董事长兼 CEO 杰夫·比克斯（Jeff Bewkes）如此表示[1]。

《财富》杂志网络版则载文称：分拆后，时代华纳将失去美国在线这只肥壮的"现金牛"。据业内估计，2008 年，虽然出现巨亏，但美国在线还是为时代华纳贡献了约三分之一的现金流（不包括有线电视业务）；而据时代华纳公布的资料，目前美国在线在时代华纳现金流中的份额约为 20%，高达 10 亿美元。

而分家后美国在线的新战略则以内容为中心，希望借此吸引流量并获取广告收入。美国在线的 CEO 蒂姆·阿姆斯特朗（Tim Armstrong）希望将该公司打造成为"高质量网络内容的最大生产者以及网络显示广告的最大卖家"[2]。

阿姆斯特朗认为，广告主对广告放置的位置更为在意，而且愿意花

---

[1] 杨汛：《时代华纳与 AOL 十年婚期终结》，《北京日报》2009 年 12 月 11 日。
[2] 《经济学人：AOL 雅虎重返战场》，转引自文新传媒网，http://www.news365.com.cn/gdxww/2799307.htm.

更多的钱放在可信度更高、声望更好的内容旁边。他认为这种情况对美国在线有利，因为美国在线拥有大批细分网站和原创内容。

第二节　融合媒体：AT&T 时代华纳并购背后的媒体产业格局

随着"有线"电话和"无线"广电的技术外显特征消解，21世纪初电信传播和大众传播间割裂的历史被扭转过来。广电系统和宽带网络日益的有线化，而语音和文本信息的传递则逐渐迁移到无线的移动蜂窝数字网络。Cubitt（2014）认为，继电报和电话之后，日益融合的电信网络开始承担了大众媒体的角色。Lynne Gross（2005）指出，电信涵盖了传统广播电视。电信传播是传统广播电视传播的高级阶段，起初只是用来特指一些电话公司的业务活动。随着电信通信技术与各传统媒体的整合，电信传播现在已经扩展到整个广播电视领域。

从传统视角看，大众传媒和电信虽然都是信息的载体，但其功能不同：前者包含多种多样的信息并能同时覆盖大量而异质的受众；而后者通常被视为人际联系的工具，长于组织和说服。Jianguo Zhu（1996）提醒，大众传媒和电信在社会效果之外，也有经济效果。两者对经济发展的影响可以在"创新扩散"的框架内考察：大众传媒在传播产品和概念的知识方面发挥重要作用；而电信则是变革推动者影响受众决策的重要工具。在传播科技发展和融合的趋势中，电信加速了信息生产、收集和分发的过程。

由于数字化竞争的加剧，大众传媒和电信企业逐渐转向并购和建立战略联盟，从而增加了行业内部和跨行业的集中度。Roger（2009）指出，媒体业表现出自然的集中趋势，似乎任何合并都能带来利润增长，即便是处于不同的地理空间的媒体合并。合并既有激励作用，也有排挤作用：不参与合并的公司甚至可能被迫退出市场。这时，竞争优势在很大程度上取决于规模经济，因此市场往往被少数集团化企业主导。

市场结构和所有权模式对于市场力量性质和程度的影响仍然至关重要。Doyle（2014）发现，不断变化的传播技术正在使受众迁往互联网和移动媒体，广告支出也是如此。因此，一方面，从客观上看，电信与媒体的公共属性、规模和范围经济的需要以及数字融合共同推动了行业内部和跨行业的集中度。另一方面，就主观而言，并购是为了更集中的所有权模式和更高的经济效率。

一 业务资源：财务指标导向的移动端聚合

AT&T时代华纳的并购，无论是轰动效应，体量还是动机，都被普遍认为可以与2000年时代华纳AOL（美国在线）合并案相提并论。当时，时代华纳希望借助美国在线的平台优势进军新媒体市场，而美国在线则需要时代华纳的有线电视业务作为新的盈利增长点，这是当时两者联姻的出发点。不到十年，2009年12月9日，时代华纳AOL的合并正式终结。之所以走向解体，是多种因素共同激荡的结果。

在21世纪的头一个十年，由于网络带宽、传输等技术方面的限制，时代华纳的优质内容无法通过美国在线的渠道出售给消费者，并建立成功的盈利模式。时至今日，当年的技术瓶颈都已突破。

时代华纳剥离AOL后，又相继剥离了时代华纳有线和时代杂志等资产，逐渐从之前的平面、影视和有线网络渠道兼具的传统媒体巨头转型为专注数字影视的内容提供商。对于此次AT&T时代华纳合并而言，不仅有更契合的需求对接，而且之前的技术限制已经不再是问题，但这是否意味着双方的业务资源有更好的整合度？

在一个受众越来越多地在线消费所有类型媒体的世界里，AT&T时代华纳和它们的竞争对手不得不重新评估已经保持静止多年的商业模式。在这个传统的商业模式中，美国的有线和无线运营商通过提供更快速的互联网连接经历了多年的增长。媒体公司通过增加包含数百个电视频道的臃肿套餐订阅费也大发其财。

今天，智能手机和宽带用户已基本饱和，付费电视用户也正在下降。年轻人通常不会选择涵盖许多无用频道的电视套餐，相反，他们开始将他们的忠诚转移到更便宜、更灵活的流媒体提供商，如Netflix和Hulu。基于消费者的需求，媒体内容的传播更为集中，可购买的内容套餐与可获得内容的媒体平台选择也更灵活，一个显而易见的趋势是，"越来越多的视频进入了移动媒体"。AT&T和时代华纳似乎都陷入困境。前者不想成为通过其无线网络传递无差别内容的"哑管"（dumb pipe），后者作为媒体公司的局限是无法直接接触消费者。这两个实体结合在一起，理论上可以开发出新的业务，如基于互联网的电视产品（OTT），从在线竞争对手中夺得一部分新兴市场。

AT&T 时代华纳声称目标是通过提供类似于传统付费电视套餐的无线视频套餐，在全国范围内与有线电视公司竞争，并认为"这将突破传统的娱乐模式，并为客户的利益拓展内容可用性的边界"。①

所谓传统的娱乐模式，即条块分割、时空分立的模式：视频内容通过电影或者电视渠道，在休息的时间去电影院或者在家欣赏收看。从技术发展看，4G 网络和移动智能终端的出现已经突破了上述时空限制。从理论上讲，随时随地看视频的娱乐模式正在浮现，但实际操作中还遇到困难，主要原因有二：一是监管壁垒，另外就是建制壁垒。

监管壁垒是为了防止垄断和不恰当竞争优势。AT&T 10 月份推出每月资费 35 美元的 DirecTV Now 网络电视服务后，移动订户将可以尽情使用视频流数据流量，该公司在计算月度数据流量上限时不会计入此类流量。不过，如果这些用户大量使用 Netflix Inc.（NFLX）和 Hulu 等外部服务，则相关数据流量会累计起来，可能产生附加费用。美国联邦通讯委员会的部分人士已经将上述做法视为不恰当的零费率（zero rating）服务实例，因为这种做法会让市场上的流媒体服务竞争对手陷入劣势。

建制壁垒是基于既有市场结构而产生的，简而言之，就是电信企业主要作为渠道运营商，大众传媒则主要作为内容供应商，各有所长也各有所缺。就视频娱乐资源而言，通常都集中在大众媒体的收费有线电视、电影和正逐步成熟的流媒体手中。电信企业虽然有直接对接受众的渠道和网络，却无法满足他们的内容需求。

"有了出色的内容，就可以建立真正差异化的视频服务，无论是传统电视，OTT 或移动媒体。基于电视、移动和宽带的全方位服务以及直接连接的客户关系，使我们可以提供与受众匹配度高的广告（addres-

---

① Thomas Gryta, Keach Hagey, Dana Cimilluca, Amol Sharma, "AT&T Reaches Deal to Buy Time Warner for ＄85.4 Billion", http：//www.wsj.com/articles/at-t-reaches-deal-to-buy-time-warner-for-more-than-80-billion-1477157084.

sable advertising）以及量身定制的内容"①，兰德尔·斯蒂芬森认为这是一个整合的路径并相信这个模式随着时间的推移会取得成效。

时代华纳有精彩的内容。在美国选举年，有线电视新闻网 CNN 的评级上升。华纳兄弟影业拥有哈利波特和蝙蝠侠等大 IP。HBO 通过热门电视剧《权力的游戏》和《硅谷》示范了优质视频内容如何通过直接面向消费者移动应用吸引订阅者。正如时代华纳董事长杰夫·比约克在声明中所表示的："与 AT&T 相结合，极大地加速了我们以多平台为基础向消费者提供我们的品牌和优质内容的能力，并利用视频内容不断增长的需求所带来的巨大机遇。"②

AT&T 和时代华纳业务资源融合着眼点在于构建一个完整的价值系统（如图 1 所示）。媒体—电信复合体价值链的组成中，作为移动与网络运营商 AT&T，提供了计费、互动、促销的运营平台；作为内容提供商时代华纳其丰富的 IP 资源库使得运营商不需要再去费尽心思的找内容，一定程度上还能吸引部分忠实的粉丝过来；当内容和渠道对接上后，还需要剪辑、整合、包装和推广内容产品，像 DirecTV Now 这般的

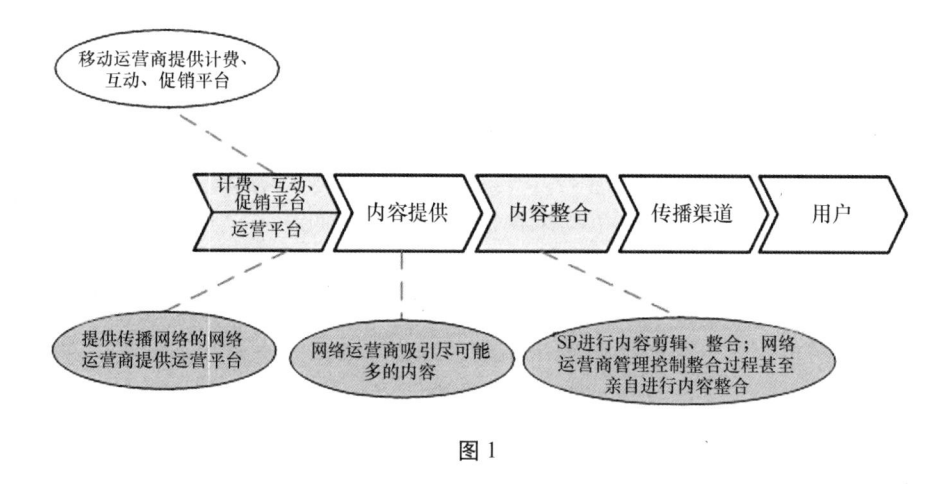

图 1

---

① Brian Solomon, "AT&T, Time Warner Team Up to Fight for the Future of TV", http://www.forbes.com/sites/briansolomon/2016/10/22/att-time-warner-team-up-to-fight-for-the-future-of-tv/#5b5f95466069.

② Cynthia Littleton, "AT&T Clinches $84 Billion Acquisition of Time Warner", http://www.bostonherald.com/business/business_markets/2016/10/att_clinches_84_billion_acquisition_of_time_warner.

差异化产品,降低了受众的成本并且增加了其收益,最终将并购后的上游价值和渠道价值转化为买方价值。

由此可见,这是一次以技术变革为基础、市场或者说经济指标为导向的并购交易,其背后动机就是将各自核心资源价值最大化。在电信基础设施和内容资源汇聚的中心,是想象中的资金流,虽然会有生产和营销流程的再造,也不过是将之前的跨行业的联盟式运作升级为集团化的一体式运作。受众或者说用户的选择依然是被动的、有限的,只不过选择范围扩大了,用户与传播技术结合后的能动性与愿望依然没有得到根本性的重视。

二 经营策略:固化的传播与流动的网络

AT&T 和时代华纳此次并购,是一个现时境遇驱动的交易还是未来愿景驱动的交易?答案是不确定的。事实上,这种组合甚至可能是一个危险信号,标志着某些市场已经达到峰值,"比如 AOL 时代华纳,就标志着第一个数字泡沫的高峰"①。此次并购可能会受到美国反垄断监管部门的密切关注。AT&T 面临着说服美国监管机构的挑战,以证明其拟议中的 854 亿美元收购时代华纳不会不公平地扭曲媒体和通信行业。此前这笔交易的批评者表示,合并后的实体将拥有太多的市场力量。针对市场对该并购能否通过审批的担忧,斯蒂芬森表示,他不认为该并购通过审批会存在什么困难,这次并购是产业链上下游的并购,AT&T 并购的是一家"供应商",而不是竞争对手。②

通常意义上讲,当一家企业通过并购竞争对手扩大市场份额时,才应引起反垄断担忧。因为基于类似的业务合并,这些交易被称为横向整合。然而,AT&T 的收购时代华纳被认为是垂直并购,"因为两家公司在很大程度上不相互竞争,但在同一个供应链上运作"。③

---

① Mathew Ingram,"Why AT&T and Time Warner Is Worse Than the AOL-Time Warner Deal",http://fortune.com/2016/10/25/pga-tour-china-sales/.

② Matthew Garrahan, "AT&T Confident of Approval for $85bn Time Warner Buyout",https://www.ft.com/content/4714e3f4-98cd-11e6-8f9b-70e3cabccfae.

③ Leslie Picker, Cecilia Kang,"Regulatory Microscope Lies Ahead for AT&T and Time Warner", http://www.nytimes.com/2016/10/23/business/dealbook/regulatory-microscope-lies-ahead-for-att-and-time-warner.html?_r=0.

但是，分销商和内容制作者之间的垂直整合并非成功的保证。

即使假设内容和渠道的搭配是一个可行的战略，AT&T 时代华纳合并的利好还有待观察。正如 Amazon Studios 战略部主管 Matthew Ball 在 Twitter 中指出的（如图 2 所示），"时代华纳"已经通过长期协议授权了几乎所有的 IP，这意味着时代华纳的内容资产短时间内几乎没有什么利用价值。

从理论上考察，AT&T 时代华纳合并成败系于一个问题：合并后业务的价值超过单一的业务价值吗？作为并购方，一般只能从以下四种方式中受益：其一，买一个便宜且有升值潜力的资产；其二，相比当前管理层，能够更有效地运行目标公司；其三，获得市场支配力；其四，利用协同作用，通过资产组合创造更大价值。①

AT&T—时代华纳交易和前三个应该是不相关的：时代华纳绝不是一个便宜的资产，实际上成交价格高于市场价格大约 35%；AT&T 也不可能有把握比原有团队更好地管理时代华纳；而市场支配力的实现更适用于水平并购，而不是垂直并购；唯有第四条，即协同作用产生更大价值是这一宗合并案可以期待的良性发展路径。

> You don't really "have" content if you've sold all the rights. Its owning a house you've leased out. Sure, you have it, but you can't use it
>
> — Matthew Ball (@ballmatthew)
> October 22, 2016

图 2

内容和渠道分销的结合，在一个不断更新的技术环境中几乎很难产生新价值。融合媒体的时代，真正的市场竞争不是在内容提供商之间，也不是渠道服务商之间，更不是在上下游的这两者之间。从发展趋势看，越来越多涉及技术公司，如 Facebook、亚马逊、谷歌和新兴的

---

① Bharat Anand, "AT&T, Time Warner, and What Makes Vertical Mergers Succeed", https：//hbr.org/2016/10/att-time-warner-and-what-makes-vertical-mergers-succeed.

Netflix。

　　融合媒体的时代，技术公司开启了电信化和媒体化的双重转向。它们提供大量的在线视频，对传统的电视和电影公司构成直接威胁，比如谷歌旗下的 YouTube 已经成了最主流的视频集散中心；同时，它们也开始抢占电信市场，威胁到电信巨头 AT&T 和 Verizon 的传统领地。"它们为连接数据中心的海底电缆提供资金。它们购买光纤基础设施。Facebook 构建开源电信设备，Google 提供高速互联网服务，亚马逊希望成为欧洲的互联网服务提供商。"[1]

　　电信业特征化的渠道优势正在消失。对用户而言，融合媒体的基础就是全天候的 4G 无缝数据连接，4G 是融合媒体最重要的支点。但是这个渠道壁垒正在被攻破。比如谷歌 Project Fi，它将现有网络混合在一起。共有三个网络来支持 Fi，T-Mobile、Sprint 和覆盖全美超过 100 万个 Wi-Fi 热点，利用电信运营商和其他商户的基础设施向谷歌自有品牌 NEXUS 手机用户提供语音及数据服务。[2] 谷歌并没有花费大量资金来建立自己的移动网络，却通过合作方式和技术手段建立起了"流动的网络"。

　　在此形势中，媒体—电信复合体垂直整合的基础必然消解。科技公司运用资本力量加技术手段构建的"流动的网络"，帮助用户摆脱了渠道限制，而 UGC 和 UDC 的兴起也有助于突破内容资源垄断。如此一来，在新老势力对峙的缝隙中重新建立了一个相对自主且便宜的消费模式。在 4G 移动通信网、移动智能终端、自媒体与媒体业之间的交汇点上，用户或者说用户共同体浮现了出来，和前述元素共同塑造了融合媒体。

三　企业文化的内在冲突与网络对接的外在矛盾

　　AT&T 和时代华纳的组合汇集了两家在电信业务和媒体有着悠久历史的公司（如图 3 所示）。AT&T 根源可追溯到原来近乎垄断的贝尔通

---

[1] Klint Finley, "AT&T Is Buying Time Warner Because the Future is Google", https://www.wired.com/2016/10/att-buying-time-warner-future-google/.

[2] Fox, Nick, "Say Hi to Fi: A New Way to Say Hello", Official Google Blog, Google, 2015－04－22［2015－12－05］, https：//www.blog.google/products/project-fi/project-fi/.

信，1984 年，美国司法部成功地将其分成七个独立的地区公司。但在过去 30 年里，大多数公司已经在一系列合并中重组，这些合并构成了现在的 AT&T 和 Verizon。

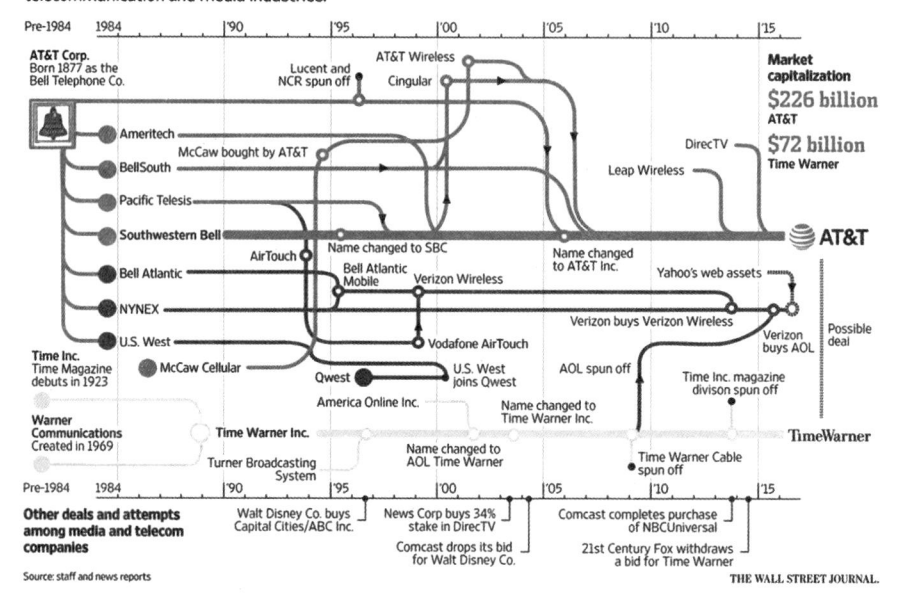

图 3

时代华纳的历史也经历了一系列的兼并和分拆。1987 年，杂志出版商 Time Inc.（和 HBO 的所有者）与电影制片厂家 Warner Communications 合并，时代华纳公司在 1996 年购买了 Turner 广播系统（TBS，TNT，CNN）。2001 年，它完成了一个与 AOL 的大型合并。时代华纳的现任首席执行官比克斯，主持了 2009 年 AOL 时代华纳分拆，2013 年又分拆了时代华纳有线公司（现在由 Charter Communications 拥有）①。

AT&T 作为电信巨头奉行的实际上是效率先行的工程师文化，与时

---

① Alina Selyukh, "TIMELINE: AT&T's Merger with Time Warner Follows Decades of Industry Deals", http://www.npr.org/sections/thetwo-way/2016/10/22/498996253/timeline-at-ts-merger-with-time-warner-follows-decades-of-industry-deals.

代华纳的作者文化大相径庭。前者必须不懈地寻求效率，后者必须容忍许多绝望的低效率。

媒体公司的工作是创造受众想要的产品，并且它将付费，即使观众经常不知道自己想要什么或愿意支付什么。换句话说，它是一个广泛的投机性企业，因为这涉及大量独特的产品。相对来说，媒体产品必须是原创的，而拒绝生产流水线式的标准化。事实上，这是"一个涉及品位、情感、个性吸引力、文化细微差异、视觉传达和相当多的走在幽默和机智之间的细微差别的工作"[1]。这与传统的工业企业行为相反，需要在每一个层次都必须沉迷于自我。

与此相似的是，在上一次失败的教训中，市场研究公司 Gartner 分析师雷巴尔德斯回忆，时代华纳和美国在线合并后双方的管理层一直都争执得很厉害，两种完全不同的商业模式几乎从来没有很好地合作过，"华纳就像一批老派的西装笔挺的人，跟习惯穿牛仔裤工作的技术人员是很难相处的"[2]。此次并购带来了一个绝佳的机会，供我们检视融合时代的最新信息生产方式，也可检视媒体产业内部如何构思和想象融合时代的产品，更可检视21世纪以来大众传媒与电信业的关系以及重组模式。

这种模式，实质上而言，意图在一个媒体—通信复合体中建立一个把渠道和内容产品以及用户与广告客户链接起来的组织网络。其设想的功能是突破媒介形态与行业格局的限制，将渠道和内容的价值双重最大化。

随着移动终端媒体和自媒体的推广普及，媒体—通信复合体也必须不断吸纳以用户为中心的社会资源突破封闭的组织化导向，强调产品不仅在多平台上呈现，更要与用户特定的内容需求和具体的获取方式相适应。

在媒体—通信复合体内部，网络围绕着对效率、创新和事业发展的目标组织起来，比如降低生产成本增加效率的愿望；对新传播技术的兴

---

[1] Michael, "Wolff: Business Theory behind AT&T-Time Warner Deal is Twisted", http://www.usatoday.com/story/money/columnist/wolff/2016/10/30/wolff-business-theory-time-warner-deal/92885442/.

[2] 杨汛：《时代华纳与AOL十年婚期终结》，《北京日报》2009年12月11日。

趣；通过技术更新来拓展市场的动力等。很明显，这是一个目标导向的组织网络。而在媒体—通信复合体的外部，出现了新的技术和社会实践方式，逐步发展成为用户兴趣导向的社会网络。目标导向的组织化网络无法对接兴趣导向的社会化网络，相比企业文化的显性冲突，这可能才是媒体—电信重组模式的最大困境。

无论如何，AT&T 时代华纳的合并交易如果完成，还是可能会影响到整个媒体生态系统。合并将使 AT&T 具有无与伦比的规模，并通过智能手机、家庭宽带、卫星电视和广泛的有线电视频道和电影组合覆盖消费者。毕竟，之前类似的 Comcast 与 NBCUniversal 合并，还未涉及无线（移动）运营商。

美国总统唐纳德·特朗普表示他会阻止这一场并购交易，并正式声明："媒体正在形成新的垄断，掌握了大量信息，不断介入我们的生活，并影响今年美国的正常政治选举。"[①] 持有相同看法的还有普通公民和消费者，"所有这些都是为了跟踪和锁定我们消费者，无论我们使用移动媒体、电脑或电视"，正如华盛顿特区倡导团体数字民主中心执行董事 Jeffrey Cheste 所说，"无论我们到那里去，不管是在超市，在车里，在街上，这些电信和媒体巨头都能通过越来越先进的移动通信技术定位我们，以便将他们强大的数字触角进一步深入我们的生活中"[②]。

但实际情况未必如此糟糕。媒体—电信复合体重构了一个具有专业和组织化双重门槛的网络，但这种封闭式组织化网络无法完全对接依托移动加自媒体构建起来的开放式社会化网络。美国大选的结果与选前主流媒体发布的民调结果的大相径庭在某种程度上也说明了这一点。

媒体—电信复合体的核心困境既非企业间资源、策略和文化的整合问题，也非监管和规制对其交易的潜在破坏性问题，而是其固有的市场导向、权力中心化与兴趣导向、去中心化的矛盾，而后者正是"融合媒体"所展现的。因此，AT&T 时代华纳并购虽然意图回应行业建制外的技术变革与社会变革，但究其本质而言，仍然只是组织变革。

---

① 《AT&T 并购时代华纳引发垄断担忧》，《经济参考报》2016 年 10 月 25 日。
② Jefferson Graham，"What Time Warner-AT&T Alliance Means for You"，http：//www.usatoday.com/staff/874/jefferson-graham/.

最终，发生在移动通信网、智能终端、自媒体用户与大众传媒业之间交汇点的，并非媒体—电信复合体，而是分布广泛的多重主体、牵涉每一个人的动态关系、共享行为和传播行动，这种将多媒介、移动连接和社会交往融合为一体的抽象形态，即本书所建构的"融合媒体"。

第三节　融合媒体语境下的 IP 开发模式

"IP"即版权。好莱坞的版权概念更注重对原创作品的"保护"，而国内兴起的 IP 概念则更强调对原创作品的"开发"。本书提出，围绕融合媒体技术语境下的版权价值挖掘，先后出现和并存着三种 IP 开发模式：产品扩展模式、项目协同模式和众创模式，对应 IP 被视作产品、项目和众创过程。IP 开发从无核心到有核心最终到去核心，涵盖了体系、环境与当代神话。

IP，即英文 Intellectual Property 的缩写，翻译成中文是知识产权。知识产权包含三大体系：版权（copyright）、专利（patent）、商标（trademark）。在实际操作中，IP 主要是指版权。和法律上的版权概念相比，在影视为代表的娱乐产业中，IP 存在自己特有的语境和阐释空间。

内容资源已经迅速发展成一种产权。在好莱坞，这种产权被定义为"一个人拥有法定的独家开发权利，能够在某种构思、概念、剧本或其他文学形式的基础上发展出一部电影"，其含义是指"作为制作和发行一部电影的权利的基础的文学或其他作品"[①]。

好莱坞的版权概念更注重对原创作品的"保护"，而国内兴起的 IP 概念则更强调对原创作品的"开发"。追溯其源头，IP 最早出现在游戏领域，"一个 IP 能够让游戏产品迅速推广到广大游戏玩家当中，这对于游戏企业而言可以节省大量的营销成本"[②]。相比开发增量用户资源，将 IP 背后的粉丝作为存量用户转化过来更具可操作性。IP 的价值，正是建立在吸收和依赖 IP 所积累的粉丝群基础上。由此可见，IP 热的背

[①]　［美］瓦斯科：《浮华的盛宴：好莱坞电影产业揭秘》，毕香玲译，中信出版社 2006 年版。

[②]　新华网：《无 IP 不游戏》，http：//news.xinhuanet.com/tech/2016 – 08/04/c_129203416.htm。

后，除了版权争夺，还有用户争夺的考量。

IP 实际类似于好莱坞的 media franchise，基本含义是文化创意的跨媒介叙事/授权，呈现一个纵横交错的丰富状态：比如从横切面看是媒介形态多元化，包括图书/游戏/电影与周边产品开发如玩具等的联动式开发；从纵断面看是产品系列化，比如系列小说、连载漫画和影视季播等，通过开放统一的宇宙观和价值观整合为一体。

Media franchise 的潮流的背后是媒体所有权形式的变化。往昔好莱坞所关注的只是电影，但新的娱乐集团却拥有完整的产业链和收益回报。在数字效果和高分辨率游戏图像成为主流的时代，游戏领域和电影领域已经变得极其相似——它们在重复利用电影领域的数字资源[①]。

IP 的开发和运营体现了现代娱乐业结构设计理念，即用水平整合的方式构建娱乐系列产品体系。在水平整合中，内容产品从单媒体的静态呈现裂变为跨媒体的动态呈现。不同的媒介形式有着不同的细分市场，一般而言，影视受众多样化程度较高，而漫画和游戏的受众面较窄。如果能够争取足够数量的粉丝，且能够提供更丰富的娱乐体验，那么就能够通过跨界市场来拓展市场份额。围绕着这样的基本原则，在 IP 的开发中，大致可以观察到三种模式。

一 产品扩展（IP As Product）模式

该模式强调 IP 的产品形态拓展，原创 IP 的持有者通常是个人而非娱乐公司，整个 IP 的价值开发通过授权的方式来层层推进。通常的路径是将 IP 集中于某个领域进行孵化，当然这个过程有时候并非是完全规划好的，而是完全自发和自然形成的。再逐步将其产品形态扩展到更多领域，其他领域产品的成功回过来也提升了原初领域产品的影响力，最后形成一个优质的 IP（如图 4 所示）。比如书（小说/漫画）形成了一定粉丝群体后，再改编成电影或者电视剧，继而进军游戏市场。以小说/漫画为起点进行 IP 开发相对而言成本更低、更具可操作性，因而成为了目前最为常规的路径。

《哈利·波特》正是以小说为起点进行 IP 孵化拓展的典型案例。该

---

① ［美］亨利·詹金斯：《融合文化：新媒体和旧媒体的冲突地带》，杜永明译，商务印书馆 2012 年版，第 168 页。

图 4

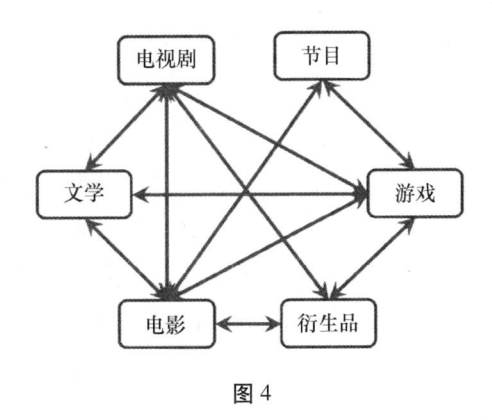

小说系列作者是英国作家 J. K. 罗琳，1997 年至 2007 年的十年间里，共出版七部图书，先后被译成 70 余种语言，全球销量超过 6 亿册。[①]《哈利·波特》的畅销获得了娱乐产业界的注意，罗琳授权时代华纳公司将其系列小说拍摄为电影并开发经营衍生产品。作为全球史上最卖座的系列电影，《哈利·波特》总票房收入超过 77 亿美元。[②] 值得注意的是，系列电影的制作发行与小说创作出版的持续并行不悖，电影形成的关注度同样促进了系列丛书的销量，形成衔接完好的链条。

时代华纳专注于基于优质 IP 的影视创作，衍生产品的产销是通过再一次授权外包的方式进行的。为了避免内容创作和衍生品开发的"两张皮"现象，在电影筹备阶段，时代华纳就和其商业伙伴一起讨论如何把电影制作环节的道具和服饰等安排和后续的衍生产品开发衔接起来[③]。通过协调和发挥各个部门的优势，以 IP 产品呈现为核心，互相呼应，优化了整个生产流程，保证了 IP 价值的市场呈现。

类似的案例还有《花千骨》。但和《哈利波特》系列不同，在影视剧上映之前，小说《花千骨》商业价值并不显著。《花千骨》IP 的价值开发始于同名电视剧的播映，其 IP 开发走向成熟则受益于同名手游的发行，IP 扩展成为包括小说、影视剧、游戏产品的多元产品。据不完全统计显示，《花千骨》所衍生出的电视剧、游戏等版权产值，已经超过

[①] 黄鋆：《哈利·波特在中国一火 15 年》，《燕赵晚报》2015 年 8 月 4 日。
[②] Franchise Index，http：//www.boxofficemojo.com/franchises/？view＝Franchise&p＝.htm.
[③] 江小妍、王亮：《泛娱乐环境下的 IP 运营模式研究》，《科技与出版》2016 年第 5 期。

20亿元①。在经济效益扩展的同时,IP的产品扩展使得其社会影响也产生了叠加效应:对于《花千骨》而言,其小说已有一定的粉丝基础,电视剧播映又吸引了一部分新的人群,同名游戏的发行又将玩家囊括其中,多元跨界产品联动,粉丝群体呈现出一加一加一大于三的效果,这就是透过产品价值带来的影响力将IP价值开发出来。

产品扩展模式是按照增效理念来塑造的。围绕一个原创故事以电影、漫画或者电视剧为起点展开系列延伸的价值开发。通过特许授权协定,IP的持有方出让版权给一个独立的第三方,授权它使用其IP来生产衍生产品,为了保护原创所有权,协定通常限定了利用故事人物或思想的界限。

二 项目协同(IP As Project)模式

此模式以IP资源生长的某个领域为中心,借市场热度将IP多领域并行延展。比如一部小说聚集了大量粉丝形成IP后,同时进行漫画、影视、游戏、周边产品等形态的开发,这种形态依托于IP持有者强大的资源整合能力(如图5所示)。迪士尼就采用这种商业模式,其IP运营不仅是拍一部电影或动画片,而是项目整合运营,打造IP全产业链。

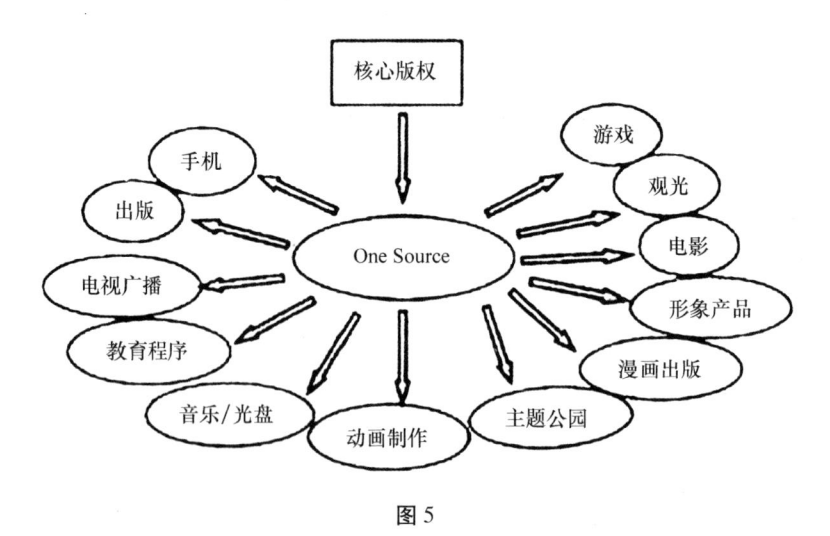

图5

---

① 彭琳、雷超越:《〈花千骨〉衍生领域产值超20亿元 网络剧商业模式裂变》,《南方日报》,http://www.ce.cn/culture/gd/201509/17/t20150917_6507872.shtml.

在这里,"特许授权"被"共同创造"所替代。在 IP 持有者的协调下,各个团队从一开始就通力合作,在各自平台上呈现出最精彩的内容产品,为受众提供丰富多元可选择的娱乐体验,扩大 IP 进入市场的切入点。

以协同的方式将 IP 在跨媒介平台上展现出来,其中每一个媒介文本都对 IP 开发做出了独特贡献。因为强势的项目主导者存在,IP 往往最先以电影呈现,进而通过电视、小说以及漫画展开进一步的详述,游戏进一步扩大了叙事空间,主题公园提供更丰富体验。切入 IP 的每一个子项目必须是独立完备的,都是开发 IP 价值的一个切入点。

以迪士尼为代表的项目协同模式中,周边衍生品开发的收益不亚于、有时甚至大于电影本身。以《玩具总动员3》为例,该项目就总共为迪士尼创收接近 34 亿美元:电影作为 IP 的起始端,其票房收入占其中的 9.2 亿美元[1];在图书、游戏、玩具等领域的同时发力为迪士尼贡献 24 亿美元。[2] 特别是 21 世纪以来,迪士尼影视娱乐业务收入占比不断下降,而迪士尼乐园及度假村、衍生产品收入占比不断提升,这些业务大多依托迪士尼影业创造的 IP 形象,进行 IP 价值持续开发。

2008 年漫威影业被迪士尼收购之后,"漫威模式"也被纳入迪士尼的项目整合模式中。所谓漫威模式,即在核心作品外通过续集、外传、前传的方式,将一个故事的前世今生不断扩展延伸,构成一个更加完备的体系。我们也可以将其理解为,专注于电影的 IP 价值开发,同样遵循的是项目协同模式。其基本要求是:通过作品之间剧情和人物的串联,形成一个整体,在发行时间上又承接有序。IP 内涵渗透和体现在一系列不同形式的作品中,加深了用户对 IP 的理解与认知,从而形成了用户对 IP 较高的忠诚度。

这种商业模式的弊病也不可避免。以项目整合的方式开发电影 IP,使得创作者更容易被经济逻辑所左右,其艺术思考与艺术表达受到限制。近年来,漫威公司更多地选用电视剧导演,这些导演习惯于受到制

---

[1] 腾讯动漫:《〈玩具总动员3〉破全球动画票房记录》,http://blog.sina.com.cn/s/blog_63e4c6ad010ol0rh.html.

[2] 新浪娱乐:《〈玩具总动员3〉相关商品收入预计可达24亿美元》,https://ent.sina.cn/film/foreign/2010 - 06 - 03/detail-icczmvun2756205.d.html.

片方的管理，他们也无法为了个人风格和自己对电影的解读而与漫威总体上的电影计划相抗衡。①

总的来说，项目协同模式也是有利有弊。一方面，对于 IP 持有者来说，项目协同代表了一种扩张的机会，因为在某一领域获得成功的 IP 能够在其他领域拓展其市场价值。另一方面，这背后也隐藏风险，因为 IP 价值也可能被多元市场碎片化，这不只是财务风险，也可能是艺术风险。

三　众创（IP As Process）模式

这是一个相对最不成熟，当然也是最具探索性和不确定性的模式。在这里，IP 的价值开发，本质上取决于集体智慧能在多大程度上反映出来。这是一种基于互联网的互动与反馈机制，让粉丝、用户与作者以不同的方式共同参与创造作品的众创模式（如图 6 所示），IP 价值开发被视为一个众创过程。

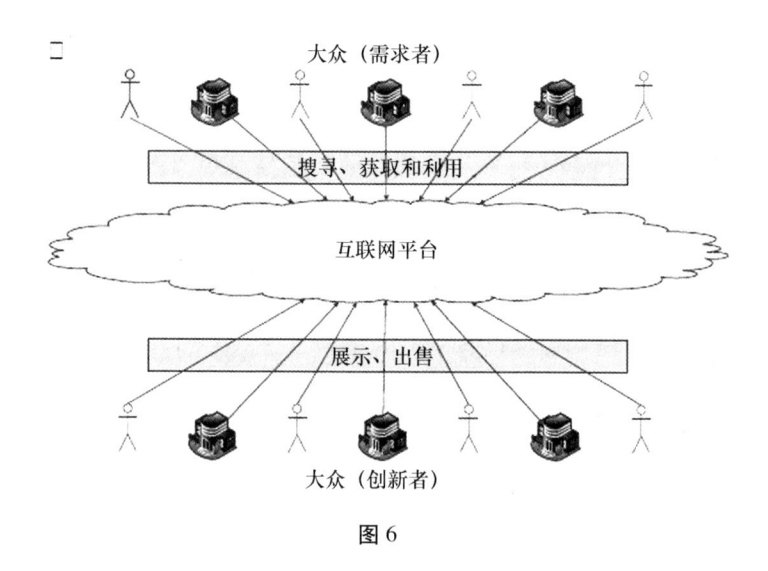

图 6

没有人可以无所不知；但是每个人都会有所知。个体的资源通过互

---

① 中国文化报：《漫威电影生产模式的危机》，http：//culture. people. com. cn/n/2015/0810/c172318 – 27436153. html.

联网为代表的新传播技术连接在一起，形成了 Pierre Lévy（1997：20）所说的"集体智慧"。互联网时代的集体智慧体现在 Linux 开放源代码软件的开发过程中；体现在 T 恤设计网站 Threadless.com 成功动员大众参与设计 T 恤的案例中；也体现在宝洁公司通过 Innocentive 网站将部分研发任务外包从而节约发成本的创举中。

IP 众创来源于三个基础：其一，年轻世代自我实现与自我表达的多元化。其二，粉丝社群的形成与发展。其三，海量的 IP 需求和互联网参与式融合文化的结合，促进了众创愿望与能力的持续提高。事实上，互联网技术带来的知识环境的变化是最终促使众创模式出现和不断发展的根本原因[1]。

粉丝在强化 IP 价值方面的贡献在互联网时代变得无可辩驳。比如网络可以为业余电影制作者们提供一个实验与创新的场所，其中最有商业潜力的实践可能会被相关投资人或者娱乐公司所支持，要么基于这些素材开发影视作品，要么将其创作者吸纳到相关企业。在这样的环境中，粉丝作品和创意被当作公开分享挪用而且能被再加工的 IP。

在这样的文化潮流中，更多的娱乐厂商开始借助粉丝的力量来孵化和定制 IP。尤其是那些有互联网背景的公司，它们能通过大数据的反馈来研判市场需求，并建立相应数据模型预测市场趋势，再选择合适的 IP 定制化开发以满足用户需求。腾讯的《勇者大冒险》就在尝试这种模式来进行 IP 开发。先成立一个创作委员会，吸取各方面意见来构建这个 IP 的整个世界观，诸如故事走向、人物设定、核心情节等，希望同时打造网络文学、网络漫画与动画、游戏、和影视等方面。各个领域一起参与，使创作不至于脱节[2]。

简而言之，今天的 IP 不只是作为产品和项目呈现，而且包括所有的用户意见评论和引发的其他后续内容。这是一个没有明确起点和终点的"过程"。从"过程"或者说从社会关系出发来探讨 IP 价值开发，研究焦点将不再仅仅停留在文创公司与创作者，而需要思考 IP 的周边

---

[1] 刘志迎、陈青祥、徐毅：《众创的概念模型及其理论解析》，《科学学与科学技术管理》2015 年第 2 期。

[2] 程武、李清：《IP 热潮的背后与泛娱乐思维下的未来电影》，《当代电影》2015 年第 9 期。

关系，其中包括用户生产内容（UGC）以及用户自身的角色。

余论

围绕着 IP 价值开发，目前可观察到的三种主要模式分别为产品扩展模式、项目协同模式以及众创模式，因为其英文关键词分别是 Product/Project/Process，本书将其统称为 3P 模式。产品扩展模式中，IP 价值开发通常始于个人创作者，而缺乏一个贯穿始终的主导形态，是以产品为中心的，可称为无核心模式；项目协同模式中，由大型文化娱乐企业主导价值开发，有明确的主导形态，IP 的设计着眼于项目整体，可称为有核心模式；而在众创模式中，没有明确的创作起始，也没有明确的创作终结，甚至没有所谓的主创和原创，而是依托集体智慧成为一个众创的过程，可称为去核心模式。

3P 模式既是共时维度的并存，也是历时维度的演进。这种演进奠基在媒介与传播技术的进步以及整个社会经济生活的互联网转型之上。在这个转型过程中，旧规则被侵蚀而新规则仍在建立中，过去的"清晰"呈现为"模糊"。既有媒体中的角色和关系、传者和受众的角色、专业和业余之间的界限、文本和媒介的对应形式变得模糊。

正是在这样的"模糊"中，IP 开发跨越了原有的媒体边界，逐渐形成了新的媒体生态。

粉丝也借此从娱乐业边缘进入当下娱乐生产和消费的中心。作为一种特别资产的相关利益者，某种程度上可以说粉丝是 IP 价值开发的主线。文化娱乐企业需要认识到，粉丝能在 IP 价值开发过程中带来创造性和活力，更能帮助吸引更多人对其内容产品产生更广泛的兴趣。

总而言之，"IP"这一概念和其价值开发涵盖了体系、环境与当代神话。IP 是一种基于水平整合的方式构建的娱乐系列产品体系，在其中内容产品实现跨媒体流动，受众和用户在不同产品中迁移寻求更好的娱乐体验；IP 也是在描述这样一种环境，在其中注意力和创意稀缺，这两大元素兼具的资源形态被法律保护、被资本追逐、被艺术改造、被最广泛的媒介平台呈现；从这个意义上来说，IP 还是一种由粉丝参与跨媒体叙事来共同建构的当代神话。

第四节 案例研究：IP 价值链视角下的媒体产业

在当下的用法中，IP 的存在方式很多元，可以是一个故事，也可以是某一个形象，运营成功的 IP 可以在电影、电视、漫画、游戏等不同的媒介形式中转换。不可否认，IP 有能力创造大量的价值，这为近十年不断闹"剧本荒"电影市场带来了强大的动力，其典型案例如从漫画转化而来的全球票房近百亿美元的"漫威宇宙"（Marvel Universal）。

从价值链的延伸看，IP 类似于英文中的 Media Franchise，基本含义是文化创意的跨媒介叙事/授权，呈现一个纵横交错的丰富状态：比如从横切面看是媒介形态多元化，包括图书/游戏/电影与周边产品开发如玩具等的联动式开发；从纵断面看是产品系列化，比如系列小说、连载漫画和影视季播等。典型案例如《星球大战》（*Star Wars*），从原创电影出发，催生了上百亿美元的图书、游戏、音乐市场。

"漫威宇宙"和"星球大战"作为以"知识产权"（IP）的方式存在的项目，都经历了从文化产品制造者向创意提供者的转型，也正是从电影产业价值链低端向高端攀升的过程。以 IP 为中心，电影产业价值链不断在电视、音像产业、动漫游戏、外围衍生产品等关联产业间延伸、互动和传递。本书旨在考察，这种扩大化的电影实践是如何以一种具有产业意义的方式占领电影价值链的中心，在跨媒介的时代 IP 又是如何被改造成主流电影制片文化的一部分。

根据有关价值链的理论，价值链分析的基础是价值而不是成本；价值链由各种价值活动构成，即由基本增值活动和辅助性增值活动构成[1]。传统的电影产业价值链包括具有链状上下游关系的电影产品的创意、生产、流通、播出、销售、服务等多个环节的基本增值活动，以及电影企业基础设施、人力资源管理、采购供应等辅助价值活动。各环节保持长期稳定的上下游关系，整体呈相对封闭的单一链条状。

20 世纪 80 年代之后，范围经济效应的凸现迫使电影产业融入多元化的媒介与娱乐价值链。"想要把电影产业和其他的媒体娱乐业区分开

---

[1] ［美］波特：《竞争优势》，陈丽芳译，华夏出版社 1997 年版，第 2 页。

已经越来越困难。好莱坞，现在实际上已成为文化产业的中心，而不再仅仅是局限于传统的电影制作、发行、放映行为。由于技术的革新、商业的渠道和全球化趋势，现在的好莱坞已经从银屏中走出来了"。①

在这样的背景下，巴里·利特曼提出了"大电影产业"的概念。他认为，电影产业已经跨越了电影自身的疆界，演变为媒体大产业中最有活力的组成部分。② 电影产业的电影生产活动和影片内容为广播电视、音像出版、游戏动漫、玩具产业、旅游产业等提供了丰富的内容资源。电影产业与相关衍生产业一起，共同构建了融合的媒体产业价值链体系。

一 漫威世界的价值链路径

漫威漫画公司（Marvel Comics）创建于1939年，旗下拥有蜘蛛侠、钢铁侠、美国队长等8000多个漫画角色。2008年底，迪士尼收购漫威，随后建立了漫威电影工作室，并推出了"漫威电影宇宙"计划，截至2016年，该计划已经为漫威斩获了近百亿美元票房。历经IP授权开发、集群联动以及整合营销，漫威世界从漫画走向了大银幕继而进入到更多衍生领域。

1. 由漫画图书出版商向影视创意提供商转型

作为一家以漫画起家的企业，漫威从20世纪70年代就想涉足影视行业，但之所以未能获得成功，很大程度上是因为电影特技与拍摄技术的局限，无法将漫画中的奇观世界完整而精确地呈现。1991年几乎破产的漫威和玩具企业Toy-Biz进行了并购，为漫威勾勒出了日后成功商业模式的雏形：通过劝说好莱坞制片公司将漫威旗下的超能英雄搬上大银幕，从而推动玩具产品的销售③。

漫画实体出版业的衰落，迫使漫威只能通过将旗下超级英雄人物的电影拍摄权不断出售来维持运转。漫威以700万美元的价格将《蜘蛛侠》电影版的版权卖给了索尼，而通过《蜘蛛侠》前两部电影，索尼

---

① Wasko, J., *Hollywood in the Information Age: Beyond the Silver Screen*, Cambridge, Uk: Polity Press, 1994.
② ［美］利特曼：《大电影产业》，尹鸿等译，清华大学出版社2005年版，第48页。
③ 朱步冲：《资本、创意、时代：超级英雄重新崛起》，《三联生活周刊》2015年第18期。

赚到了大约16亿美元,然后其中只有7500万美元属于漫威。直到1996年,经历合并、破产、转卖之后重生的漫威娱乐集团,将旗下电影部门公司化,成立漫威影业(Marvel Studios)[①],才开始对未来电影的布局考虑,将出售改编权发展成为授权方式。

在探索的道路上,漫威积累了宝贵的经验,并形成了带有漫威标签的商业模式。比如,漫威意识到完全授权的方式未必适合,即使同样采取授权,漫威影业也会承担更多的前期制作,像甄选剧本和创作团队,然后将主创和概念设定"打包"交付给授权方,以保证最终拍出来的电影,不至于离漫画原始设定太远[②]。由此开始,之后的授权作品,都取得了商业上的成功,特别是《X战警》与《蜘蛛侠》两个系列,分别让二十世纪福克斯与索尼尝尽了甜头。

2. 打造IP生态系统

2008年开始,漫威在7年时间内共推出11部IP电影,以20亿美金的制作成本狂揽83亿美金全球票房。不仅《钢铁侠》《美国队长》及《雷神》自成系列,就连英雄团体《复仇者联盟》都是系列化打造,IP在系列化与集群化过程中联动效应明显。

漫威旗下角色大致分为四大系列:超能英雄(Top Marvel Heroes)、大反派(Bring on the Bad Guys)、女侠(Women of Marvel)、英雄联盟(Titanic Teams)[③]。在这当中,超能英雄IP具备统一的世界观,影片是在共同的科幻元素、设定、表演及角色基础上讲述不同的故事。这些英雄IP在此基础上自然而然组合形成新的IP,其热度在《复仇者联盟》系列电影中体现得淋漓尽致。因为这些超能英雄IP已经各自拥有粉丝群体,仿佛美国职业篮球联赛(NBA)观众在常规赛后,对全明星赛更加期待一般。

除了在电影大屏幕上叱咤风云的超能英雄IP外,漫威更进一步将其电影中出现的次要角色通过制作电视剧集挖掘IP衍生价值。漫威与迪士尼旗下的ABC电视制作公司合作,逐次推出四部电视剧集:《夜魔

---

① 倪自放:《超级英雄们的漫威帝国》,《齐鲁晚报》2016年5月15日第A12版。
② 18183网产业频道:《泛娱乐厂商是时候学学"漫威模式"了》,http://chanye.18183.com/201505/330055.html。
③ 漫威官网:http://marvel.com/characters。

侠》《卢克·凯奇》《铁拳》与《杰西卡·琼斯》，通过在线影音网站Netflix播放①。而最终，效法超能英雄IP组成新IP"复仇者联盟"攻占电影市场的思路，这四位配角将形成组合"防卫者"（Defenders）出现在电视屏幕上。

3. 开发通用创意

对于IP的塑造与发展，漫威从最开始的培育成长到后期的经营运作，形成了一整套关于IP价值链运作的理念。其基本要求是：超能英雄电影之间必须形成剧情上的联系，先发行的作品引介即将上映的电影，形成一个内容上遥相呼应，同时在发行时间上又承接有序的结构。比如，漫威影业将"片尾彩蛋"这种引介形式发挥得淋漓尽致，每次新作品的结尾，都给观众以更多期待。希望通过影片之间剧情和人物的串联，形成一个整体，从而促使粉丝们一部不落地看下去。它无疑就是个营销策略，但它运作得很成功，它满足了观众一个一个解开连环扣的兴致，还挑起了他们无限的期待。

漫威用纵横交错的故事与人物主线以及周边产品销售使其粉丝产生了消费黏性。但这种商业模式的弊病也不可避免。以项目整合的方式开发电影IP，使得创作者更容易被经济逻辑所左右，其艺术思考与艺术表达受到限制。近年来，漫威公司更多地选用像阿兰·泰勒（《雷神：黑暗世界》）、罗素兄弟（《美国队长：冬日士兵》）等电视剧导演，这些导演习惯于受到制片方的管理，他们也无法为了个人风格和自己对电影的解读而与漫威总体上的电影计划相抗衡②。

二 《星球大战》的价值链路径

原创电影《星球大战》系列被称为在投资回报率上最成功的电影，制作总投入在4亿美元左右，而全球票房收入突破40亿美元，但星战系列周边衍生品累计带来的收入超过400亿美元。当初与20世纪福克斯签订协议时，星战的编剧兼导演卢卡斯宁愿放弃自己40%的片酬和相关商业权利，保留了这部影片的所有权和所有周边商品的销售权。从

---

① 朱步冲：《资本、创意、时代：超级英雄重新崛起》，《三联生活周刊》2015年第18期。

② 《漫威电影生产模式的危机》，《中国文化报》2015年8月10日。

这个意义上说，卢卡斯可以被视为最早具备 IP 开发意识的从业者以及星战的 IP 持有者，这使他从《星球大战》相关游戏、玩具等特许经营权中获得数十亿美元收入。

在《星球大战》之前，很难想象，一部电影居然可以带动相关周边产业的发展，"星战"却成为了一个范本，并作为一种文化现象在近 40 年时光中长盛不衰。究其原因，主要有三点：其一是粉丝社群的培育；其二是按增效协同原则进行系列产品的开发运营；其三是跨媒介叙事的探索。

1. 培育粉丝社群

卢卡斯影业的粉丝运营中，作为重头戏的星球大战庆典，是一场全球规模的星球大战粉丝盛宴。星球大战庆典设立于 1999 年，此后在每年 5 月 4 日举办，源自片中著名台词"May the force be with you"的谐音"May the 4th be with you"，这成为了星战粉丝最期待的盛会，更成为了卢卡斯影业培养忠诚的星战粉丝的重要策略①。一场庆典的举办让"星球大战文化"进一步在粉丝之间传播、发酵，使星战这一 IP 源源不断产生更大的价值。

像所有大规模的品牌运营类似，星球大战也需要持续保持新老粉丝的融合性。在巩固老粉丝的同时还要不断扩充新的年轻粉丝。20 世纪七八十年代上映的三部曲吸引了众多的科幻迷；而前传三部曲又再一次吸引了新一代的年轻人，他们成了目前星战粉丝最中坚的力量，而最新的作品亦将吸引新的年轻粉丝。

星球大战如此受到全球粉丝的欢迎，主要是因为它构建了一个独特的世界，形成了自己的文化，这是粉丝们沉迷并且沉溺其中的关键。无论性别、年龄，参加这场庆典的粉丝们都共享着"星球大战"带来的文化快感，他们互相分享自己对于星战宇宙观、世界背景、人物故事的见解。星球大战庆典，无疑是官方提供给粉丝们的一个狂欢节。

《星球大战》粉丝社群的形成也是建立在参与式文化基础之上的。《星球大战》上映后，激发了无数人的创作灵感，诞生了许多星战同人小说、漫画、游戏、影视，这些作品反过来又反哺了《星球大战》，源

---

① 李东然：《在庆典星球大战时，我们在庆典什么》，《三联生活周刊》2015 年第 18 期。

源不断地为它补充血液，让这个世界不断丰富成长壮大。

2. 协同系列产品

系列产品是按照产品增效协同理念来塑造的。围绕一部流行电影、一本漫画书或者是一部电视剧展开系列延伸的营销已经不新鲜。现在的特许协定保证了大多数连锁产品都是从属于首先把我们引向原创故事这一点①。光靠六部电影本身还不足以使"星战"系列具有如此蓬勃的生命力，数不胜数的经由卢卡斯影业授权的星战动画、漫画、小说、游戏、资料书都在为"星战"世界提供源源不断的新素材，填补了六部曲电影以外的情节空缺，这些并非乔治·卢卡斯本人创作的作品被统称为"衍生宇宙"（The expanded universe）。

然而，在特许经营条件下，IP的持有方授权给一个独立的第三方使用其资产来生产衍生产品；为了保护原创所有权，也为了更好地拓展IP价值，特许协定限定了利用电影人物或思想的界限。卢卡斯影业对所有授权的星战衍生产品制定了严格而明确的分级制度。从上至下分别为G级、T级、C级、S级和N级，六部曲电影属于最高的G级，而2008年开播的美剧《克隆人战争》则属于次一等的T级。并规定：上级设定与下级设定如果冲突，以上级设定为准；同级设定如果冲突，以时间较新的为准……②这些严格的分级和设定使得"衍生宇宙"中的所有作品更好地互相协作，为粉丝们创造了一个完全的"星战"世界，也直接杜绝了发生在不少电影身上的非官方作品设定混乱不堪的情况。

3. 拓展跨媒体叙事

作为独立创作团体和星球大战IP持有者，卢卡斯电影公司掌握控制权的情况下，缔造了IP跨媒体价值开发的经典案例。不能不提1981年发行的电影《夺宝奇兵》，讲述考古学教授印第安纳·琼斯受美国军方所托，去埃及找寻"约柜"，并与纳粹德国势力斗智斗勇的故事。1992年的电视剧《少年印第安纳·琼斯大冒险》，以电影前传的方式拓展了原创IP的叙事空间，展示了在各种历史事件和异域风情背景下塑

---

① ［美］亨利·詹金斯：《融合文化：新媒体和旧媒体的冲突地带》，杜永明译，商务印书馆2012年版，第169页。

② 澎湃新闻网：《星球大战的粉丝经济，能在中国吃得开么？》，http：//www.thepaper.cn/newsDetail_ forward_ 1338104.

造出来的人物。同样，当《星球大战》进入电视剧和印刷出版领域时，作品时间线扩展了，包含了电影中没有的情节，围绕着电影中次要的人物来重新分配角色，展开故事。小说和电视媒体属性中固有的叙事延展能力和长时间轴中人物性格塑造能力使得原创 IP 的潜力被进一步挖掘出来。

三　IP 牵动的媒体产业融合

媒体产业价值链内部是多元互动的。IP 沿着电影产业价值链不断向电视、音像产业、动漫、游戏、外围衍生品等关联产业延伸。在数字效果和高分辨率游戏图像成为主流的时代，游戏领域和传统的电影电视领域已经变得极其相似——它们在重复利用计算机视觉传达技术和数字资源。

电影越来越多地包含一些未展开描述的情节元素，这些元素将作为开始线索通过其他媒体挖掘展开。因此，创作生产跨媒体内容产品需要更多横跨各媒体领域的协作。除了前述的电视和小说之外，这一体系也可以把 IP 资源引入游戏领域，既能确保 IP 的故事世界在细节上前所未有的真实程度，同时也能够探索电影中没有体现的故事世界的其他方面。换言之，游戏不只是把电影引入一个新的媒体空间，而且还要促成一个更大的叙事体系，深化和拓展了电影故事情节，而不是简单地重复使用电影素材。

媒体大产业的经济逻辑必然要求进行水平整合寻求协同优势和范围经济，应对娱乐需求结构多元化。在这样的趋势下，IP 逐渐占据了产业发展的中心，通过向其他娱乐产品提供内容创造新的竞争优势，将电影产业价值链的各个链接点拓展到关联产业中去。以 IP 为基础，根据不同的媒体来有针对性地定位内容，从而吸引多样化的支持者，争取足够数量的粉丝，提供更丰富的娱乐体验，从而通过跨界市场来拓展市场份额。

小　结

本章将视线从新闻业拓展到更宏观的媒体产业。新传播技术的革命性进展，使得机构媒体无法再如往常一样垄断传播渠道和内容资源，其他深具野心的机构得以进入这一产业当中，其中最引人注目的就是科技公司、电信公司和一直被视为大媒体产业一员的娱乐公司。

在新闻业之外，技术创新和社会变化的结合则在更大程度上改变了传媒行业。在这一波巨变中，电信巨头和科技公司的入局是外部因素，IP 的崛起则是内部因素。

本章透过案例研究，看到产业层面的媒体融合必须依托对内容资源的有效处理。当下，在一个"融合体制"中，内容资源如何通过 IP 的形式牵动着整个媒体产业中的机构行动者。而在下一章中，会更多地讲述内容资源的另一种形式——"媒介事件"以及"融合体制"下的非机构行动者。

第七章

超现实与多重轴线
——融合体制下的媒介事件考察

  2019年2月28日发布的第43次《中国互联网络发展状况统计报告》显示，2018年，我国网民在家通过电脑接入互联网的比例为81.1%，人均周上网时长为27.6小时。换言之，人均每天有4小时在上网，考虑到在家里更多元的媒介设备，实际的媒介使用时间远不止于此。随着与媒体交互的数量和类型的增加，一些假定的区别已经失去了概念上的意义。媒体与媒体之外的生活之间假定的界线，是我们日益沉浸于这个无所不在、多维度、互动的虚拟世界的牺牲品。当我们每天花那么多时间关注媒体——无论是上网、看电视、读书籍报刊、玩电子游戏，或者通过各种社交媒介与他人互动——屏幕上的生活变得与"现实世界"中的生活不可分割。

  现在，不间断的影像（电视、流式视频、电影）已变成我们的媒介环境。这在某种程度上扭转了现实主义的假设，从"现实"走向了"超现实"，先是在美学意义上，再是在媒体追求上。一方面，在美学上，追求更富戏剧性的影像，成为一种以震撼作为主要消费刺激剂和价值来源的文化的常态，苏珊·桑塔格借用超现实主义运动创始人安德烈·布勒东的观点，把这种美学理想称为"超现实"。所以，影像加入新闻业队伍，就是要引起注意、震荡和吃惊。在资讯超负荷的年代，照片（影像）提供了一个快捷理解某东西的途径和用来记忆这东西的压缩形式。①

---

  ① [美]苏珊·桑塔格：《关于他人的痛苦》，黄灿然译，上海译文出版社2018年版，第18—19页。

另一方面，在传统媒介体制中存在一种基于现实主义的媒体信仰，其背后的假设即现实是客观的和独特的，等待着被发现，并且独立于用来描述它的方法。其根源可以追溯到美国南北战争和布雷迪摄影作品的角色，用《纽约时报》的话来说，"它几乎把战争的可怕和严肃性带到普通人的门口和街道上"①。

在影像媒介兴起之初，它们被寄望提供更直接的现实画面。到了电视普及的时代，典型的画面是现实主义的，也就是说，一个画面声称一个真相是建立在现实的基础上的，因为这个真相本身就存在，然后通过这个画面来表现和传达。

约翰·费斯克也捕捉到了"现实"的可争议性。他认为，研究媒体的核心分析单元不是客观现实，而是"媒体事件"②：

> "媒体事件"一词表明，在后现代世界中，我们不能再依赖于一种稳定的关系，也不能再依赖于"现实"事件与其媒介表征之间的明显区别。因此，我们不能再认为"现实"比表象更重要、更有意义，甚至更"现实"。因此，媒体事件不仅是所发生事情的一种表现，而且它有自己的现实，它将之前可能发生或不发生的事件的现实集为一体。

费斯克简洁地将媒介事件界定为媒介化（mediation）的事件是与客观现实不同的"媒介真相"与"媒介现实"是一种超现实。在他的概念化框架下这些事件都有其原生的真实事件触因，关键是这些事件在媒介化之后其文化意义已经超越了原生事件，费斯克认为媒介事件是后现代的文化景观表明真实与虚假之间的界限已经日渐模糊而趋于消失。

Bruce A. Williams 和 Michael X. Delli Carpini 认为"超现实"存在着两种含义：③

---

① ［美］苏珊·桑塔格：《关于他人的痛苦》，黄灿然译，上海译文出版社2018年版，第55页。

② John Fisk, *Media Matters: Race and Gender in U. S. Politics*, New York: Routledge, 2016, p. 2.

③ B. A Williams, M. X. Delli Carpini, *After Broadcast News: Media Regimes, Democracy, and the New Information*, New York: Cambridge University Press, 2011.

第一种含义正如费斯克所阐述的将超现实定义为"一种后现代意义上的真实,这解释了我们失去了确定性,无法明确区分现实及其表征之间的层次性,也无法明确区分其表征模式之间的层次性"①。在新的媒介体制中,特定的媒体文本与文本所描述的现实之间没有明显的区别。相反,媒体本身的作用是构建现实的替代和竞争版本,这些版本无法在客观上或多或少地被区别为现实。

苏珊·桑塔格也注意到,对于那些没有通过媒体表现实际存在的人来说,某些东西变得真实。与此同时,媒体的表现更普遍地影响着那些身临其境的人理解特定事件的方式,比如"9·11"恐怖袭击:

> 在那些逃出世贸大楼或就近观看的人士的最初描述中,常被说成"不真实""超现实""像电影"。(以前,灾难生还者往往用"感觉就像一场梦"来描述他们刚经历过的事情,描述那种短期内难以形容的感觉,但是,经过好莱坞四十年来一部部耗资庞大的灾难片的洗礼,这种描述方式似乎已被感觉就像电影取代了。)②

超现实的第二个含义是,社会现实是通过相互竞争的参与者之间的斗争来构建的。在这个意义上,把关人和议程设置的相关概念需要重新考虑。传统的把关模式假定公共事务信息的流动只有一个载体,由政治精英和记者之间的互动决定。这个交互点构成了信息传递给公众的大门。然而,新的媒介体制破坏了作为传统媒介体制基础的把关人和议程设置系统。媒体渠道的扩张和正常新闻周期的消失为主流以外的行动者影响议程设置和框架创造了新的机会。

理解这个新环境必须包括认识到信息现在通过多个门传递给公众。我们需要掌握信息来源的绝对数量(如互联网、有线电视、广播)、信息传播的速度以及信息的各种类型。这些条件创造了费斯克所称的多重

---

① John Fisk, *Media Matters: Race and Gender in U. S. Politics*, New York: Routledge, 2016, p. 65.

② [美]苏珊·桑塔格:《关于他人的痛苦》,黄灿然译,上海译文出版社2018年版,第18页。

轴线，它"把任何分类的稳定性转变为权力的流动性"①。多重轴线意味着在特定的社会条件下，权力的布局不能被事先预知。某些社会利益主体沿着轴线形成联盟和身份以推进和维护其利益，为其目的去策划合适的战术和策略，权力就运作其中。虽然费斯克在他的分析中关注阶级、种族和性别的三个轴，但多重轴线的概念对于更广泛地理解媒介化政治的变化本质是有用的。它的核心价值是提醒我们，尽管信息流动的渠道已经扩大，但这并不意味着它们不再由经济、政治或文化权力和影响的特定（尽管在变化）关系构成。

更具体地说，多重轴线意味着，就融合媒介体制的结构而言，社会现实的报道与阐述不再被机构媒体垄断，而是通过行动者之间的话语竞争来构建的，形成了变动的环境：传统议程设置者的失控，报道者与阐释者的多元，以及所有单一方面控制话语环境能力的不稳定。

总之，超现实及其衍生的多重轴线概念帮助我们理解很多看似简单的事情，最终是一个复杂的社会、政治、经济和媒体动态的结果，而不仅仅是一个单纯的客观现实。

第一节 刘强东丑闻

2018年9月2日，网传京东CEO刘强东在美国明尼苏达州因涉嫌性侵女大学生被捕。在美国明尼苏达州亨内平县郡县治安官办公室官网查询到的记录显示，当地时间8月31日23时32分，一名叫"Liu, Qiang Dong"的人士因"涉嫌性犯罪"行为被该州警方逮捕，并在9月1日16时05分释放。从字面上看，此案状态当时是：释放等待控告。虽然美国警方未公布中文姓名信息，但提供的信息均指向了京东集团创始人刘强东。比如出生日期。警方披露的"Liu, Qiang Dong"生日为1973年3月10日。

美国主流媒体《纽约时报》与《华尔街日报》在报道中都直接表明图中"Liu, Qiang Dong"就是京东创始人与CEO刘强东。

---

① John Fisk, *Media Matters: Race and Gender in U. S. Politics*, New York：Routledge, 2016, p. 68.

第七章　超现实与多重轴线　◆　189

图 1

图 2

　　京东官方微博账号"京东发言人"对此进行了回应，称刘强东在美国商务活动期间，遭遇到了失实指控，将针对不实报道或造谣行为采取必要的法律行动。

　　9月3日晚，就京东CEO刘强东在美国涉嫌性侵一事，刘强东在明尼苏达州的当地律师约瑟夫·弗里德伯格坚信刘强东不会受到任何起诉，他表示，他和刘强东已经有30个小时未曾联系。他被拘留后获无

图 3

图 4

条件释放，表明其不会受到起诉。如果真的受到起诉，那他会感到极为震惊。几乎与此同时，京东官方宣称，刘强东 2018 年 8 月 31 日被美国明尼阿波利斯市警方带走调查，不久后刘强东即被释放，在此期间他没有受到任何指控，也没有被要求缴纳任何保释金，并且他已经回到中国正常开展工作。

事情很快反转。9 月 4 日，美国明尼苏达州明尼阿波利斯市警方发布了刘强东卷入案件的报告，并表示刘强东在 8 月 31 日被该市警方逮捕，是因为强奸指控。根据警方公布的报告，刘强东被怀疑卷入的犯罪行为是强奸罪，涉嫌的罪行描述为：一级性犯罪，强奸既遂，罪行等级为一级重罪。在明尼苏达州，一级性犯罪最少要判 144 个月，初犯可能被判罚的刑期是 144 个月到 172 个月。

同日，在警方相关报告发布后，美国四家律师事务所分别发布声明，宣布将就京东是否违反证券法规进行调查。声明称，它们调查聚焦在京东是否向投资者发布了错误或者误导性的信息。在声明中，律所鼓励亏损超过 10 万美元的投资者与其联系。因刘强东涉嫌性侵而被逮捕，受这一消息影响，京东股价在 9 月 4 日下跌 1.87 美元/股至 29.43 美元/股，跌幅 5.97%。

事件持续发酵几天后，在主流媒体和自媒体的交织叙述中，刘强东在美国涉嫌强奸案的细节进一步清晰。9 月 5 日，据相关人士称，刘强东以涉嫌强奸被捕，是在一个团体晚宴之后。8 月 30 日晚，美国明尼苏达州明尼阿波利斯市，一家名叫折纸的日本餐厅里，举行了一场有红酒和日料的团体饭局，自称遭性侵的女士与刘强东坐在同一桌。涉嫌强奸发生在饭局之后，即 8 月 31 日的凌晨 1 点。

9 月 5 日，京东股价收盘下跌 10.64%，报收 26.30 美元，创 2017 年 1 月 9 日以来股价新低，盘中一度跌逾 11%。而在前一天，京东股价已经大幅下跌 5.93%，收于 29.43 美元。两个交易日，京东股价大跌 16%。当时京东市值为 380 亿美元，相较两日之前蒸发超过 72 亿美元。

事件曝光两个月后，主流媒体报道了此案的背景信息，即刘强东参加的明尼苏达州立大学管理学院相关项目情况。《纽约时报》11 月 13 日报道，刘强东参加的是一个专门针对亚洲高管的全球商业项目，该课程有望为学校创造超过 1000 万美元的收入。该项目与清华大学合作，学费高达 10 万美元。明尼苏达州立大学预计可以从每个学生身上赚取约 8.5 万美元的收入。大部分课程在中国完成，但在第二年须前往明尼苏达州立大学学习一周。

2018 年 12 月 21 日（当地时间），美国明尼阿波利斯市亨内平县检察官办公室公布刘强东事件的调查结果，决定不予起诉，这也意味着该案正式结案，刘强东无罪。对此，京东发布声明称，欢迎这个决定。

仅仅风平浪静了 4 个月后，2019 年 4 月 17 日《环球时报》援引《纽约时报》的消息称，早前指控刘强东性侵的明尼苏达州立大学女大学生 Jingyao Liu 4 月 16 日正式对刘强东和京东提起民事诉讼，并索赔 5

万美元。在这起民事诉讼中,京东和刘强东均为被告,共被指控6项罪名,其中包括非法监禁、民事侵犯和殴打以及性侵或殴打等。①

此消息一出,使得刘强东丑闻再次成为媒体报道和舆论中心。

4月18日央视评论员王志安在新浪微博率先发布了刘强东侵犯案民事起诉书的中文版,之后两天号称"助力Jingyao翻译小组"的志愿者们协同律师以及法律学者们,合力将全文翻译了出来,与此案有关的许多细节由此公开,并通过微博和微信等自媒体平台传播开来。舆论几乎一边倒的同情和支持女大学生Jingyao Liu,直到新浪微博上两则相关的监控视频出现,才出现了反转。

4月22日,此前从未发过微博的新浪用户"@明州事记"发布了两则视频,并配文字"刘强东明州案晚宴视频曝光 女方未醉酒主动跟随""仙人跳实锤?明州案公寓视频曝光 女方举止亲密主动邀请刘强东进入"。这两段来自监控录像的视频来历不明,不清楚是否经过刻意剪辑乃至伪造。此时,另一位微博用户"@JTN陈曦律师"发言:"本人为刘强东先生的代理律师,经当事人确认,该视频内容属实。"起到进一步推波助澜的作用。舆论一片哗然。

与此同时,权威外媒美联社(Associated Press)报道了该案视频未剪辑细节。报道中提到,刘强东的一名律师22日向美联社展示了完整的未经编辑的监控录像。报道如下描述:

> 美联社看到的公寓大楼的监控录像未经编辑,但被打包成11个不同的摄像机角度,显示了相关时间段的情况。
>
> 视频显示,刘强东和这名女子从车里走到她的公寓大楼,他们进去时,刘强东似乎挽着她的手臂。照片显示他们穿过多个大堂,乘坐多部电梯。最初,刘强东的女助手和他们在一起,刘静瑶(音译)带路。有一次,这位助理没有和刘强东以及那位女士一起上电梯,当他们走出电梯时,她的手挽着他的胳膊,而他的手插在口袋里。
>
> 她领着他上了一段很短的楼梯,然后穿过另一扇门,继续用手

---

① 朱梦颖、侯佳欣:《外媒:"性侵案"女大学生提民事诉讼,刘强东京东均成被告》,环球网,http://world.huanqiu.com/exclusive/2019-04/14737703.html,2019年4月17日。

挽着他的胳膊。当他们从另一部电梯下来时,她领着他沿着走廊来到一间公寓。她打开门走了进去,理查德·刘跟了进去。

在这段据称是在那辆豪华轿车遭到袭击后录制的视频中,这名女子似乎并不感到痛苦。

美联社此前看到的短信以及这名女子接受警方采访的部分内容显示,这名女子声称刘将她拉进一辆豪华轿车,尽管她提出了抗议,但仍对她进行了挑逗和抚摸。①

美联社认为,视频对当天晚上发生的事情提供了不同的解释。

在传统体制主导的时期,通常情况下,什么样的事件或者说什么样的群体和个体具有新闻价值,取决于新闻编辑室的专业判断。这种建立在一种两分法,即事实和观点、公共事务和娱乐、主流和边缘之间的明确区别之上的新闻传播模式,在当下的信息和舆论环境中,并不能全面地理解与刘强东性侵案相关的信息流的动态。

此案的前后需要在深刻的经济、政治、文化和技术变革的背景下加以理解。刘强东作为有代表性的中国企业家,其涉嫌性侵的丑闻,不只是被机构媒体聚焦,被自媒体消费,也存在这样的可能性,即此事件被京东的商业对手或者说在中美贸易战大背景下的美国有意识地构建和使用,直至在一段时期的公共话语中占据中心位置,正如它发生在占主导地位的媒体体制濒临崩解之际一样,这一媒体奇观为我们提供了一个独特的窗口,让我们得以了解不断变化的信息环境对公共事务的影响。

在这一章中,我们对刘强东性侵案这一中美贸易战当中的关键时期所发生的节点事件进行了解释性的叙述,这一时期虽然包含了许多不同的次要情节,但可以说却构成了一个媒体事件。这一媒体事件并不是自发发生的,而在一定程度上是各方行动者建构的结果。毫无疑问,刘强东曾经的个人行为在道德上有问题,在政治上有风险。但是,我们认为,这一媒介事件呈现出来的形态,也在很大程度上取决于传统媒体体制的逐渐消解,以及新信息环境中涌现出的超现实和多轴性。

---

① Amy Forliti, "Surveillance Clips Show Chinese Billionaire with Accuser", APNEWS, April 23, 2019, https://apnews.com/d21d63d5a3f64b5cb4f7f062203e3a5f.

一 超现实：作为媒体事件的刘强东丑闻

费斯克认为，当代公共话语的驱动力不是客观现实，而是"媒体事件"，它被定义为"一种迹象，表明在后现代世界中，我们不能再依赖于一种稳定的关系，或'真实'事件与其中介表征之间的明显区别"①。从社会科学的角度来看，这种模糊不是一个无法区分真伪简单问题。换句话说，媒体事件本身成为重要的"社会事实"，而不管它们作为真实事物的再现是否准确。最后，回顾一下，在超现实世界中，人们再也不能"清晰地、有层次地区分模型和对模型的再现"②。

在刘强东丑闻不断的媒体话语中，最重要的是话语本身。围绕着各种事件的"真相"与它们在媒体上的表现密不可分，并最终被掩盖了——先是京东官方在微博上否认刘强东性侵明该女生；警方、律师、当事人亲友等各方皆通过不同媒介渠道发出声音，甚至中国外交部发言人也表示了关注。相对于主流媒体的迟缓和克制，自媒体上已经众说纷纭。对刘强东涉嫌性侵案事件的表现，有时是严肃的，有时是讽刺的，但往往建立在同一套经过媒介呈现的"事实"之上，以不同的方式加以利用。正如学者潘忠党所指出的，"真相，即对事实的再现（representation）"③，更具体地说，今天的所谓"真相"就是对事实的媒介再现（media representation）或者媒介化（mediation）。

基于媒介渠道和把关者的日益多元，这些有时截然不同、有时相互交叉的论述模糊了事实与虚构、新闻与非新闻之间的任何等级观念。尽管所有的信息都是现成的，但舆论生成和传播速度之快还是超乎想象。但除了最基本的事实外，人们并没有对所有的事实都达成共识，因为事实和其媒介再现之间的界限被模糊了。现代社会完全可以通过视频监控、报警记录甚至 DNA 检测等技术手段在某一程度上来"证明"某一事件的发生，但在这样一个世界里，这种证据不能比较来自自媒体上的讽刺评论或是来自律师的言论谁更具权威性，那么谈论客观事实意味着

---

① John Fisk, *Media Matters: Race and Gender in U. S. Politics*, New York: Routledge, 2016, p. 2.
② Ibid., p. 65.
③ 出自潘忠党教授讲座《真相机制与公共生活的重建》，2019 年 6 月 10 日于上海大学。

什么呢？简而言之，在融合体制中，媒介再现成为"社会事实"，精英和公民对公共生活的理解和参与都是基于这些"社会事实"之上的——这正是超现实的含义。正因为如此，为了形成更好的公共生活，有必要"重建社会信任，重塑机构媒体权威，重构认识劳动的分工体系"①。

人们对刘强东丑闻的理解，可能是通过自媒体上的文章和讨论，而不是通过更为客观、理性的专业新闻标准。从这个意义上看，在融合体制中，理解媒介事件的关键不仅在于事实的准确性，而且在于它们集体呈现的方式如何产生叙事结构、矛盾冲突、人物性格呈现以及道德教训等。在这个超现实的世界里，具体的"事实"尽管很重要，却仅仅成为公共事务讨论的工具或者茶余饭后的谈资，并同时在不同的层面上运作：从宏观层面的问题，如中美贸易战期间的双边互信问题，到中观制度层面的问题，如美方的法律和司法机制，再到更深层次的基础性问题，如商业腐败、公共和私人信任、性道德观等。

从这个角度来看，新闻客观性的讨论变得几乎毫无意义，而对真实性的寻求则具有完全不同的、更复杂的意义。传统记者关注的焦点是根据事实准确性的标准揭示真相——谁做了什么、何时、何地以及如何做。然而，在一个超现实的世界里，真相变成了一个更普泛的概念，旨在捕捉媒体或明或暗地提出的主张在多大程度上帮助受众理解、思考、最终深思熟虑并对讨论中的问题采取行动。

即使把传统的新闻真实概念分解为客观性、平衡性和事实的准确性等关键元素，机构媒体在报道刘强东丑闻时也未必达到要求。其原因或许是对消息来源使用不当，发布未经证实的谣言等。考虑到这个问题涉及的已知"事实"相对有限，使用自媒体在内的其他媒体来源，在一定程度上可以弥补由于远离新闻现场导致的基本事实信息不足的问题。但鉴于当下的融合媒体体制中，自媒体的兴起已经一定程度消解了机构媒体的把关人角色，唯一的结果是，机构媒体更迅速地意识到自己的权威正在下降。

二　多重轴线中的丑闻

超现实作为不断变化并逐渐成形的融合媒体环境的衍生后果，并没

---

① 出自潘忠党教授讲座《真相机制与公共生活的重建》，2019年6月10日于上海大学。

有消解媒体作为公共传播和沟通工具的重要价值。因为媒体的角色从简单地呈现传统的"关于商品、服务和价值的权威分配的斗争"① 所基于的事实,转向构建和使用这些"事实"。从某种程度上说,这并不新鲜——《舆论》所说的"脑海中的图景",到议程设置理论,再到涵化分析,研究人员已经理解了媒介政治在塑造公众对世界的理解方面所具有的力量。

然而,媒体事件的超现实性,再加上机构媒体的把关功能的瓦解,造就了费斯克所说的"多重轴线",即一种更不稳定的权力结构,在这种结构中,进入甚至控制媒介体制的权力不再自动地让渡于少数政治和媒体精英。

以美国的政治传播框架为例,在此之前,政治议程是由政治精英与机构媒体之间的共生关系决定的。② 在这种关系下,媒体充当了一个铁板一块的看门人,而一小撮政治精英(以及媒体)相互竞争,以形成议程和议程的框架。公众沦为被动的消费者,他们自身对事件的关注和解释受到这种有限的信息环境的制约。③

新传播科技的飞速发展打破了这种局限。当研究视角从新闻生产社会学拓展到政治传播时,可以注意到,媒介技术的变化冲击的不只是影响了"传—受关系"与"媒介生产—消费关系",而且还对"社会文化产生了巨大的影响,进而造成了全方位的权力转移"。④

这种权力转移可以从三个方面来看:首先,融合体制下与公共事务相关的媒体的扩张导致了塑造把关者角色权威的竞争。其次,正常新闻周期的消失为更多和范围更广的自媒体(往往与机构媒体一起)影响政治议程的制定和框架创造了新的机会。最后,新兴媒体环境使得政府和企业可以绕过机构媒体,直接通过自媒体平台与公众对话沟通,垂直沟通的组织传播模式在一定程度上取代了水平沟通的大众传播模式。

---

① David Easton, *A Systems Analyses of Political Life*, New York: John Wiley and Sons, 1965.
② Dan Hallin, *The Uncensored War: The Media and the Vietnam War*, New York: Oxford University Press, 1986.
③ B. A Williams, M. X. Delli Carpini, *After Broadcast News: Media Regimes, Democracy, and the New Information*, New York: Cambridge University Press, 2011.
④ [英]詹姆斯·卡瑞、珍·辛顿:《有权无责——英国的报纸广播电视与新媒体》,清华大学出版社2016年版,第370页。

融合体制是相当不稳定的。变化的结果是，机构媒体与少数精英联手创造和构建政治议程的把关角色正在受到侵蚀。传统的机构媒体和传统的精英们都处在一个陌生的位置，一定程度上需要与众多的其他行动者竞争或合作，来完成这些把关和设定议程的角色。

新传播科技的发展和普及，使得机构媒体作为议程传播把关者的地位被削弱。机构媒体试图发挥其传统作用，通过越来越多地模仿其新兴媒体竞争对手的形式和内容，来适应新的"规则"。从这个意义上来看，国内"传统媒体和新兴媒体融合发展"的议题既是国家战略，也是出于机构媒体自身的危机感和能动性。

正如詹姆斯·卡瑞所指出的，新的媒介技术所带来的是全方位的权力转移。不只是在媒体业内部创造了多重权力轴，它也在塑造媒体议程的政治行动者之间创造了新的权力轴。传统上，权威来源主要限于主流政治、经济和社会精英：政府、企业和主要利益集团的发言人等。这些消息来源一方面试图以有利于其特定议程的方式塑造媒体环境，另一方面却在很大程度上符合传统新闻的规则。

作为新传播科技的代表形态，网络传播具有多重访问点和更不稳定的新闻周期，以两种方式促进了丑闻的兴起：① 首先，它将公共舆论场开放给各种来源的指控或谴责，从而绕过主流媒体的把关机制。自媒体介入大众传播领域，导致了谣言和阴谋论的泛滥。其次，媒体喜欢将丑闻归入娱乐新闻以吸引观众，网络的出现更是让媒体的新闻周期进入不间断的时代。从任何来源以任何形式发布的任何新闻，都可能通过互联网直接进入病毒式传播。

三 丑闻：一种"话语河流"

媒介体制（media regime）并不只是凌空蹈虚的理论概述，而是基于一系列制度结构和实践的支持，这些有时候被简化为"新闻专业主义"的制度和实践形成了一系列的二分法：事实与意见、公共事务与流行文化、新闻与非新闻、专家生产者与公民消费者。在这个系统中，政治相关的信息，狭义地被定义为最近发生的涉及公民、法律程序和政府

---

① 转引自［美］曼纽尔·卡斯特《传播力》，汤景泰、星辰译，社会科学文献出版社2018年版，第200—201页。

机构的事件，是专业记者、他们工作的新闻机构和他们报道的政治精英的专属范围；公众在参与政治世界的时候，也会转向这部分机构媒体。

这种等级森严的、由公民、政治精英和记者参与的政治传播和公共话语观念，正被技术以及由此引发的文化、政治和经济变革所瓦解。互联网和移动智能媒体等新技术为信息的大规模传播提供了大量相互竞争的新渠道，传统的新闻周期被打破。随之而来的是，记者、公民和精英之间的关系，主流与非主流精英之间的关系，公共信息的消费者和生产者之间也都发生了变化。在硬新闻和软新闻之间，甚至在娱乐和新闻之间，在更广泛的意义上，在内容和类型上，在社会建构和制度上曾经保持着鲜明的界限，如今这条界限变得更加容易渗透。在这种变化的媒介体制中，公共事务相关信息的定义、生产、消费和使用的现有游戏规则变得越来越无效。

用"融合体制"来概括正在形成的新媒介体制的话，其特征之一是超现实。

这一概念基于画面和信息沉浸式的传播环境，旨在抓住媒体再现对其所再现的潜在现实的支配地位。① 它还旨在捕捉在这些表现形式的构建中发挥作用的各种媒体和类型。选择强调什么议题或事件（比如在刘强东丑闻报道中，强调这是婚外性行为还是性侵）；以及如何表达它（这是刘强东个人的失败吗？重罪还是轻罪？一个来自华尔街的阴谋？），通过什么媒体或类型（选择机构媒体还是自媒体？外媒还是国内媒体？）。简而言之，刘强东丑闻揭示了媒介再现如何能够创造出仅仅松散的基于"客观事实"的"社会事实"，以及这些社会事实如何能够推动随后的审议和行动。

媒介体制的变化使媒体报道与任何有意义的潜在现实脱钩成为可能。它们还挑战了主流机构媒体对这一过程的控制，从而削弱了作为传统媒介体制标志之一的专业记者的把关作用，并允许一批边缘的公共事务行动者影响新闻，特别是丑闻的社会建构。

在媒体对刘强东丑闻的报道中可以看到复杂的动态，是一个具有极高社会能见度和摇摆不定的"媒体事件"。由于融合体制在本质上是不

---

① John Fisk, *Media Matters: Race and Gender in U. S. Politics*, New York: Routledge, 2016, p. xiii.

稳定的，因此哪些问题成为公共话语的一部分，通过哪些媒体和类型，在何种层面，以及产生何种后果，都高度依赖于语境。尽管如此，从刘强东丑闻报道中出现的一些倾向还是值得注意的。

这一事件表明，尽管新兴的信息环境复杂而不稳定，但同时吸引媒体（以各种形式）、政治精英和公众注意的大规模事件仍然是可能的。刘强东丑闻在相当一段时期内一直是一个媒介话语的主题，但是，对事件的解释却大相径庭，产生了费斯克所描述的"话语河流"①。这些话语发生在广泛的媒体和类型中，涉及广泛的社会角色。它们导致了一系列有时平行、有时竞争、有时交叉的叙述，所有这些叙述都与传统媒体体制所理解的"事实"松散地联系在一起或依赖于"事实"。

主流机构媒体不再是唯一的仲裁者，决定什么能成为或不能成为媒体事件，以及事件如何发展。尽管社会精英仍然能够利用多重轴线和超现实的融合体制为自己谋利，但除了机构媒体外，还必须通过与自媒体合作才能做到这一点。在新媒介体制形成过程中，这种变化比过去更复杂、更不稳定、更不可预测。

尽管具有超现实的性质，但刘强东丑闻作为媒体事件的发展方式具有真实的后果。从性、婚姻到对以京东为代表的大公司的信任，公众对一切事物的基本态度无疑都受到了这一广泛而多方面的媒体事件的影响。

从整体上看，刘强东丑闻的社会建构向我们表明，融合体制包含了过去的传统媒体体制中重要的、往往是相互矛盾和相互竞争的因素：党报党媒的主流意识形态话语；商业媒体的哗众取宠和民粹主义；新闻专业主义如何演变为主导传统媒体体制的中心化和等级制度。

在融合媒介体制中，"公众"可以自由地构建自己对社会现实的解释。他们的方式是通过各种类型媒体关注正在发生的事件，了解核心问题和"事实"。然而，尽管京东和刘强东的支持者和批评者努力构建这个问题的框架，但绝大多数公众创造了自己的叙述，与两派的解释都不一致：刘强东确实涉嫌不适当的性行为，并通过京东官方微博对公众撒了谎（尽管他否认）。这件事（以及其他关于不当性行为的指控）降低了他们对刘强东已经存在问题的道德品质的评价（尽管他试图挽回自己

---

① John Fisk, *Media Matters: Race and Gender in U. S. Politics*, New York: Routledge, 2016.

的形象）。但主流舆论始终把这起事件和刘强东的管理水平以及京东的服务水平分开看待。

第二节 问题疫苗事件：有争议的科学风险议题

2018年7月爆发的长春长生问题疫苗事件引发舆论哗然。实际上，这并非问题疫苗事件的首次出现。相较之前，专业媒体与自媒体的报道将公众对问题疫苗的关注推向了舆论的顶点，透过此次事件，可以看到融合媒体体制的几个关键特征，如何对公共话语产生重要的影响。

事实上，诸如疫苗、转基因、疯牛病等议题，都属于有争议的科学风险报道。这类事件报道与一般性新闻事件报道不同，首先，根植于科学范围内，对科学议题的报道离不开科学发展、科学研究方法、科学数据等专业化的要求与规范。其次，议题本身有争议性，不同认知和立场的受众对事件有不同的看法。最后，新闻报道涉及危害性和潜在风险，更加引发受众关注。因此，对于争议性科学风险议题的报道在概念运用、信源采用、数据引用等方面比一般性事件新闻更加严苛[①]。

在融合媒体体制中，机构媒体和专业记者作为把关人的权威角色在科学风险报道中被进一步弱化。为了更好理解主流机构媒体所扮演的角色受到的挑战，不但需要深化对此类事件报道的认识，更必须把握更广泛的媒体环境所发生的变化。这些变化不只改变了对突发灾难事件和丑闻的报道，它们还改变了关于更多正在进行的、持续的和严重的问题的信息供给模式。

一 长春长生问题疫苗事件

2018年7月15日，国家药品监督管理局发布通告指出，长春长生生物科技有限责任公司冻干人用狂犬病疫苗生产存在记录造假等行为。这是长春长生自2017年11月份被发现百白破疫苗效价指标不符合规定后不到一年，再曝疫苗质量问题。7月16日，长春长生对有效期内所有批次的冻干人用狂犬病疫苗全部实施召回。同日，狂犬病疫苗造假事

[①] 马萍、吴佩：《试论争议性科学议题报道的基本要求》，《中国报业》2016年第8期（下）。

件还在发酵。疫苗生产商长生生物当日开盘一字跌停，报收 22.1 元/股，成交额为 1211.52 万元。7 月 17 日，长春长生发声明称，此次所有涉事疫苗尚未出厂销售，所有已经上市的人用狂犬病疫苗产品质量符合国家注册标准。针对此次突发事件，声明同时表示，已按要求停止狂犬病疫苗的生产，并"深表歉意"。对此，自媒体上压倒性的声音是，这么大的事不能仅仅"致歉"了事，应该"治罪"。

作为上市公司，长春长生对问题疫苗事件及由此带来的市场风险，经营风险和社会危害负有信息披露的责任。对此，7 月 17 日，长春长生挂牌的深圳证券交易所发布关注函，要求公司认真自查并就相关事项出具书面说明。7 月 20 日，长生生物科技股份有限公司发布公告，对深交所提出的有关子公司长春长生狂犬病疫苗造假的问题进行了回复。对于涉事冻干人用狂犬病疫苗数量和流向市场风险的问题，长生生物回复称，涉事疫苗数量约为 11.3 万份，均尚未出厂和上市销售。由于受到狂犬病疫苗事件影响，预计狂犬病疫苗将减少公司 2018 年度收入 7.4 亿元，预计对其他产品销售也将带来负面影响，但无法准确预计。

此时，各方声音透过不同的媒体渠道呈现出来。在人心惶惶，众说纷纭的时刻，主流媒体还是发挥了压舱石的功能。7 月 22 日《人民日报》发表评论文章称：

> 此次有问题的狂犬病疫苗所幸并未流出，但关于疫苗的文章再次刷屏，也带来不少焦虑。当此之时，更应该用"权威的真相"来回应公众的疑问："生产记录造假"的具体情况如何？对疫苗功效有何影响？之前的疫苗是不是存在同样的问题？问题"百白破"疫苗流向了何处？这需要各地卫生部门、疾控中心和食药监部门迅速行动起来，作出翔实调查，及时发布权威信息，安抚社会情绪，疏导公众焦虑。①

应该说这篇文章已经非常到位地指出了问题疫苗引发的舆论危机及其应对方略。但是，来自自媒体的声音还是主导了此时的公共话语。7

---

① 人民网：《一查到底，方可纾解疫苗焦虑》，http://opinion.people.com.cn/GB/n1/2018/0722/c1003-30162409.html。

月21日，来自自媒体"兽楼处"的一篇名为《疫苗之王》的文章迅速从微信朋友圈出发火爆全网，将疫苗安全的问题推至风口浪尖。

7月22日，京东CEO刘强东针对长春长生疫苗事件发布400多字长微博，强烈建议相关政府部门严惩所有责任人，给公众一个交代。其"公众人物"的标签无疑让他的表态获得了大量用户的关注，利用"大V"的社会影响力起到了引导舆论的作用，间接也产生了积极的影响。疫苗造假事件引发公众对疫苗安全、疫苗监管等话题的讨论，相关舆情量在7月22—23日达到顶峰。

此时，疫苗问题得到高层重视，习近平总书记、李克强总理针对疫苗事件作出批示，要求调查事实真相，严肃追责。7月23日，国务院调查组赶赴吉林，开展长春长生违法违规生产狂犬病疫苗案件调查工作。7月23日下午，长春警方依据吉林省食品药品监督管理局《涉嫌犯罪案件移送书》，对长春长生生物科技有限责任公司生产冻干人用狂犬病疫苗涉嫌违法犯罪案件迅速立案调查，将主要涉案人员公司董事长和4名公司高管带至公安机关依法审查。问题疫苗事件告一段落。

作为互联网大数据检测平台，鹰眼舆情系统从传播平台、媒体报道方向和网络话题分析三方面持续跟踪并总结了长春长生问题疫苗事件。

传播平台

自媒体平台主导了"长春长生问题疫苗事件"的相关信息和舆论，八成以上信息来自新浪微博。但同样值得注意的是，在其中，《人民日报》等主流权威媒体账号起到了关键的舆论引流作用，其发布"李克强就疫苗事件作出批示""长春长生董事长高某芳等15人被刑拘""国家药监局已责令企业停止生产并立案调查"等事件重要节点信息，加大了事件传播力度，引发众多网民讨论。与此同时，作为自媒体的部分大V博主针对疫苗造假事件发表评论性观点也引导了舆论走向。

媒体报道方向

24%的媒体报道国家领导人对问题疫苗作出指示，《人民日报》发文称，国家主席习近平对吉林长春长生生物疫苗案件作出重要指示指出，长春长生生物科技有限责任公司违法违规生产疫苗行为，性质恶劣，令人触目惊心。有关地方和部门要高度重视，立即调查事实真相，一查到底，严肃问责，依法从严处理。国务院总理李克强作出批示要求，国务院立刻派出调查组，对所有疫苗生产、销售等全流程全链条进行彻查，尽快查清事实真相，不论涉及哪些企业、哪些人都坚决严惩不贷、绝不姑息。"央广网"发文称，吉林省委召开常委会议传达学习习近平总书记对长春长生生物科技有限责任公司违法违规生产疫苗作出的重要指示，表示将以最坚决的态度和有力的举措，全力做好案件查处工作，一查到底，坚决问责，全力保障群众切身利益和社会安全稳定大局。

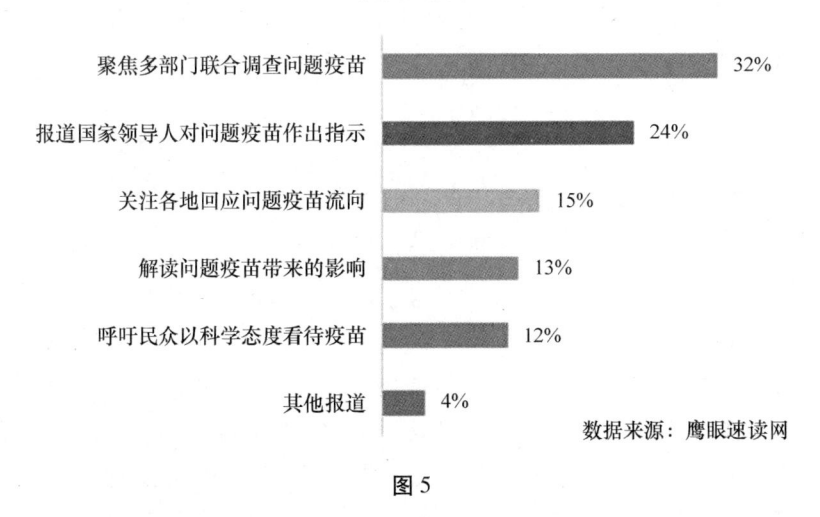

"长春长生疫苗造假事件"
媒体报道分析图

- 聚焦多部门联合调查问题疫苗　32%
- 报道国家领导人对问题疫苗作出指示　24%
- 关注各地回应问题疫苗流向　15%
- 解读问题疫苗带来的影响　13%
- 呼吁民众以科学态度看待疫苗　12%
- 其他报道　4%

数据来源：鹰眼速读网

图5

15%的媒体报道关注各地回应问题疫苗流向，"观察者网"发文称此前上海、河南、海南、重庆、山东、山西、广西、河北8个省市疾控中心明确表示，全面停用或是暂停使用长春长生狂犬病疫苗。湖南、福建、广东3省疾控中心表示该省境内没有涉事批次狂犬病疫苗。截至目前（7月25日），已有30个省、自治区和直辖市就问题疫苗事件发声。

13%的媒体报道解读问题疫苗带来的影响，"每日经济新闻"

发文称,长春长生疫苗案件就像是一根导火索,在市场情绪影响下,近日生物疫苗股接连下跌。《钱江晚报》发表评论员文章,文章指出,药的改革,安全是前提,药品安全一旦失守,所有改革的"成效"都将归于零。这次问题疫苗事件的发生严重影响的是人们的安全感,从这个意义上说,医疗体制改革还须进一步打破固化利益和思想藩篱,继续向前推进。

12%的媒体报道呼吁民众以科学态度看待疫苗,《番禺日报》发文呼吁广大市民应以科学的态度看待疫苗,按时带孩子进行免疫接种。"澎湃新闻"引述专家观点指出,如果因为负性事件拒绝打疫苗,那也是不对的。从古至今,传染病让太多的人失去了生命。如何防治传染病,接种疫苗就是最经济、有效的可以保护易感人群的措施。

此外其他新闻报道占比4%,主要是分析医疗领域腐败问题、盘点涉事企业违规记录、解读国外疫苗监管措施等。

网络话题分析

34%的网民言论呼吁严惩涉及企业及负责人,网络大V如刘强东等在自媒体上发文,要求有关部门严查涉事企业,严惩企业负责人,其言论得到了草根网民的大量跟评与转发。

20%的网民言论担忧问题疫苗带来健康隐患,部分网民翻查接种记录本,发现自己的孩子已接种问题疫苗,担忧会有副作用带来潜在的健康风险。尽管已有权威医学专家做出了解释,依然有网民对继续按时接种疫苗、补打疫苗以及国产疫苗质量表达了顾虑情绪。

17%的网民言论认为疫苗监管存在漏洞,网民分析认为大量问题疫苗流入市场,注入儿童身体,暴露了疫苗流通过程中监管出现了问题。也有网民指出如果这次疫苗事件,矛头不指向监管层,只指向国产,难以破除只有调查没有结果的恶性循环。

12%的网民言论追踪问题疫苗的具体流向,有文章以官方数据为基础,对问题疫苗流向进行了大数据分析,获得网民的大量转发。也有博文认为除了长生生物之外,武汉生物生产的疫苗流向也

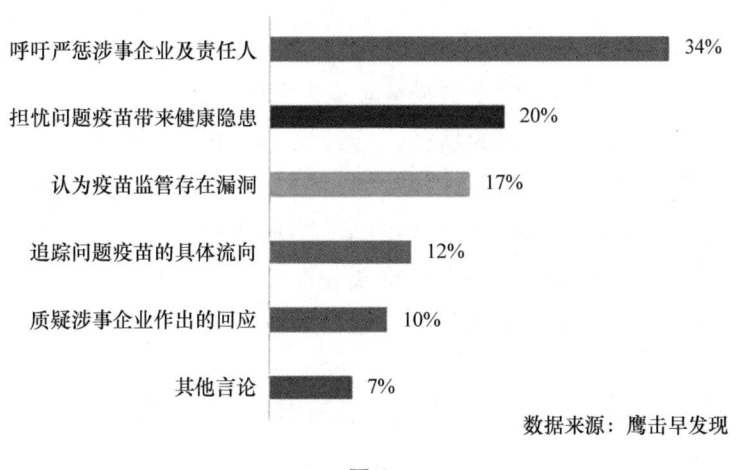

"长春长生疫苗造假事件"
网民话题分析图

- 呼吁严惩涉事企业及责任人 34%
- 担忧问题疫苗带来健康隐患 20%
- 认为疫苗监管存在漏洞 17%
- 追踪问题疫苗的具体流向 12%
- 质疑涉事企业作出的回应 10%
- 其他言论 7%

数据来源：鹰击早发现

图6

值得关注。

10%的网民言论质疑涉事企业作出的回应，部分网民认为长生生物的回应避重就轻，缺乏基本的诚意，不值得公众的再次信任。也有网民指出长生生物回应没有给出合理的解决方案，不接受道歉，应该让长生生物倒闭退市。

此外7%的网民言论涉及了其他观点，主要包括部分微信公众号借疫苗事件写文获利、涉事企业官方网站遭遇黑客攻击、医学专家普及疫苗知识以及质疑媒体转移舆论焦点等。

二 机构媒体责任与公民媒介素养

问题疫苗事件作为一种相对特殊的公共事务，属于有争议性的科学风险报道。在融合媒体体制中，机构媒体进行此类报道更凸显了自身的困境和所面临的挑战：对科学议题严谨解读的要求与相关知识背景欠缺的矛盾；引入专业信源解读与受众消化能力的矛盾；促进受众科学素养与满足受众即时需求的矛盾。在机构媒体的矛盾纠结中，无所顾忌的自媒体更容易主导或者说迎合情绪化的舆论。

然而，对于科学争议性问题的报道和真实信息的提供，依然要依靠机构媒体承担起更多的责任：一要追求科学风险事件背后的真相，二要保证新闻报道在即使处在多元利益群体和话语的环境中仍然持守公正的立场。

正如超现实的概念所表明的那样,在公众理解和社会行动方面,对科学风险议题的媒介构建至少与对该问题的实际科学理解一样重要。此外,正如多轴性所强调的那样,这种媒介解释来自比传统媒介体制更广泛的信息渠道。然而,这些新渠道的相对影响不是随机的,而是由产生这些渠道背后的经济、政治和文化所塑造的。例如,疫苗厂商利用各种新旧媒体构建了一个超现实,即疫苗总体是安全的,即便有一些问题也只是个案,毫无疑问,这是那些利益相关方有意识制定的战略。

厘清此间关键需要放弃对信息流动的媒体渠道的先验假设,以及媒介表述与它们声称代表的现实之间的关系。我们不能假定只有经主流媒体报道的相关案例才具有社会意义和价值,从而忽略了自媒体上最初只是呈现为个案的当事者声音。在融合媒介体制中,公民、专家和政府面临的最大挑战之一,就是如何理解各种各样的信息渠道所宣称的真相。对这些问题的回答势必将成为媒体素养的核心。有科学新闻研究者指出:

> 科学议题的新闻报道与其他新闻报道不同在于:科学议题报道目的之一是为了促进公共教育。评价科学议题报道的好坏,主要是看其在多大程度上反映了科学的观点,在多大程度上消除了错误的观念。如果以此来评价媒介对问题疫苗事件的报道,显然没有起到反映事件原因和科学解读事实的作用,可能还导致了受众对疫苗的困惑。
>
> 媒体报道的核心应该是受众最想知道的问题,如问题疫苗的流向、注射后可能产生的后果、如果注射了应该怎么办、谁该为事故负责、疫苗流通和监管程序是否存在问题等,从事件发生的应急措施到问题追责,最终有助于完善监管机制,这是问题疫苗报道的基本方向。这样的报道虽然不可能让突发事件马上得到解决,但媒体可借此机会达到公共教育的目的。
>
> 问题疫苗事件是对政府、机构媒体和新闻从业人员的一次考

验，同时也是对受众媒介素养和科学素养的一次考验。对于事件的报道和反思应该结合在一起，在追问事件真相的同时，也反思媒介报道中存在的问题。从这个角度来讲，对问题疫苗事件的报道最终形成的公共教育，不仅是消除公众的错误观念，还包括提升公众的科学素养、媒介素养、公共事务的参与能力。

媒介素养在于让受众抽丝剥茧了解信息背后哪些是真的，哪些是假的，哪些是自己需要的；公共事件参与能力的提升让受众认识事件的焦点是什么，应该怎么参与，向谁问责[①]。

如果我们要把握融合媒介体制的潜力，同时避免落入其也可能存在的陷阱，我们必须认识到，在自媒体平台上，事件通常以戏剧化的方式呈现，但这并不意味着其呈现出来的不是真相。相反，必须针对这些信息和言论的实际性质，而不是简单地通过出自何种媒体渠道来判断其价值。与此同时，任何有关公共事务信息的渠道所宣称的真相都必须受到严格的检视。

人们常常对新媒体，特别是互联网的潜力做了大量论述，以使公民自己能够对他们所关心的问题进行事实核查和获得进一步的信息，并批判性地评估媒体报道。如何在学校教授批判性媒体素养，并让公众有效地实践，将是决定融合媒体体制对这一重要问题的影响的一部分。

然而，即使在最好的情况下，媒体素养教育也只能是解决方案的一部分。当要检查相关信息源的准确性和可靠性时，公民的时间和知识是有限的。公众可能会改变其对如何接收和评估信息的期望，但提供更可靠和更有用的媒介信息的责任仍将落在那些有时间和具备专业知识的人身上。这一任务可以通过一种专业新闻的重新思考和重新定义来完成，以适应融合媒体体制。

三 记者的专业价值

新闻记者通常有其标准作业程序，其特征在于其报道内容的可核实性。但在有争议性的科学风险报道中，对于记者使用和解释科学研究的

---

① 马萍、吴佩：《试论争议性科学议题报道的基本要求》，《中国报业》2016年第8期（下）。

方式也有严重的批评①。

随着公共事务信息传递渠道的数量和种类的增加，有关重大问题的信息该从哪里收集成了受众的难题。当我们从传统媒体体制的单轴系统转向融合媒介体制的多轴系统时，争夺影响力的社会行动者和与结果相关的有组织的商业和政治力量之间不可避免地会产生冲突。如果我们要充分认识到新闻界在融合媒介体制中的价值，就必须评估记者报道事关公共利益的严肃议题方面所做的实际工作，而不是延续过往的惯性，简单地接受他们作为享有特权的把关者。因此，当涉及有争议性的科学风险议题时，有必要探寻新闻记者如何回答以下问题：谁需要获得信息，谁生产和消费这些信息，这些信息是否有用，这些信息是否足够，以及这些信息是否值得信任。

例如在长春长生疫苗事件报道初始，尽管都反映了疫苗的生产和流通层面的监管问题，但是在自媒体上，对疫苗事件的描述和转述，很容易混淆问题疫苗和假疫苗。机构媒体有责任将不同的概念精确区分。问题疫苗和假疫苗严格地说是两个概念，问题疫苗的问题在于没有按规定进行全程冷链，而假疫苗根本就不是疫苗。定义为问题疫苗还是假疫苗，在事件性质、引发结果和相关单位追责方面都有不同。

融合媒介体制的多轴系统中，一旦产生对相关科学概念的混淆，其结果必然是事实和结果的混乱。对很多实际受到影响的家庭和患者而言，将疫苗的不良反应与问题疫苗相混淆的情况更容易造成切身后果。两类问题的属性不同，问题疫苗事件更可能属于监管问题，而疫苗不良反应背后则可能涉及生理差异和病理变化等因素，在缺乏相关知识背景和对议题的深入了解时，融合媒介体制中的多轴性与把关者的多元性很容易造成不同信息来源的纠缠，以至于将以上两种不同属性的问题联系在一起。在此情形下，所谓事实的大量呈现，信源的全面扩展，其结果并不是对原有报道的解释和深化，也并没有告知公众真正需要的信息。非但如此，媒体报道只关注特定的分歧，而忽视更广泛的科学共识，可能严重扭曲公众的理解。某种程度上，这正是源于机构媒体用来讲述故事的传统规则，仅仅增加报道的数量或重建其作为把关者的权威，都无

---

① B. A Williams, M. X. Delli Carpini, *After Broadcast News: Media Regimes, Democracy, and the New Information*, New York: Cambridge University Press, 2011.

助于解决核心问题，即记者报道事关公共利益的严肃议题方面所做的实际工作。

新闻界过往的非凡能力之一就是，在某一时期某一特定议题上集聚公众的注意力。在传统媒介体制中，公共事务信息必须通过作为单一把关者的新闻界来传递。而融合媒体体制则使非传统的信源获得了向更广泛的公众传递信息的能力，从而避免了过往的结构性限制。

首先，融合媒体体制的多重轴线使收集和传播环境信息的各种方法、观点和声音成为可能。当然，这并不意味着新闻界的地位和功能被替代。它只意味着一个更广泛的各种各样的方式提供信息可能。

其次，受众主动搜索和选择信息。虽然新闻界的报道在信息供给和议题阐释上都未必充分，而且存在缺陷，但是，互联网提供了来源广泛的信息。而且媒介信息生产和传播的成本显著降低，使得受众更容易补充修正甚至是重建来自新闻界的报道。

最后，当新闻呈现为永远未完成的动态时，必然会逐渐消解传者与受众，生产者与消费者、精英与普通公民之间的界限，并进一步模糊了在社会体系中各种形式上截然不同的角色之间的界限。

然而必须看到，融合媒体体制对新闻界也存在可能的消极影响。信息流通渠道的爆炸式增长开放了更多的信息来源，但这也意味着一个把关系统的崩溃，至少在理论上，过去这个把关系统还可以依托专业记者审查信息的可靠性和准确性。相比之下，融合媒体体制中，各种信息的来源和可靠性不可同日而语。

由于在融合媒介体制下公众的注意力分散，公众关注某一特定问题的场合如媒体事件期间，变得尤为重要。在这里，这可能是唯一适合专业记者在融合媒介体制中发挥作用的角色。专业记者的角色正在被重新定义，关于这一角色的讨论，必须基于对记者在过去所做工作的现实评估，而不是先验的认为这一群体必然享有某种职业特权。

四 大众文化：新的公共话语渠道

问题疫苗事件的舆情爆发的前夕，一部名为《我不是药神》的电影席卷票房。该片改编自真实事件，即主角的原型陆勇海外代购慢性粒细胞白血病治疗药品格列卫并被卷入司法程序最后被免予起诉的故事。

《我不是药神》的上映引发社会强烈反响，有评论指出"电影所具有的批判性锋芒使得它与当下中国时刻跃动的现实有了最为直接的交锋。中国底层民众，尤其是罹患重症的中国底层民众第一次全方位进入观众的视线"。总理李克强专门就电影引发的舆论热议作出批示，要求有关部门加快落实抗癌药降价保供等相关措施。

《我不是药神》电影呈现了一个跨阶层、跨性别、跨年龄的病患人群，进而引发了观众最大程度的共鸣，即"谁家还没有个病人"以及"每个人都有可能生病"的健康焦虑。影片以想象的方式治愈了跨阶层的健康焦虑。如同社会学家克莱夫·塞尔（Clive Seale）所发现的："大众媒体常常将疾病塑造成一种媒体景观，即聚焦日常生活中的普通人，展示他们用超乎寻常的能力去面对病痛，以达到不让大众失望的目的。"①

在整个公映周期，该片的舆论热度持续呈现，话题中心超越电影艺术范畴而呈现出公共话语色彩。有关统计研究发现②：在相关话题中，22%聚焦专利药价高问题，16%关注我国医疗体制改革，12%关注我国医药行业现状及发展问题。可以说由电影引发出的讨论中有一半的声音涉及"医疗与医药"。如同对问题疫苗的报道一样，《我不是药神》作为文化文本也触及有争议的科学风险议题。

该片的热映和引发的热议，一定程度上削弱了传统认知，即对公共事务特别是专业门槛高的公共事务，通常应该由专业媒体作为把关人进行阐释再传播给公众。尽管这样的传统认知越来越被质疑，因为它们基于前文所述的传统两分法，但新传播科技引发的媒介环境和大众文化的变化，使这些传统认知的局限性更加清晰。

正如超现实的概念所表明的那样，在促成公众理解和行动方面，对有争议的科学风险议题的媒介构建至少与对该问题的实际科学理解一样重要。此外，正如多重轴线概念所强调的那样，这种媒介解释来自融合媒体体制中更广泛的信息渠道，正如《我不是药神》作为文化文本与传播网络中的媒介文本的互动所呈现出来的信息牵引与裂变。

与此同时，任何有关公共事务信息的渠道所宣称的"事实"都必须

---

① 转引自孙静《我不是药神：疾病表征与社会书写》，《艺术评论》2018年第8期。
② 识微科技：《〈我不是药神〉舆情热点分析》，https://www.civiw.com/report/20180716135618。

受到核查。以《我不是药神》为例，电影通过对人物与场景的艺术建构，意图呈现2002年的社会面貌，以此构成艺术创作的社会历史语境。正是在这一语境的限定中，"高价药"引发的医疗体制与医药管理问题才呈现出一种艺术真实的面貌。有医药政策研究人员指出[①]：

> 电影中出现的用于治疗慢性粒细胞白血病的药品"格列宁"，在现实生活中为诺华制药公司生产的原研药格列卫。2001年5月，格列卫获得美国食品药品监督管理局（FDA）批准上市，是人类第一个分子靶向抗癌药，将慢性粒细胞白血病患者的5年生存率提升至90%以上。格列卫研发历时50年，投入高达50亿美元。2002年，格列卫在中国获批进口上市，距FDA批准时间不足一年。但是，当时的价格很贵，100毫克规格、60片包装的格列卫价格达2.4万元/盒，年费用高达28.8万元/年。2016年，格列卫列入首批谈判药品清单，谈判后降价幅度达50%以上，现在网上可以查到的单盒售价在8800—1万元不等。
> 　　查询格列卫和印度仿制药、中国仿制药在各国的零售价格的结果显示，按照同样规格100毫克进行价格比较，格列卫在中国售价低于加拿大、印度、英国等地，印度CIPLA公司仿制药单片价格为15.3元/片，国产仿制药价格在10—20元/片。从目前情况看，如果从正规合法渠道购买，格列卫和仿制药在中国售价已经低于或等于国外水平。

然而在一些自媒体的讨论和海外代购网站的宣传中，"在中国格列卫售价比美国贵一倍"与"印度仿制药价格如何如何低"之类的判断并不鲜见，这些应该是多年以前的情况。正如引文所言，随着医保价格谈判和仿制药上市，今天格列卫在中国售价已经得到显著降低。

作为新闻记者和政治精英之外的新的社会行动者，在公共政策的许多领域，需要更充分地考虑其所使用的规则和公众的期望。例如，当电影制作人在展现有争议性的科学风险议题时需要承担怎样的责任？为了

---

① 杨悦：《我不是药神：过去的故事，未来的思考》，《中国卫生》2018年第8期。

获得戏剧性的效果，或者说对电影的解读和电影文本在融合媒体体制的传播中，有一些元素可能会被夸大，有一些元素可能会被遮蔽，这是否会使创作者所主张的某种程度的真实或者社会现实被解构或者重构？这些问题构成了这些不同的信息来源对公共话语的影响的基础。

小 结

本章对媒体报道有争议性的科学风险议题的调查，以及分析超现实和多轴性的概念，提出了如何进一步塑造完善融合媒介体制的相关思考。

超现实和多重轴线这两个概念可以很好地解释媒体在应对有争议性的科学风险议题方面也可以发挥中心作用。所有相关的行动者都试图影响公众舆论，相关议题的媒介呈现几乎直接主导了公众舆论结果。

超现实概念的意义在于，我们的研究重点不是科学风险的事实本身，而是这些事实进入或不进入媒体话语的方式，进而凸显了多轴性的重要性——理解塑造媒体话语的多重权力轴。随着传统媒体体制的瓦解，其特有的影响力轴心也随之瓦解：政治精英透过机构媒体控制信息流通渠道。融合媒介体制打破了这一单一轴线，比如在以问题疫苗为代表的有争议性的科学风险议题方面，方方面面的社会行动者透过不同的渠道，向公众展示他们的看法。然而，这种多轴性并不意味着允许所有群体或个人平等地塑造媒体话语：融合媒介体制没有脱离政治权力结构。政府在形成融合媒体体制方面的政策，决定了哪些利益集团与社会行动者将被允许有效利用一个多轴性媒体体制所提供的机会。

第八章

结　　语

"在那些塑造事件、参与事件、有着关于事件的专业知识和技能、有权接近事件并对此做报道和传播的媒体人，和那些不能直接参与事件、没有与之相关的专业知识、没有获取信息权力的广大受众之间，一直存在着根本上的不平衡。这种情况一直持续到数字化时代到来为止。"[①]

正如许多新闻学研究者所指出的，新闻界对于新闻的独家占有，等于允许这个产业拥有超越社会知识的制度权威。[②] 维持这种制度权威取决于上述两分法是否保持有效性。[③] 然而，每一次新的媒介技术被引进和推广后，都必将改变人们和其所属的体系与社会群体的关系，并模糊过去那些分明的界限。[④]

随着手机等智能终端整合了拍照、摄像、上网等众多功能，以及自媒体的广泛使用，受众可以很方便地随时参与新闻生产和传播。如此一来，新闻业对重要事件的优先接近权被公民新闻打破。机构媒体和职业新闻人开始发现，新闻业的权力正面临前所未有的威胁。

新传播科技给新闻业，或者说给其背后固化的媒介体制（media regime）带来的威胁已经持续二十年以上了。在此期间，新闻业的应对方

---

① S. Hall, "The Structured Communication of Events", Birmingham: Centre for Contemporary Cultural Studies, 1973, p. 11.

② D. L. Altheide, *Media Power*, London: Sage Publications, 1985. T. Cook, *Governing with the News: The News Media as a Political Institution*, Chicago: University of Chicago, 1998.

③ E. King, *Free for All: The Internet's Transformation of Journalism*, Evanston, Ill: Northwestern University Press, 2010.

④ J. Meyrowitz, *No Sense of Pluce: The Impoct of Electronic Media on Social Behoviour*, Oxford: Oxford University Press, 1985.

式大致有三种，其背后都折射出不同的认识论和权力关系。

第一种应对方式就是以"报台网互动"为特征的数字化转型，其背后的认识论是"新闻是一种产品"，可以用技术手段来不断改造和强化，但其本质面貌并不变异。新闻业一直以来遵循一个特殊的"生产地理学"，[①] 受限于时间（媒体工作节奏和受众接受习惯）和空间（新闻编辑室）的关切。即便是网络新闻，编辑和记者也意图把新闻产品呈现于特定的时间和位置。这是遵循传统的新闻生产的时空规制，不管是常态新闻报道还是社交媒体上的新闻呈现，都强调必须是及时的、新鲜的，必须经过审查和跟踪监测。

第二种应对方式，用当下主流的表述就是"传统媒体与新兴媒体融合发展"。其媒介认识论上突破了"新闻是一种产品"的局限。认识到"新闻"不再呈现为报刊刊载的静态文章或者广播电视台固定时段的节目，新闻已经从一个静态的产品概念变化为动态的过程概念，即"新闻是一个动态过程"。今天的新闻生产是"对话"，是"过程"，是牵涉到周边社会关系的"共享行为和传播行动"。从这个意义上说，机构媒体单靠自身力量无法实现高效的新闻生产和传播，需要借助自媒体的帮助。为了进一步揭示背后权力关系变化的影响，必须从机构媒体与自媒体，以及新闻从业者和受众/用户的双重视角来探索。本书通过民族志方法获得的来自新民网新闻从业者和部分受众的数据，记载了在动态变化又相互连接的融合体制中，新的数字技术影响了新闻工作的时空维度，从而改变了新闻生产的地理边界。在此背景下，任何形式的地理标志和边界都是不明晰的。因为融合体制下的信息形态，比如新闻报道、博客/微博、跟帖评论等随着社交媒体的转发或分享等，其目标受众的时空分布都是在不断变化的。"新闻从业者与受众/用户曾长期保持一个正式的、匿名的、单向的关系，作为其主导社会的一种方式。"[②] 研究显示，新闻从业者和受众之间正在脱离这一传统的关系，为了应对这一趋势，新闻编辑室逐渐转向在包括社交媒体在内的网络空间中寻求新的

[①] J. T. Caldwell, *Industrial Geography Lessons: Sacio-professional Rituals and the Borderlands of Production Culture*, In N. Couldry, A. McCarthy (Eds.), *Mediaspace: Ploce, Scale and Culture in a Media Age*, New York: Routledge, 2004, pp. 163 - 189.

[②] T. Cook, *Governing with the News: The News Media as a Political Institution*, Chicago: University of Chicago. 1998, p. 72.

受众。

第三种应对,就是强化自身的认知权威,重建认知劳动的秩序,这里其实凸显的是机构媒体和自媒体的对标而非融合。其背后的认识论正如纽约城市大学新闻学教授 Jeff Javis 的论断:"新闻界走向了新闻领域(The Press Sphere)。"① 在一个大众自传播时代,先前的出版资源稀缺状态不复存在了,与新闻报道关联的媒介出口变得越来越多。许多其他的信息来源取代了新闻界的功能,如图1所示,人们可以通过网络链接,从伙伴、公司以及政府的自媒体账号中获取新闻,事件的目击者可以通过社交媒体直接加入新闻生产流程,背景可以通过链接档案网站呈现,各种跟帖评论也可以带来不同的观察视角。

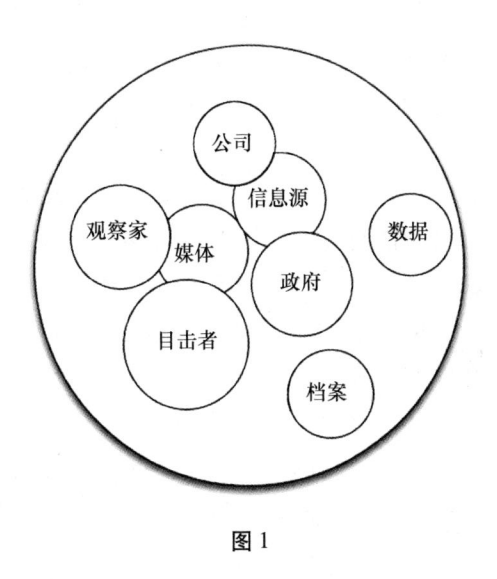

图 1

传统的新闻生产是中央控制、等级分明的组织内生产,新闻是一种由媒体制作、经层层审核的信息格式。如克莱·舍基所言,这是因为媒体出版资源(版面/波段/时间)的稀缺造成的,媒体才选择性地传播其认为最有价值的内容。就如"9·11"事件发生的时代,新闻事件都是经过新闻界的过滤后,才来到别无选择的受众那里。现在,新闻可以

---

① Jeff Javis, "The Press Becomes the Press-sphere", Blog, at buzzmachine.com, http://buzzmachine.com/2008/04/14/the-press-becomes-the-press-sphere/.

不借助传统媒体而闯入公众视野。这个变化不是从一种类型的新闻机构移动到另一种类型，而是新闻的定义发生了改变："它从一种机构特权转变为一个信息传播生态系统的一部分，各种正式的组织、非正式的集体和众多个人都处在这个生态系统当中。"①

商业模式的消解

新闻业正在经历危机与转型，必然会涉及商业模式。新闻业传统的商业模式是销售新闻产品给受众，同时也将受众销售给广告主。"二次销售"的商业模式为新闻业的发展奠定了坚实而稳定的基础。伴随着广告量下滑和发行量下跌，先后有新老媒体倒闭，宣告了新闻业商业模式的危机。现在人们能选择从不同的渠道免费获得信息，主动选择报纸和电视的意愿和频率也随之降低，广告主也随之降低了对传统新闻机构的广告投放。

值得注意的是，不看或者少看报纸和电视不意味着人们不再需要新闻。相反，随着移动智能终端对零碎时间的整合也可能使得用户阅读新闻的时间更长；在这个不稳定且风险四伏的时代，人们对于新闻的需求似乎比过去增多了。但从本书所做的访谈看，无论是新闻从业者还是普通受众，都认为新闻业面临颓势。

互联网兴起后，新闻业纷纷走上数字化转型的应对之路，但长期纠结于探索新盈利模式和更新新闻生产机制之间的二元目标，以至于在失焦的过程中遭遇基本盘和新传播技术革命机遇的双重流失。新闻业危机到底出在哪里？

曾经被默多克称为"令人兴奋不已的杰作"、新闻集团专为 iPad 打造的数字化内容产品 The Daily，于 2012 年 12 月 15 日停止出版。The Daily 的失败正在于："以经营战略先行，忽略了当前的新闻消费模式是否足以支撑这一商业模式，以及自身的新闻生产实践是否足以改变当前的新闻消费模式。"② 更深层面的危机或许就来自传统的新闻生产和消

---

① ［美］克莱·舍基：《未来是湿的》，胡泳、沈满琳译，中国人民大学出版社 2010 年版，第 42 页。
② 丁方舟：《从新闻生产和消费看传统媒体转型》，《青年记者》2013 年第 4 期。

费模式。

新闻业将继续存在,但媒体和记者都面临洗牌。传统模式是媒体中心,传者主导;而新兴模式是平台中心,用户主导。社交媒体、大数据/云计算、移动智能终端等新技术革命趋势勃兴后,公民记者甚至自动化新闻程序都有可能瓜分职业记者的工作领域。但也应该看到,虽然这两种新闻实践在数据收集整合上有其特有的优势,但是在解读事实、分析数据和叙事方面,职业记者仍然有不可或缺的专业优势。

新型新闻生产和新闻消费

"新闻从业者与受众/用户曾长期保持一个正式的、匿名的、单向的关系,作为其主导社会的一种方式。"[1] 研究显示,新闻从业者和受众之间正在脱离这一传统的关系,为了应对这一趋势,新闻编辑室逐渐转向在包括社交媒体在内的网络空间中寻求新的受众。

Deuze 把网络新闻劳动力所面临的不断演变的时空要求和等级制的生产实践中不断增加的流动性联系起来。[2] 在一个用民族志方法对网络新闻室的研究中,Pablo Boczkowski 指出,网络新闻的内容不仅取决于纸媒工作者对数字技术的态度,也取决于记者对受众的态度(比如是把受众视为消费者还是合作者,是懂行还是不懂行的),他强调"网络新闻室作为一个社会空间,在这里技术考量会影响到谁来讲故事、讲什么样的故事、如何讲故事、对什么类型的公众讲故事"。[3]

社交媒体的渗透,互动技术和其他数字技术的发展,迫使新闻室的工作规程发生了重大变化,因此围绕着新闻采制的工作场所角色也发生了变化。[4] 相关研究显示,数字化新闻的特点来自于演变了的新闻工作

---

[1] T. Cook, *Governing with the News: The News Media as a Political Institution*, Chicago: University of Chicago, 1998, p. 72.

[2] M. Deuze, "The Future of Citizen Journalism", In S. Allan, E. Thorsen (Eds.), *Citizen Journalism: Global Perspectives*, New York: Peter Lang, 2009, pp. 255 – 264.

[3] P. J. Boczkowski, *Digitizing the News: Innovation in Online Newspapers*, Boston: MIT Press, 2005, p. 177.

[4] J. R. Compton, P. Benedetti, "Labour, New Media, and the Institutional Restructuring of Journalism", *Journalism Studies*, 2011, pp. 487 – 499.

动力系统：更与个人相关、更个性化、更无处不在且更紧密的联系受众，但同时又不太精确，不太专业。① 值得注意的是，这些研究已经表明，尽管早期声称受众可以从事新闻工作，然而新闻报道的专业职责仍然由记者承担。

新闻界和社会之间物理和象征性的工作分离有助于新闻界获得作为社会机构的崇高地位，Couldry 将涂尔干式的"媒介/普通"层级结构应用到对新闻界的分析。类似于戈夫曼前台后台的二分法，"媒介/普通"层级结构将媒体生产世界和消费世界之间的象征性边界归因于与这两者皆有联系的组织成分。举例来说，新闻室（媒介）实际空间对于公众（普通）的不可接近性，"加强了媒体机构的象征力量"，② 在新闻事件的现场，记者以媒体出入证进出封闭部分也使得他们与普通大众区别开来。

如果说新闻从业者和公众间的物理区隔（比如新闻现场的媒体区或者隐匿的新闻室）帮助其获得了高于社会公众的权威，那么物理边界的消退和拆毁也势必改变过去的权力对比。现在，受众/用户完全可以绕过新闻机构无形的墙垣，通过博客/微博、人人网、QQ 群等社交媒体来发表自己的看法和意见。在过去那个形式封闭的系统中，随着越来越多参与者出现并且分工协作，权力开始呈分散状以适应新情境，受众/用户可以把出自被管控的新闻机构的信息"输送"到一个众声喧哗、没有边界的互联网世界。

基于这样的传播技术变化和扩散，受众正从传统单一的新闻消费模式转向了新闻生产/消费混杂型模式。通常情况是从一些值得信任的媒体中找出一些他们认为"值得分享"的新闻，经过重新编辑、加上自己的评论后，在社交媒体上转发出去。经过这些处理后，有时候甚至改变了新闻最初报道者的意图和相关语境。这种新模式衍生出一些有意思的现象：人们不只是使用新闻机构网站上的超链接，更多数是使用社交媒体交际圈中的分享链接。这种社交媒体上的分享是裂变式的，意味着某位受众/用户在阅读/收看其某位好友推荐分享的内容后，往往又分享给其他人。

关于数字时代受众的学术论述认为，因为互动性，受众商品化的趋

---

① S. Allan, *Online News*, New York Open University Press, 2006.
② N. Couldry, *The Place of Media Power*, London: Routledge, 2000, p. 60.

势加剧。为了强化公司的品牌，媒体公司也许正在通过数字技术来拉拢受众去付出免费劳动，甚至主动积极参与，也是一种自我商品化，通过鼓励互动性来利用毫无戒备心的观众，并且迫使他进入无酬生产。[1] 在一个媒体饱和的世界里，可能只有工作时间，没有自由时间。

融合新闻生产：组织内协同模式

一系列的新传播图景初步描绘了在新的特定历史条件下，正在形成"相对稳定的系列制度、规范、程序和行动者，塑造了媒介生产者和消费者的期待与实践"，[2] 本书试图用"融合体制"予以概括。

"融合体制"代表的是一种对旧有的媒介体系的颠覆，取而代之的是一个新的、数字化并网络化的体系。媒体不再是一个单一的内容生产者，过滤者（把关人）、信息聚集者与阐释者，用户开始进入之前封闭的新闻生产流程中来。

相形之下，通常使用的"媒介融合"无法概括今天的新闻业以及新闻生产消费实践，甚至可能是一个误解。因此，纠结于媒介形态的融合与分化，来探讨新闻业的危机与转型很可能也是缘木求鱼。这个误区似乎不可避免。因为，"融合"既是互联网兴起后新闻业转型的核心意象，也是传播与社会的基本图景。

值得注意的是，"融合"这个概念背后的假设并非"归并"，而是"模糊"。既有"媒介体制"中的角色、关系和规则都在趋于模糊。传者和受众的角色变得模糊、专业和业余之间的界限变得模糊、文本和媒介的对应形式变得模糊、新闻和娱乐的形式变得模糊、人际传播和大众传播的界限变得模糊，最后，可以看到，新闻生产曾经严格的组织边界和时空框架也变得模糊。

如果用"融合"来定义和描述这种"模糊"的趋势，那么以"全媒体"为特征的融合新闻恐怕是背道而驰。正如舒德森所断言的，如果

---

[1] M. Andrejevic, "The Webcam Subculture and the Digital Enclosure", In N. Couldry, A. McCarthy (Eds.), *Mediaspace: Place, Scale and Culture in a Media Age*, London: Routledge, 2004, pp. 193–208.

[2] B. A. Williams, M. X. Delli Carpini, *After Broadcast News: Media Regimes, Democracy, and the New Information*, New York: Cambridge University Press, 2011, p. 16.

没有专门的新闻机构，即使面对一项使我们每个人都有可能平等地发送和接收信息的技术，也很难描绘出当代世界的图景。①

新闻业有三项关键功能：其一，观察相关的事实，并向合适的人问好的问题；其二，在社会情境中理解观察结果和答案；其三，向他人恰当地解释调查结果。在全球化的网络社会中，上述可以归纳为：数据收集、解释以及讲故事。如果说新闻业就是由以上部分组成，那么是否可以把任何认定从事以上实践的人视为新闻生产者？在当代的社会环境中，任何人只要涉及了这三个任务中任何一部分，他就有可能在从事某种形式的"新闻业"。②

在信息呈现为大数据和多元化的形态中，任何个体单独完成其中任何一项都不容易。即便是职业记者，也越来越需要集中精力于某一主题和新闻工作的某一部分，并与其他各种职业的人以及公民记者展开合作。然而，所谓"全媒体"导向的融合新闻其背后本质可能是进一步的权力集中，同时试图利用更少的资源做更多的事。与此同时，由于互联网平台上不间断更新的要求，必然存在不间断的信息流需要即时处理。新闻生产任务越多，新闻生产节奏越快，那么职业记者基本没有时间来体现其核心价值——"分析和叙事"，而只能埋头于最基本的任务——"数据收集"，而这恰恰是一个能被替代的新闻实践，因为自动化新闻程序和海量并广泛分布的公民记者相比之下更有效率和接近性的优势。

在这样的论断背景下，或许可以说所谓"全媒体"实际上是旧媒介体系试图借技术而还魂。倒是新民网的组织内协同模式不失为一种务实的探索，该模式以指挥编辑为中心，以记者为节点，编织了一个新闻生产协同网络。既不对抗新闻生产层级体制，却也尽力压缩至扁平化以适应互联网新闻平台快速响应的要求；既以技术装备升级顺应数字化转型趋势，也注重吸收条线制任务明晰的传统；即强调继承客观、准确及可核实的专业新闻生产标准，也开放对接社交媒体和创造性的受众。

---

① Michael Schudson, *The Power of News*, Boston: Harvard University Press, 1996.
② Bregtje, Parks, Castells, "The Future of Journalism: Networked Journalism", *International Journal of Communication*, June, 2012.

超现实、多重轴线的媒介体制

融合媒介体制形成的现实路径之一是"传统媒体与新兴媒体融合发展",但这并非是恢复支撑传统媒介体制的制度和控制。因为这既不能削弱传统的机构媒体在新的媒体技术环境中衰落的总体趋势,也不能最大限度地利用新兴媒体改善公共沟通的潜力。媒介体制的变化不仅挑战了新闻准则所认定的政治和公共事务相关内容,而且给新闻机构带来了更大的压力,也使媒体报道与任何有意义的潜在现实脱钩成为可能。它们还挑战了主流机构媒体对这一过程的控制,从而削弱了作为传统媒介体制标志之一的专业记者的把关作用,并允许一批边缘的公共事务行动者影响新闻,特别是丑闻的社会建构。

在传播学中,谁来控制信息的流动是一个重要的问题,但在许多关于新媒体影响的理论中,这个问题经常被忽略。这种疏忽是由于其超现实、去中心的倾向造成的。但是,正如刘强东丑闻所表明的那样,尽管融合体制下,谁控制和塑造媒介的公共事务议程的问题变得极为复杂,但它并没有消除这些问题。

新的媒体技术及其应用已经改变了权力关系。从一个主要由主流机构媒体和主流精英控制的单一轴线,转变为一个潜在参与者更多、联盟更广泛以及更具流动性的多重轴线。这种多轴表现在两方面:一方面,它允许以前被边缘化的受众,利用可供他们使用的众多替代性媒体渠道,影响主流媒体话语。另一方面,这些相似的新路径——可以单独使用,也可以相互结合,完全绕过主流机构媒体,从而围绕同一主题开启多个话语方向。

这种超现实、多重轴线的媒介体制(融合体制)所带来的影响仍在变化之中。有几点值得注意:

其一,融合体制下的新兴媒体是双刃剑。虽然正如这里所示,新兴媒体(主要是自媒体)为社会精英提供了重要的机遇,但也带来了新的挑战。一方面,社会精英有更多机会对传统机构媒体施加影响,并且以更快的速度,更有针对性地、精心地表达实质性信息。另一方面,过去相对比较缺乏传播机会的其他社会行动者,也可以通过有效地使用新兴媒体来传播他们的信息、增加他们的知名度、聚集支持者，从而为自身创造机会。这必然会给政治和社会生态带来不确定的影响。

其二，超现实性模糊了媒体事件与它的事实基础之间的区别，取消了重要性和真相，造成了更大的影响。多重轴线增加了能够塑造媒介体制的行动者的数量和范围，以及这些行动者所拥有的进入媒介公共领域的入口点的数量。与此同时，机构媒体和专业记者作为把关者的权威，以及作为判断什么是真实、什么不是真实的仲裁者的权威，在某种程度上已经被稀释。丑闻之所以在融合媒介体制中更频繁地出现，一方面在于移动智能媒体和数据库的广泛使用，增强了发现个人或机构不当行为的能力；另一方面，融合媒介体制下网络化、多平台的特性允许事实、谣言和指控以不可预测的方式传播、增长和变形，而机构媒体受制于争夺注意力资源的压力，也不得不跟随这样的议程进行追踪报道。

其三，无论如何，媒体的功能、受众、目的是什么，永远是一个核心问题。这也是为什么本书用融合媒介体制而不是融合媒介时代或者融合媒介环境来表达的原因之一。"融合"背后体现了多元，也体现了对这种多元性的统摄。融合媒介体制下的多轴性、超现实性和其他特征改变的不只是媒介环境，而且还有权力关系，因为客观上，有更多不同的、范围更广的参与者卷入进来了，形成了一种无形的互相制约和角力关系。也正是因为如此，"传统媒体和新兴媒体融合发展"才会上升为国家战略，其目的也在于通过顶层设计破解乱局，建立更高效率、更合理的媒介和传播秩序。

参考文献

中文文献

陈向明:《质的研究方法与社会科学研究》,教育科学出版社2000年版。

郭良:《网络创世纪:从阿帕网到互联网》,中国人民大学出版社1998年版。

黄成炬:《媒介社会学》,载鲁曙明、洪浚浩《西方人文社科前沿述评——传播学》,中国人民大学出版社2007年版。

黄旦:《传者图像:新闻专业主义的建构与消解》,复旦大学出版社2005年版。

刘兆明:《上海数字报业发展的现状与问题应对》,上海社科创新基地赵凯工作室报告2011年版。

陆晔:《新闻生产过程中的权力实践形态研究》,《信息化进程中的传媒教育与研究第二届中国传播学论坛文集》,复旦大学出版社2003年版。

陈保平:《立足全媒体竞争重构报业价值链:〈新民晚报〉数字报业战略推进实践》,《传媒》2007年第6期。

陈保平:《利用先进技术与采编手段整合资源》,《新闻与写作》2010年第1期。

陈国权:《分化是传媒发展的趋势——"融合论"质疑》,《新闻记者》2010年第3期。

陈力丹:《新闻传播学面临传播科技的急速变化》,《新闻记者》2012年第4期。

程武、李清:《IP 热潮的背后与泛娱乐思维下的未来电影》,《当代电影》2015 年第 9 期。

崔保国:《技术创新与媒介变革》,《当代传播》1999 年第 6 期。

丁方舟:《从新闻生产和消费看传统媒体转型》,《青年记者》2013 年第 4 期。

龚瀛琦、张志安:《融合报道的特征及生产机制》,《新闻界》2011 年第 3 期。

黄荷:《大数据时代降临》,《半月谈》2012 年第 17 期。

江小妍、王亮:《泛娱乐环境下的 IP 运营模式研究》,《科技与出版》2016 年第 5 期。

李东然:《在庆典星球大战时,我们在庆典什么》,《三联生活周刊》2015 年第 18 期。

李金铨、黄煜:《中国传媒研究、学术风格及其他》,《媒介研究》2004 年第 5 期。

刘兆明:《报业数字化转型模式研究》,《同济大学学报》2010 年第 5 期。

刘兆明:《浅析时代华纳美国在线合并终结》,《新闻记者》2010 年第 3 期。

刘志迎、陈青祥、徐毅:《众创的概念模型及其理论解析》,《科学学与科学技术管理》2015 年第 2 期。

柳丝:《"〈星球大战〉之父"的商业传奇》,《环球》2012 年第 11 期。

陆晔:《权力与新闻生产过程》,《二十一世纪》2003 年第 6 期。

马忠君:《2012 年普利策新闻奖"融合新闻"作品解读》,《中国记者》2013 年第 1 期。

潘忠党:《解读凯利·新闻教育与传播之别》,《中国传播学评论》2005 年第 1 期。

潘忠党:《新闻改革与新闻体制的改造》,《新闻与传播研究》1997 年第 3 期。

彭兰:《媒介融合时代的"合"与"分"》,《新闻与写作》2006 年第 9 期。

彭兰:《社交媒体、移动终端、大数据:影响新闻生产的新技术因素》,

《新闻界》2012 年第 16 期。

王辰瑶：《结构性制约：对网络时代日常新闻生产的考察》，《国际新闻界》2010 年第 7 期。

王卫新、蔡伟：《数字报业：报业的现实与未来选择》，《新闻记者》2007 年第 6 期。

王洋：《新民晚报新民网"新民意平台"的实践》，《青年记者》2010 年第 1 期。

谢静、徐小鸽：《媒介的组织传播模式及其与新闻生产的关系》，《新闻大学》2008 年第 4 期。

易珏：《大数据大生意》，《中国经济信息》2012 年第 13 期。

朱步冲：《资本、创意、时代：超级英雄重新崛起》，《三联生活周刊》2015 年第 18 期。

朱光烈：《我们将化为"泡沫"——信息高速公路将给传播业带来什么?》，《北京广播学院学报》1994 年第 2 期。

洪兵：《转型社会中的新闻生产》，博士学位论文，复旦大学，2004 年。

芮必峰：《政府、市场、媒体及其他：试论新闻生产中的社会权力》，博士学位论文，复旦大学，2009 年。

张志安：《编辑部场域中的新闻生产》，博士学位论文，复旦大学，2006 年。

［美］巴里·利特曼：《大电影产业》，尹鸿等译，清华大学出版社 2005 年版。

［美］亨利·詹金斯：《融合文化：新媒体和旧媒体的冲突地带》，杜永明译，商务印书馆 2012 年版。

［美］杰夫·贾维斯：《Google 将带来什么？重启思维革命与商业创新》，陈庆新等译，中华工商联合出版社 2009 年版。

［美］罗胥克：《制作新闻》，姜雪影译，台北：远流出版事业股份有限公司 1994 年版。

［美］迈克尔·波特：《竞争优势》，陈丽芳译，华夏出版社 1997 年版。

［美］迈克尔·舒德森：《好公民：美国公共生活史》，郑一卉译，北京大学出版社 2014 年版。

［美］迈克尔·舒德森：《新闻生产社会学》，载詹姆斯·库兰、米切

尔·古尔维奇《大众媒介与社会》，杨击译，华夏出版社2006年版。

［美］曼纽尔·卡斯特：《传播力》，汤景泰、星辰译，社会科学文献出版社2018年版。

［美］曼纽尔·卡斯特：《网络社会：跨文化的视角》，周凯译，社会科学文献出版社2009年版。

［美］曼纽尔·卡斯特：《网络星河：对互联网、商业和社会的反思》，郑波、武炜译，社会科学文献出版社2007年版。

［美］尼葛洛庞帝：《数字化生存》，胡泳等译，海南出版社1997年版。

［美］沃纳·赛弗林、小詹姆斯·坦卡德：《传播理论——起源、方法与应用》，郭镇之等译，华夏出版社2000年版。

［美］珍妮特·瓦斯科：《浮华的盛宴：好莱坞电影产业揭秘》，毕香玲译，中信出版社2006年版。

［英］丹尼斯·麦奎尔：《麦奎尔大众传播理论》，崔保国等译，清华大学出版社2006年版。

［英］丹尼斯·麦奎尔、［瑞典］斯文·温德尔：《大众传播模式论》，祝建华等译，上海译文出版社1997年版。

［英］格雷姆·伯顿：《媒体与社会：评判的视角》，史安斌译，清华大学出版社2007年版。

英文文献

Allan, S., *Online News*, New York Open University Press, 2006.

Associated press, *Studying the Deep Structure of Young-Adult News Consumption*, New York, 2008.

Ang Ien, *Watching Dallas: Soap Opera and the Melodramatic Imagination*, London: Methuen, 1985.

Altheide D. L., *Media Power*, London: Sage Publications, 1985.

Andrejevic, M., "The Webcam Subculture and the Digital Enclosure", In N. Couldry, A. McCarthy (Eds.), *Mediaspace: Place, Scale and Culture in a Media Age*, London: Routledge, 2004.

Barley, S. R., *The New World of Work*, United Kingdom: British North American Committee, 1996.

Bregtje, Parks, Castells, "The Future of Journalism: Networked Journalism", *International Journal of Communication*, 2012.

Bordewijk J. L, van Kaam, "Towards a New Classification of Tele-Information Services", *Intermedia* 34 (1), 1986, pp. 16 – 21.

Beniger James, *The Control Revolution: Technological and Economic Origins of the Information Society*, Cambridge: Harvard University Press, 1986.

Briggs Asa, Burke Peter, *Social History of the Media: From Gutenberg to the Internet*, Cambridge: Polity, 2005.

Bogart L. , *Press and Public: Who Reads What, When, Where, and Why in American Newspapers* (2nd ed.), Hillsdale, N. J. : L. Erlbaum, 1989.

Boczkowski P. J. , *Digitizing the News: Innovation in Online Newspapers*, Boston: MIT Press, 2005.

Boczkowski P. J. , *News at Work: Imitation in the Age of Information Abundance*, Chicago: University of Chicago Press, 2010.

Brannon J. , *Maximize the Medium: Assessing Obstacles to Performing Multimedia Journalism in Three US Newsrooms*, In C. Paterson, D. Domingo (Eds.), Making Online News: The Ethnography of New Media Production, New York: Peter Lang, 2008, pp. 99 – 112.

Bruns A. , *The Active Audience: Transforming Journalism from Gatekeeping to Gatewatching*, In C. Paterson, D. Domingo (Eds.), *Making Online News: The Ethnography of new Mrdio Production*, New York: Peter Lang, 2008, pp. 171 – 184.

Caldwell J. T. , *Industrial Geography Lessons: Sacio-professional Rituals and the Borderlands of Production Culture*, In N. Couldry, A. McCarthy (Eds.), *Mediaspace: Ploce, Scale and Culture in a Media Age*, New York: Routledge, 2004, pp. 163 – 189.

Carey James, *Communication As Cultur*, New York: Routlege, 1989.

Castells M. , *The Rise of the Network Society*, Oxford: Blackwell, 1996.

Castells M. , *The Internet Galaxy: Reflections on the Internet, Business, and Society*, Oxford: Blackwell, 2001.

Castells M., *The Power of Identiy* (second edition), Oxford: Blackwell, 2004.

Castells M., *Communication power*, Oxford: Oxford University Press, 2009.

Cook T., *Governing with the News: The News Media as a Political Institution*, Chicago: University of Chicago., 1998.

Compton J. R. and Benedetti, P., "Labour, New Media, and the Institutional Restructuring of Journalism", *Journalism Studies*, No. 4, 2011, pp. 487 – 499.

Couldry N., *The Place of Media Power*, London: Routledge, 2000.

Cubitt. S., "Telecommunication Networks: Economy, Ecology, Rule", *Theory, Culture & Society*, Vol. 31 (7/8) 2014, pp. 185 – 199.

Deuze M., *Media work*, Malden, MA: Polity, 2007.

Deuze M., "The Future of Citizen Journalism", In S. Allan, E. Thorsen (Eds.), *Citizen Journalism: Global Perspectives*, New York, Peter Lang, 2009, pp. 255 – 264.

Downey G., "Commentary: The Place of Labor in the History of Information-technology Revolutions", *International Review of Social History*, 48 (Supplement), 2003, pp. 225 – 261.

Doyle G., "Media Ownership: Diversity Versus Efficiency in a Changing Technological Environment", In: Ginsburgh V and Throsby D (eds), *Handbook of Economics of Art and Culture*, Vol. 2. Oxford: North Holland, (2014) pp. 357 – 377.

Dubberly Hugh, "Convergence 2.0 = Service + Social + Physical", *Interactions Magazine*, Volume XIX. 3, July-August, 2011.

Fishman Mark, *Manufacturing the News*, Austin, TX: University of Texas Press, 1980.

Fischer C., *America Calling: A Social History of the Telephone to* 1940, LA: UCLA Press, 1992.

Gordon Rich, "The Meanings and Implications of Convergence", In Kevin Kawamoto (Eds.) *Digital Journalism: Emerging Media and the Changing Horizons of Journalism*, Lanham: Rowman & littlefield Publishers, Inc.

2003, pp. 57 – 73.

Graber D., *How People Tame the Information Tide*, New York: Longman, 1984.

Gans Herbert, *Deciding What's News: A Study of CBS Evening News, NBC Nightly News, Newsweek, and Time*, New York: Vintage, 1979.

Grant Robin, *Newspapers Must Look Beyond SEO*, retrieved 1 June, 2009, http://wearesocial.net/tag/juan-bascones/.

Gauntlett, Hill, *TV Living: Television, Culture and Every Day Life*, New York: Routledge, 1999.

Grove Andy, "Intel Keynote Transcript", *Los Angeles Times 3rd Annual Investment Strategies Conference*, Los Angeles, May 22, 1999.

http://www.intel.com/pressroom/archive/speeches/cn052499.htm.

Giddens A., *Central Problems in Social Theory*, Berkeley, CA: University of California Press, 1979.

Gillinor D., *We the Medio: Grossroots Journolisin by the People, for the People*, New York: O'Reilly, 2004.

Goffman E., *The Presentation of Self in Everyday Life*, New York: Double Day, 1959.

Gurstein P., *Wired in the World Chained to the Home: Telework in Daily Life*, Toronto: UBC Press, 2001.

Havthornthwaite C., "Social Networks and Internet Connectivity Effects. Inforniotion", *Communication & Sociefy*, 8 (2), 2006, pp. 125 – 147.

Hall S., *The Structured Communication of Events*, Birmingham: Centre for Contemporary Cultural Studies, 1973.

Herioida A., "Twittering the News", *Journolisin Practice*, 4 (31), 2010, pp. 297 – 308.

Jarvis. J., "Product v. Process Journalism: the Myth of Perfection v. Be Taculture", Retrieved August 17, 2009, (2009, June 7) http://www.huzzmachine.com~2009106107/processjour~alism1.

Jenkins, Henry, "Convergence? I Diverge", Retrieved 1 June, 2001, from http://www.technologyreview.com/biztech/12434/.

Jenkins Henry, *Quentin Tarantino's Star Wars: Digital Cinema, Media Convergence, and Participatory Culture*, In David Thorburn, Henry Jenkins (Eds.), *Rethinking Media Change: The Aesthetics of Transition*, Cambridge: MIT Press, 2003, pp. 281 – 314.

Jenkins Henry, *Convergence Culture: Where Old and New Media Collide*, New York: New York University, 2006.

Hagerstrand T., "Survival and Arena: On: He Life History of Individuals in Relation to Their Environment", In T. Carlstein, D. Parkas, N. Thrift (Eds.), *Hurnnn Activity ond 7hie Geography* Vol. 2. London: Edward Arnold, 1978.

Lévy Pierre, *Collective Intelligence: Mankind's Emerging World in Cyberspace*, Perseus Books, 1991, p. 1.

Levy, Pierre (1997). Collective Intelligence: Mankind's Emerging World in Cyberspace. Cambridge, MA. Perseus Books. pp. 20

Meyrowitz J., *No Sense of Place: The Impact of Electronic Media on Social Behoviour*, Oxford: Oxford University Press, 1985.

McQuail D., *Audience Analysis*, Thousand Oaks, CA: Sage, 1997.

Misner Tim, "Building Support for Use-Based Design Into Hardware Products," *Interactions*, Volume XVI.5, ACM, New York, September-October, 2009.

Meikleh Graham, sherman Young, *Media Convergence: Networked Digital Media in Everyday Life*, New York: Palgrave Macmillan, 2012.

McChesney R. W., *Communication Revolution: Critical Junctures and the Future of Media*, New York: New Press, 2007.

Malmberg A, Maskell P., "The Elusive Concept of Localization Economies—Towards a Knowledge-based Theory of Spatial Clustering", Paper for the 'Industrial Clusters' Revisited: Innovative Places or Uncharted Spaces? session, AAG Annual Conference, New York, 27 february – 3 March, 2001.

Nachison Andrew, *Good Business or Good Journalism? Lessons from the Bleeding Edge*, A Presentation to the World Editors Forum, Hong Kong, June 5,

2001.

Negroponte Nicholas, *Being Digital*, New York: Alfred A. Knopf Inc., 1995.

Nerone J., Barnhurst K. G., "US. Newspaper Types, the Newsroom and the Division of Labor, 1750 – 2000", *Journalism Studies*, 4 (4), 2003, pp. 435 – 449.

Orr, J. E., *Talking About Machines: An Ethnography of a Modern Jab*, Ithaca, NY: Cornell University Press, 1996.

Pool Ithiel de Sola, *Technologies of Freedom*, Cambridge, Mass: Belknap Press, 1983.

Quinn Stephen, Vincent F. Filak, *Deitors Convergent Journalism: An Introduction*, Elsevier Inc., 2005, p. 5.

Ross Karen, Nightingale, Virginia, *Media and Audiences: New Perspectives*, Maidenhead: Open University Press, 2003.

Roge G., "Media Concentration with Free Entry", *Journal of Media Economics*, 22 (3), 2009, pp. 134 – 163.

Ruddock Andy, *Understanding Audiences: Theory and Method*, Oxford: Blackwell, 2001.

Silverstone R., *Television And Everyday Life*, London: Routlege, 1994.

Smith A., *Pumping Up the Pace: the Wireless Newsroom*, In S. Kleinman (Ed.), *Displacing Plnce: Mobile Communication in the Twenty-first Century*, New York Peter Lang, 2007.

Smythe D. W., *On the Audience Commodity and Its Work*, In M. G. Durham, D. M. Kellner (Eds.), *Media and Cultural Studies: Key Works*, Malden, MA: Blackwell Publishing, 2001, pp. 253 – 279.

Stephen Quinn and Vincent F. Filak Deitors, *Convergent Journalism: An Introduction*, Elsevier Inc., 2005, p. 8.

Stuart Allan, *Citizen Journalism: Global Perspectives*, New York: Peter Lang, 2012.

Starr Paul, *The Creation of the Media: Political Origins of Modern Communications*, New York: Basic Books, 2004.

Schudson Michael, *The Power of News*, Harvard University Press, 1996.

Trippi Joe, *The Revolution Will Not Be Televised: Democracy, the Internet, and the Overthrow of Everything*, New York: Regan Books, 2005.

Tuchman Gaye, *Making News: A Study in the Construction of Reality*, New York: The Free Press, 1978.

Williams B. A., DelliCarpini M. X, *After Broadcast News: Media Regimes, Democracy, and the New Information*, New York: Cambridge University Press, 2011.

Williams R., *Culture and society 1780–1950*, London: Fontana, 1961.

Webster, Phalen, *The Mass Audience: Rediscovering the Dominant Model*, Mahwah, NJ: Lawrence Erlbaum, 1997.

Wasko J., *Hollywood in the Information Age: Beyond the Silver Screen*, Cambridge, Uk: Polity Press, 1994.

附录一

新民晚报新民网访谈名录

编号	性别	学历	职位	单位/部门
1	男	本科	高管	新民晚报
2	女	硕士	高管	新民网
3	男	本科	高管	新民网
4	男	本科	高管	新民网
5	女	本科	指挥编辑	新民网
6	女	本科	指挥编辑	新民网/离职
7	女	本科	指挥编辑	新民网
8	男	本科	记者	新民网
9	女	本科	记者	新民晚报
10	女	硕士	记者	新民晚报
11	女	本科	助理编辑	新民网
12	男	本科	记者	新民网/离职
13	女	本科	助理编辑	新民网/离职
14	男	本科	记者	新民晚报
15	男	本科	记者	新民网
16	男	本科	指挥编辑	新民网

附录二

受众访谈名录

编号	性别	出生年代	学历	职位	单位
A	男	80	硕士	公务员	上海市政府
B	女	80	硕士	公关经理	盛大
C	男	70	硕士	设计师	同济设计院
D	男	70	硕士	教师	扬州新东方国际高中
E	男	60	本科	天使投资人	自由职业
F	男	60	专科	党务专员	上海闸北区不夜城集团
G	女	90	本科	学生	上海财经大学
H	女	80	硕士	文秘	上海第二市政工程公司
I	女	80	本科	市场营销	三一集团
J	男	80	本科	销售	中国人寿
K	女	90	本科	学生	复旦大学
L	女	80	本科	版主	天涯社区
M	男	60	不明	驾驶员	上海强生出租车公司
N	女	70	硕士	教师	上海市科教党校
O	女	60	本科	高级经理	普华永道会计师事务所
P	男	80	博士	工程师	复旦张江生物医药公司
Q	男	80	硕士	学生	复旦大学经济学院
R	男	80	硕士	工程师	
S	男	60	本科	公务员	苏州市平江区政府
T	女	80	硕士	产品经理	上海百视通新媒体公司

续表

编号	性别	出生年代	学历	职位	单位
U	女	80	硕士	学生	南加利福尼亚大学
V	男	80	硕士	工程师	西门子上海公司
W	女	80	本科	会计	上海宝山钢铁股份公司
X	男	70	硕士	监理工程师	上海海均建设工程咨询公司

后　记

这并非是一本"及时"的书。或者说，仅仅从案例和数据来看，在2013年初就已经完成了的本书的主体部分其实已经错过了出版的最佳时机。如今，二十一世纪第二个十年也即将走完，这十年是传媒业，特别是中国传媒业变化最迅猛的时期。对于传媒业而言，这是最好的时代，也是最坏的时代。

"断崖式下跌"曾经是形容传统媒体最糟糕状况下的词汇，而2016年中国股市引入的"熔断"概念成了业内人士更直白的自我调侃。"断崖式下跌"虽然遍布收视率、发行量和广告收入等关键指标，形势固然险恶，但好歹还活着；"熔断"则是直接出局，如同近年无数倒闭的报刊和无数被停播的广电频道（率）和节目。

在一个传统媒体朝不保夕、新兴媒体日新月异的时期，探讨新闻生产仍然是有意义的。但是，从实证研究的角度，经验数据的获取和"保鲜"其实相对更难。再加之种种主客观原因，本研究"非线性"地持续了八年之久，从一个基于民族志和个案探讨新闻业转型的新闻生产社会学研究，逐渐转移到整个技术和市场驱动的传媒业转型。当然，在这个以"媒介事件"为研究单元的时代，研究的焦点还是新闻业作为公共话语的价值角色和发展趋势。

本书的一个关键概念"融合媒介体制"需要再次说明。早前丹尼尔·哈林和保罗·曼奇尼的英文著作 *Comparing Media System* 在国内出版的时候，主译的展江老师将其翻译为《比较媒介体制》。再加之在当下中国的话语中，对"体制"一词的理解基本上已经固化。所以很容易将本书建构的媒介体制概念与前两者混淆起来。且不说作为日常词汇的"体制"，单以学术概念而言，对比"Media System"的概念，本书的融合媒

后　记

介体制概念受益于 Williams, B. A 和 DelliCarpini, M. X 两位学者提出的"Media Regime"概念和福柯提出的"Truth Regime"概念。在请教过潘忠党老师后，他认为，"Media System"指的是组织、制度、控制等形成的一结构，可以理解为媒介系统；而"Media Regime"指的是组合的模式和由之固化的运行方式，可以理解为媒介体制。本书的概念偏向后一种。

之所以使用"融合媒介体制"（书中简写为融合体制）这一概念，实际上是基于媒介技术渗透于新闻生产和公共话语表达的现实，并试图在此基础上探索媒介权力对公共生活的重构。当然，由于学养有限，愿景和呈现的内容之间还有很大距离。恳请读者斧正并指教。

新传播技术革命日新月异，受冲击最大莫过于第一线的新闻从业者，岗位、工作任务、薪酬结构的调整自不必说，甚至新闻业和职业新闻人的存在价值都受到质疑，这既震动了笔者那惯性延续的职业归宿感，也激励着进一步深入的学术思考。

本书来自职业情感和学术兴趣的双重驱使。作为一名 2002 年就入行的媒体人，十多年来的生活轨迹基本就是在媒体—学校—媒体—学校的循环往复中，既攻读了硕士、博士，也涉足了电视、报纸、通讯社等不同的媒体单位，研究焦点也从文化产业过渡到媒介管理。这样的工作和学术经历也一定在本书的书写过程中留下了痕迹。

本书基本框架的形成离不开我攻读博士学位时的导师复旦大学赵凯教授以及南加州大学帕克斯教授的悉心指导和鼎力支持。两位都曾从媒体领导转任新闻学院院长，既是新闻业黄金时代的亲历者，又是转型时代初期的领航人，从某个意义上而言，为他们做口述历史研究，都会比本书有趣的多。

也必须感谢带领我走上学术道路的黄昌勇教授。昌勇教授深知我略显浮躁的个性，不时提醒我学术既要有前沿的视野，也要有专精踏实的追求。本书或许离这两点要求都有距离。

感谢上海大学新闻传播学院各位领导与同事的关心与支持，以及上海大学 2018 级研究生何谨同学帮助校对与调整格式，使得本书拖沓了好几年后终于得以画上句号。

刘兆明

2019 年 6 月 30 日